文都法考

2022年
国家统一法律职业资格考试
理论法
冲刺背诵版

白　斌◎编著

中国政法大学出版社

2022·北京

图书在版编目（ＣＩＰ）数据

2022 年国家统一法律职业资格考试理论法冲刺背诵版/白斌编著.—北京：中国政法大学出版社，2022.7

ISBN 978-7-5764-0570-5

Ⅰ.①2… Ⅱ.①白… Ⅲ.①法的理论－中国－资格考试－自学参考资料 Ⅳ.①D920.0

中国版本图书馆 CIP 数据核字(2022)第 120555 号

出 版 者	中国政法大学出版社
地　　址	北京市海淀区西土城路 25 号
邮寄地址	北京 100088 信箱 8034 分箱　邮编 100088
网　　址	http://www.cuplpress.com（网络实名：中国政法大学出版社）
电　　话	010-58908285(总编室) 58908433（编辑部）58908334(邮购部)
承　　印	固安华明印业有限公司
开　　本	787mm×1092mm　1/16
印　　张	13.75
字　　数	330 千字
版　　次	2022 年 7 月第 1 版
印　　次	2022 年 7 月第 1 次印刷
定　　价	45.00 元

挺住，等着别人先倒下（第九版序）

　　本书的出版，本来是为了给大家节省时间！但是由于近年来知识点的变化，小绿皮变成了大绿皮，越来越厚。基于客观题考试难度的降低，冲刺篇不必那么全，所以2022年版实现了更大程度的精简，并根据考试大纲的变化对内容进行了相应的更新，特别是新增了《地方人大和地方政府组织法》《法律援助法》《最高人民法院、最高人民检察院、司法部关于建立健全禁止法官、检察官与律师不正当接触交往制度机制的意见》《最高人民法院、最高人民检察院、司法部关于进一步规范法院、检察院离任人员从事律师职业的意见》《法律援助值班律师工作办法》等新增新修的法律法规，同时根据考试大纲增删了部分内容。

　　一册在手，你将触摸到我的辛勤劳作！然而毫无疑问，2022，决胜之机，胜利的荣光将归于你！

　　依旧用那一句话和在法考的道路上艰难跋涉的诸位共勉：

　　在生命的高峰面前，你之所以需要不断地努力攀登，不是为了让众人看到你，而是为了让你自己看到整个世界！

白斌（竹西君）

2022年6月1日

于中央财经大学法学院

【读者彩蛋】

　　2022 年重磅考前在线
　　　8 天聚焦冲刺课
【客观题全科考前一哆嗦】

立即扫码添加大白助手或助教

　　惊喜价 1 元获得（ 定价 69 元）
（注：仅限 7 月添加的前 200 名）

理论法学中的"第一次"

1. 1787 年美国宪法：（1）世界历史上第一部成文宪法；（2）正文中没有规定公民的基本权利；（3）序言不是宪法的组成部分，在审判中不能引用。

2. 1791 年法国宪法：（1）欧洲第一部宪法；（2）以《人权宣言》作为序言。

3. 德国魏玛宪法：（1）经济制度便成为现代宪法的重要内容之一；（2）第一次比较全面系统地规定了文化制度，不仅详尽地规定公民的文化权利，而且还明确地规定了国家的基本文化政策。

4. 世界上第一部社会主义宪法 1918 年《苏俄宪法》；其将《被剥削劳动人民权利宣言》列为第一篇，而该《宣言》第一次系统地规定了经济制度，扩大了宪法的调整范围。

5. 中国历史上第一部宪法性文件是《钦定宪法大纲》；我国第一部社会主义类型的宪法是 1954 年宪法；1982 年宪法第一次写入人格尊严的内容。

6. 监督原则是由第一个无产阶级专政政权巴黎公社首创的。

7. 我国第一次采用修正案形式修改宪法是 1988 年。

目　录

第一编　习近平法治思想

第二编　法理学

第一编　习近平法治思想

第一章　习近平法治思想的重大意义

第一节　习近平法治思想的形成和发展

一、习近平法治思想形成的时代背景

2020 年 11 月 16 日至 17 日召开的中央全面依法治国工作会议，最重要的成果是明确了习近平法治思想在全面依法治国工作中的指导地位。习近平法治思想深刻回答了新时代为什么要实行全面依法治国、怎样实行全面依法治国等一系列重大问题。

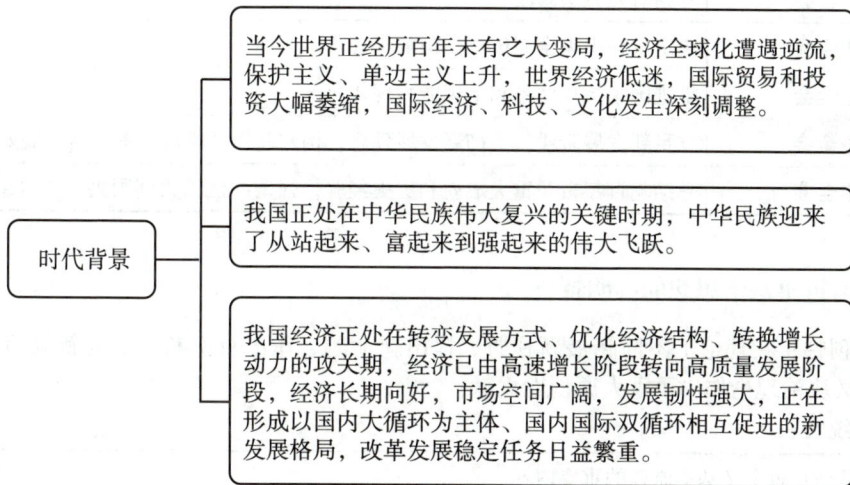

```
                当今世界正经历百年未有之大变局，经济全球化遭遇逆流，
                保护主义、单边主义上升，世界经济低迷，国际贸易和投
                资大幅萎缩，国际经济、科技、文化发生深刻调整。

                我国正处在中华民族伟大复兴的关键时期，中华民族迎来
   时代背景       了从站起来、富起来到强起来的伟大飞跃。

                我国经济正处在转变发展方式、优化经济结构、转换增长
                动力的攻关期，经济已由高速增长阶段转向高质量发展阶
                段，经济长期向好，市场空间广阔，发展韧性强大，正在
                形成以国内大循环为主体、国内国际双循环相互促进的新
                发展格局，改革发展稳定任务日益繁重。
```

二、习近平法治思想形成和发展的逻辑

习近平法治思想是习近平新时代中国特色社会主义思想的重要组成部分。

1. 历史逻辑

凝聚着中国共产党人在法治建设长期探索中形成的经验积累和智慧结晶；
标志着我们党对共产党执政规律、社会主义建设规律、人类社会发展规律的认识达到了新高度；
开辟了中国特色社会主义法治理论和实践的新境界。

2. 理论逻辑

坚持马克思主义法治理论的基本原则，贯彻运用马克思主义法治理论的立场、观点和方法；
继承我们党关于法治建设的重要理论，传承中华优秀传统法律文化，系统总结新时代中国特色社会主义法治实践经验；
是马克思主义法治理论与新时代中国特色社会主义法治实践相结合的产物，是马克思主义法治理论中国化的新发展新飞跃，反映了创新马克思主义法治理论的内在逻辑要求。

3. 实践逻辑

从统筹中华民族伟大复兴战略全局和世界百年未有之大变局、实现党和国家长治久安的战略高度；
在推进伟大斗争、伟大工程、伟大事业、伟大梦想的实践之中完善形成；
随着实践的发展而进一步丰富。

三、习近平法治思想形成和发展的历史进程

党的十八届四中全会	出台了关于全面推进依法治国若干重大问题的决定
党的十九大	提出到2035年基本建成法治国家、法治政府、法治社会
十九届二中全会	专题研究宪法修改
十九届三中全会	决定成立中央全面依法治国委员会
十九届四中全会	推进国家治理体系和治理能力现代化
十九届五中全会	立足新发展阶段，贯彻新发展理念，构建新发展格局，提出新发展要求
十九届六中全会	总结党百年奋斗重大成就和历史经验，强调"法治兴则国兴，法治衰则国乱"

四、习近平法治思想的鲜明特色

1. **原创性**：在理论上不断拓展新视野、提出新命题、作出新论断、形成新概括，为发展马克思主义法治理论作出了重大原创性贡献；

2. **系统性**：

系统观点是马克思主义基本原理的重要内容。
注重用整体联系、统筹协调、辩证统一的科学方法谋划和推进法治中国建设。
推进全面依法治国十一个方面的要求，构成系统完备、逻辑严密、内在统一的科学思想体系。

3. **时代性**：

时代性是马克思主义的一个基本特性。
立足中国特色社会主义进入新时代的历史方位，立时代之潮头，发思想之先声。
科学回答了新时代我国法治建设向哪里走、走什么路、实现什么目标等根本性问题。

4. **人民性：**

人民性是马克思主义最鲜明的品格。
法治建设要为了人民、依靠人民、造福人民、保护人民，推动把体现人民利益、反映人民愿望、维护人民权益、增进人民福祉落实到全面依法治国各领域各过程。

5. **实践性：**

实践性是马克思主义理论区别于其他理论的显著特征。
以破解法治建设难题为着力点，作出一系列重大决策部署，解决了许多长期想解决而没有解决的难题，办成了许多过去想办而没有办成的大事。

第二节　习近平法治思想的重大意义

一、习近平法治思想是马克思主义法治理论同中国实际相结合的最新成果

1. 马克思主义法治理论深刻揭示了法的本质特征、发展规律，科学阐明了法的价值和功能、法的基本关系等根本问题，在人类历史上首次把对法的认识真正建立在科学的世界观和方法论基础上。

2. 习近平法治思想坚持马克思主义法治理论的基本立场、观点和方法，在法治理论上实现了一系列重大突破、重大创新、重大发展，为马克思主义法治理论的不断发展作出了原创性贡献。

二、习近平法治思想是对党领导法治建设实践和宝贵经验的科学总结

新时代，以习近平同志为核心的党中央对我国社会主义法治建设经验进行提炼和升华，提出全面依法治国，进一步明确全面依法治国在统筹推进"五位一体"总体布局和协调推进"四个全面"战略布局中的重要地位。

三、习近平法治思想是在法治轨道上推进国家治理体系和治理能力现代化的根本遵循

1. 坚持全面依法治国，是中国特色社会主义国家制度和国家治理体系的显著优势。

2. 习近平法治思想贯穿经济、政治、文化、社会、生态文明建设的各个领域，涵盖改革发展稳定、内政外交国防、治党治国治军各个方面，科学指明了在法治轨道上推进国家治理现代化的正确道路，为依法应对重大挑战、抵御重大风险、克服重大阻力、解决重大矛盾，在法治轨道上推进国家治理体系和治理能力现代化提供了根本遵循。

四、习近平法治思想是引领法治中国建设实现高质量发展的思想旗帜

习近平法治思想从全面建设社会主义现代化国家的目标要求出发，为立足新发展阶段、贯彻新发展理念、构建新发展格局的实际需要，提出了当前和今后一个时期全面依法治国的目标任务，为实现新时代法治中国建设和高质量发展提供了强有力的思想武器。

【躲坑大练习】（判断题）[1]

①明确了习近平法治思想在全面依法治国工作中的指导地位的会议是党的十八届四中全会。

②习近平法治思想是马克思主义法治理论中国化的最新成果，是全面依法治国的根本遵循和行动指南。

③习近平法治思想深刻回答了新时代为什么要依法治国、怎样依法治国等一系列重大问题。

④习近平法治思想是习近平新时代中国特色社会主义思想的重要组成部分。

⑤从实践逻辑来看，习近平法治思想凝聚着中国共产党人在法治建设长期探索中形成的经验积累和智慧结晶。

⑥人民性是马克思主义最鲜明的品格。

---

　　[1]　①错误，是2020年的中央全面依法治国会议；②正确；③错误，全面依法治国；④正确；⑤错误，历史逻辑；⑥正确。

第二章　习近平法治思想的核心要义

第一节　坚持党对全面依法治国的领导——根本保证

一、党的领导是中国特色社会主义法治之魂

1. 中国共产党是中国特色社会主义事业的坚强领导核心，是最高政治领导力量。
2. 坚持党的领导，是社会主义法治的根本要求，是党和国家的根本所在、命脉所在，是全国各族人民的利益所系、幸福所系，是全面推进依法治国的题中应有之义。
3. 党的领导是我国社会主义法治之魂，是我国法治同西方资本主义国家法治最大的区别。
4. 党的领导是中国特色社会主义最本质的特征，是中国特色社会主义制度的最大优势，是社会主义法治最根本的保证。
5. 党的领导地位不是自封的，而是历史和人民的选择，是由党的性质决定的，是由我国宪法明文规定的。

二、坚持党的领导、人民当家作主、依法治国有机统一

1. 全面依法治国，核心是坚持这三者有机统一。
2. 党的领导是人民当家作主和依法治国的根本保证，人民当家作主是社会主义民主政治的本质特征（本质和核心），依法治国是党领导人民治国理政的基本方式。
3. 三者有机统一，最根本的是坚持党的领导。
4. 人民代表大会制度是坚持党的领导、人民当家作主、依法治国有机统一的根本制度安排。
5. 人民代表大会制度是实现党的领导和执政的制度载体和依托，是人民当家作主的根本途径和实现形式。

三、坚持党领导立法、保证执法、支持司法、带头守法

1. 一方面，要坚持党总揽全局、协调各方的领导核心作用，统筹依法治国各领域工作，确保党的主张贯彻到依法治国全过程和各方面。另一方面，要改善党对依法治国的领导，不断提高党领导依法治国的能力和水平。
2. 党既要坚持依法治国、依法执政，自觉在宪法法律范围内活动，又要发挥好各级党组织和广大党员干部在依法治国中的政治核心作用和先锋模范作用。

3. 必须加强党对立法工作的领导，完善党委领导、人大主导、政府依托、各方参与的立法工作格局；凡立法涉及重大体制和重大政策调整的，必须报党中央讨论决定；党中央向全国人大提出宪法修改建议，依照宪法规定的程序进行宪法修改；法律制定和修改的重大问题由全国人大常委会党组向党中央报告。

4. 对执法机关严格执法，只要符合法律和程序的，各级党委和政府都要给予支持和保护，不能认为执法机关给自己找了麻烦，也不要担心会给自己的形象和政绩带来不利影响。

5. 党员干部要敢于担当，严格执法就是很重要的担当。该严格执法的没有严格执法，该支持和保护严格执法的没有支持和保护，就是失职，就应当依法依规追究责任。

6. 党对政法工作的领导是管方向、管政策、管原则、管干部，不是包办具体事务，不要越俎代庖，领导干部更不能借党对政法工作的领导之名对司法机关工作进行不当干预。

四、健全党领导全面依法治国的制度和工作机制

1. **三个统一**：把依法治国基本方略同依法执政基本方式统一起来，把党总揽全局、协调各方同人大、政府、政协、监察机关、审判机关、检察机关依法依章程履行职能、开展工作统一起来，把党领导人民制定和实施宪法法律同党坚持在宪法法律范围内活动统一起来；

2. **四个善于**：善于使党的主张通过法定程序成为国家意志，善于使党组织推荐的人选通过法定程序成为国家政权机关的领导人员，善于通过国家政权机关实施党对国家和社会的领导，善于运用民主集中制原则维护中央权威、维护全党全国团结统一。

3. 必须推进党的领导制度化、法治化，通过法治保障党的路线方针政策有效实施。

4. 成立中央全面依法治国委员会，目的就是从机制上加强党对全面依法治国的集中统一领导，统筹推进全面依法治国工作，而不是要替代哪个部门。

5. 党委要定期听取政法机关的工作汇报。

6. 党政主要负责人要履行推进法治建设第一责任人的职责。

五、坚持依法治国和依规治党有机统一

1. 党规党纪严于国家法律；法律是对全体公民的要求，党内法规制度是对全体党员的要求，很多地方比法律的要求更严格。

2. 对违反党规党纪的行为必须严肃处理，对苗头性倾向性的问题必须抓早抓小，防止小错酿成大错、违纪走向违法。

3. 党的政策和国家法律在本质上是一致的，都是人民意志的反映。

4. 党的政策是国家法律的先导和指引，是立法的依据和执法司法的重要指导。

5. 党的政策成为国家法律之后，实施法律就是贯彻党的意志，依法办事就是执行党的政策。

【躲坑大练习】（判断题）[1]

①全国人民代表大会是我国的最高政治领导力量。

②人民的主体地位是我国社会主义法治之魂。

③党的领导是我国法治同西方资本主义国家法治最大的区别。

④全面推进依法治国需要直接把党的意志作为国家意志，把党的路线方针政策作为国家的法律法规。

⑤坚持党对全面依法治国的领导，意味着在必要时党可以代替人大、政府、政协、监察机关、审判机关、检察机关履行职能、开展工作。

⑥坚持党的领导、人民当家作主、依法治国有机统一，最根本的是要坚持人民当家作主。

⑦党的领导是社会主义民主政治的本质特征。

⑧党的政策成为国家法律之后，实施法律就是贯彻党的意志，依法办事就是执行党的政策。

⑨对违反党规党纪的行为必须严肃处理，对苗头性倾向性的问题必须抓大放小。

第二节　坚持以人民为中心：根本立场

一、以人民为中心是中国特色社会主义法治的本质要求

1. 人民群众是我们党的力量源泉，人民立场是中国共产党的根本政治立场。
2. 以人民为中心是新时代坚持和发展中国特色社会主义的根本立场，是中国特色社会主义法治的本质要求。
3. 坚持以人民为中心，深刻回答了推进全面依法治国，建设社会主义法治国家为了谁、依靠谁的问题。
4. 全面依法治国最广泛、最深厚的基础是人民，推进全面依法治国的根本目的是依法保障人民权益。
5. 人民是我们党的工作的最高裁决者和最终评判者。
6. 我国社会主义制度保证了人民当家作主的主体地位，也保证了人民在全面推进依法治国中的主体地位。这是我们的制度优势，也是中国特色社会主义法治区别于资本主义法治的根本所在。

---

[1] ①错误，中国共产党；②错误，中国共产党；③正确；④错误，需要通过法定程序转化；⑤错误，把党总揽全局、协调各方同人大、政府、政协、监察机关、审判机关、检察机关依法依章程履行职能、开展工作统一起来，而不能代替；⑥错误，党的领导；⑦错误，人民当家作主；⑧正确；⑨错误，抓早抓小。

二、坚持人民主体地位

1. 坚持人民主体地位，必须把以人民为中心的发展思想融入到全面依法治国的伟大实践中。
（1）要保证人民在党的领导下依照法律规定通过各种途径和形式管理国家事务，管理经济和文化事业，管理社会事务，要把体现人民利益、反映人民愿望、维护人民权益、增进人民福祉落实到全面依法治国各领域全过程，使法律及其实施充分体现人民意志。
（2）要保证人民依法享有广泛的权利和自由、承担应尽的义务，充分调动起人民群众投身依法治国实践的积极性和主动性，使全体人民都成为社会主义法治的忠实崇尚者、自觉遵守者、坚定捍卫者，使尊法、信法、守法、用法、护法成为全体人民的共同追求。

2. 坚持人民主体地位，要求用法治保障人民当家作主。
（1）坚定不移走中国特色社会主义民主政治发展道路，坚持和完善人民当家作主制度体系，是坚持和完善人民代表大会制度这一根本政治制度的要求。
（2）要坚持和完善中国共产党领导的多党合作和政治协商制度、民族区域自治制度、基层群众自治制度等基本政治制度，建立健全民主制度，丰富民主形式，拓宽民主渠道，依法实行民主选举、民主协商、民主决策、民主管理、民主监督。

三、牢牢把握社会公平正义的价值追求

1. 公平正义是法治的生命线，是中国特色社会主义法治的内在要求。

2. 坚持全面依法治国，建设社会主义法治国家，切实保障社会公平正义和人民权利，是社会主义法治的价值追求。

3. 全面依法治国必须紧紧围绕保障和促进社会公平正义，把公平正义贯穿到立法、执法、司法、守法的全过程和各方面，紧紧围绕保障和促进社会公平正义来推进法治建设和法治改革，创造更加公平正义的法治环境，努力让人民群众在每一项法律制度、每一个执法决定、每一宗司法案件中都感受到公平正义。

4. 加强人权法治保障，非因法定事由、非经法定程序不得限制、剥夺公民、法人和其他组织的权利。

四、推进全面依法治国的根本目的是依法保障人民权益

1. 我们党全心全意为人民服务的根本宗旨，决定了必须始终把人民作为一切工作的中心。

2. 推进全面依法治国，必须切实保障公民的人身权、财产权、人格权和基本政治权利，保证公民经济、文化、社会等各方面权利得到落实。

3. 必须着力解决人民群众最关切的公共安全、权益保障、公平正义问题，努力维护最广大人民的根本利益，保障人民群众对美好生活的向往和追求。

【躲坑大练习】（判断题）[1]
①以人民为中心是新时代坚持和发展中国特色社会主义的根本立场。

---

[1] ①正确；②错误，依法保障人民权益；③错误，人民的主体地位；④正确；⑤正确；⑥错误，基于法定事由，经过法定程序可以。

②推进全面依法治国的根本目的是建设社会主义现代化强国。

③党的领导是中国特色社会主义法治区别于资本主义法治的根本所在。

④公平正义是法治的生命线。

⑤切实保障社会公平正义和人民权利，是社会主义法治的价值追求。

⑥加强人权法治保障，任何情况下都不得限制、剥夺公民、法人和其他组织的权利。

第三节　坚持中国特色社会主义法治道路：唯一正确道路

一、中国特色社会主义法治道路是建设社会主义法治国家的唯一正确道路

1. 中国特色社会主义法治道路，是社会主义法治建设成就和经验的集中体现，是建设社会主义法治国家的唯一正确道路。
2. 中国特色社会主义法治道路是最适合中国国情的法治道路。
3. 中国特色社会主义法治道路，根植于我国社会主义初级阶段的基本国情，生发于我国改革开放和社会主义现代化建设的具体实践，是被实践证明了的符合我国基本国情、符合人民群众愿望、符合实践发展要求的法治道路，具有显著优越性。
4. 在坚持和拓展中国特色社会主义法治道路这个根本问题上，要树立自信、保持定力，必须从我国实际出发，同推进国家治理体系和治理能力现代化相适应，突出中国特色、实践特色、时代特色，既不能罔顾国情、超越阶段，也不能因循守旧、墨守成规。要学习借鉴世界上优秀的法治文明成果，但必须坚持以我为主、为我所用，认真鉴别、合理吸收，不能搞"全盘西化"，不能搞"全面移植"，不能照搬照抄。

二、中国特色社会主义法治道路的核心要义

1. 坚持党的领导、坚持中国特色社会主义制度、贯彻中国特色社会主义法治理论，这三个方面实质上是中国特色社会主义法治道路的核心要义，规定和确保了中国特色社会主义法治体系的制度属性和前进方向。
2. 坚定不移走中国特色社会主义法治道路，最根本的是坚持中国共产党的领导。
3. 中国特色社会主义制度是中国特色社会主义法治体系的根本制度基础，是全面推进依法治国的根本制度保障。中国特色社会主义根本制度、基本制度和重要制度，是中国特色社会主义法治道路的制度基础和重要保障。
4. 中国特色社会主义法治理论是中国特色社会主义法治体系的理论指导和学理支撑。我们党把马克思主义基本原理与中国实际相结合，形成了毛泽东思想、邓小平理论、"三个代表"重要思想、科学发展观和习近平新时代中国特色社会主义思想。这些理论成果是我们党不断总结实践经验的思想精华，包含着丰富的法治理论。

第四节　坚持依宪治国、依宪执政：首要任务

一、宪法是治国理政的总章程

1. 宪法是国家的根本大法，是治国安邦的总章程，具有最高的法律地位、法律权威、法律效力。
2. 宪法是国家的根本法，坚持依法治国首先要坚持依宪治国，坚持依法执政首先要坚持依宪执政。依宪治国、依宪执政是建设社会主义法治国家的首要任务。
3. 坚持依宪治国、依宪执政，要坚持宪法确定的中国共产党领导地位不动摇，坚持宪法确定的人民民主专政的国体和人民代表大会制度的政体不动摇。
4. 我们坚持的依宪治国、依宪执政与西方的"宪政"在本质上是不同的。

二、全面贯彻实施宪法

1. 全面贯彻实施宪法，是建设社会主义法治国家的首要任务和基础性工作。
2. 将每年 12 月 4 日设立为国家宪法日。
3. 将全国人大法律委员会更名为全国人大宪法和法律委员会，增加推动宪法实施、开展宪法解释、推进合宪性审查、加强宪法监督、配合宪法宣传等工作职责。
4. 建立和完善国家宪法日制度、宪法宣誓制度、特赦制度、选举制度、国家象征和标志制度、国家勋章和国家荣誉称号制度、规范性文件备案审查制度等等，均属于贯彻实施宪法的举措。

三、推进合宪性审查

1. 有关方面拟出台的法规规章、重要政策和重大举措，凡涉及宪法有关规定如何理解、如何适用的，都应当事先经过全国人大常委会合宪性审查，确保同宪法规定、宪法精神相符合。
2. 健全备案审查制度，所有的法规规章、司法解释和各类规范性文件出台后都要依法依规纳入备案审查范围。

四、深入开展宪法宣传教育

1. 要使宪法真正走入日常生活、走入人民群众。
2. 要抓住领导干部这个关键少数，把宪法教育作为党员干部教育的重要内容。完善国家工作人员学习宪法法律的制度。

【躲坑大练习】（判断题）[1]
①以人民为中心是新时代坚持和发展中国特色社会主义的根本立场。

----

[1]　①正确；②错误；③正确；④正确；⑤错误，依宪治国、依宪执政。

②推进全面依法治国，必须学习借鉴世界上优秀的法治文明成果，必要时可以全面移植。

③中国特色社会主义法治道路的核心要义包括了坚持中国特色社会主义制度。

④中国特色社会主义根本制度、基本制度和重要制度，是中国特色社会主义法治道路的制度基础和重要保障。

⑤完善中国特色社会主义法律规范体系是建设社会主义法治国家的首要任务。

<h2 style="text-align:center;color:green;">第五节　坚持在法治轨道上推进国家治理体系
和治理能力现代化：时代使命</h2>

一、在法治轨道上推进国家治理体系和治理能力现代化是国家治理领域一场广泛而深刻的革命

1. 坚持全面依法治国，是中国特色社会主义国家制度和国家治理体系的显著优势。
2. 在法治轨道上推进国家治理体系和治理能力现代化，要提高党依法治国、依法执政能力，推进党的领导制度化、法治化、规范化。
3. 要用法治保障人民当家作主，健全社会公平正义法治保障制度，使法律及其实施有效体现人民意志、保障人民权益、激发人民创造力。
4. 要健全完善中国特色社会主义法治体系，不断满足国家治理需求和人民日益增长的美好生活需要。
5. 要坚持依法治国、依法执政、依法行政共同推进，坚持法治国家、法治政府、法治社会一体建设，更加注重系统性、整体性、协同性。
6. 要更好发挥法治对改革发展稳定的引领、规范、保障作用，以深化依法治国实践检验法治建设成效，推动各方面制度更加成熟、更加定型，逐步实现国家治理制度化、程序化、规范化、法治化。

二、更好发挥法治固根本、稳预期、利长远的重要作用

1. 中国特色社会主义实践向前推进一步，法治建设就要跟进一步。
2. 必须把全面依法治国摆在更加突出的位置，把党和国家工作纳入法治化轨道，坚持在法治轨道上统筹社会力量、平衡社会利益、调节社会关系、规范社会行为，依靠法治解决各种社会矛盾和问题。
3. 要充分发挥法治的引领、规范和保障作用，以深化依法治国实践检验法治建设成效，着力固根基、扬优势、补短板、强弱项，推动各方面制度更加成熟、更加定型，逐步实现国家治理制度化、程序化、规范化、法治化；
4. 坚持依法应对重大挑战、抵御重大风险、克服重大阻力、解决重大矛盾。
5. 要打赢防范化解重大风险攻坚战，必须坚持和完善中国特色社会主义制度、推进国家治理体系和治理能力现代化，运用制度威力应对风险挑战的冲击。

三、坚持依法治军、从严治军

1. 党对军队绝对领导是依法治军的核心和根本要求。
2. 三个根本性转变：从单纯依靠行政命令的做法向依法行政的根本性转变；从单纯靠习惯和经验开展工作的方式向依靠法规和制度开展工作的根本性转变；从突击式、运动式抓工作的方式向按条令条例办事的根本性转变。
3. 在全军形成党委依法决策、机关依法指导、部队依法行动、官兵依法履职的良好局面。
4. 构建系统完备、严密高效的军事法规制度体系、军事法治实施体系、军事法治监督体系、军事法治保障体系。
5. 军事法规制度建设必须同国家法律体系建设进程相协调，同我军建设、改革和军事斗争准备实践相适应。
6. 要在全军深入开展法治宣传教育，把法治教育训练纳入部队教育训练体系，把培育法治精神作为强军文化建设的重要内容，引导广大官兵将法治内化为政治信念和道德修养，外化为行为准则和自觉行动。
7. 依法治军关键是依法治官、依法治权。

四、坚持依法治网

1. 网络空间不是"法外之地"，同样要讲法治。网络空间是虚拟的，但运用网络空间的主体是现实的。
2. 网络空间同现实社会一样，既要提倡自由，也要保持秩序。自由是秩序的目的，秩序是自由的保障。
3. 要加强信息技术领域立法，及时跟进研究数字经济、互联网金融、人工智能、大数据、云计算等相关法律制度，完善互联网信息内容管理、关键信息基础设施保护等法律法规，抓紧补齐短板。
4. 加大个人信息保护力度，规范互联网企业和机构对个人信息的采集使用，特别是做好数据跨境流动的安全评估和监管。
5. 要加强关键信息基础设施安全保护，强化国家关键数据资源保护能力，增强数据安全预警和溯源能力。
6. 制定数据资源确权、开放、流通、交易相关制度，完善数据产权保护制度。加大对技术专利、数字版权、数字内容产品及个人隐私等的保护力度，维护广大人民群众利益、社会稳定、国家安全。
7. 要倡导尊重网络主权，同各国一道，加强对话交流，有效管控分歧，推动制定各方普遍接受的网络空间国际规则，制定网络空间国际反恐公约，健全打击网络犯罪司法协助机制。

第六节　坚持建设中国特色社会主义法治体系：总抓手

一、建设中国特色社会主义法治体系是推进全面依法治国的总抓手

1. 全面推进依法治国涉及立法、执法、司法、普法、守法各个环节、各个方面，必须有一个总揽全局、牵引各方的总抓手，这个总抓手就是建设中国特色社会主义法治体系。

2. 中国特色社会主义法治体系是国家治理体系的骨干工程。

3. 建设中国特色社会主义法治体系，就是在中国共产党领导下，坚持中国特色社会主义制度，贯彻中国特色社会主义法治理论，形成完备的法律规范体系、高效的法治实施体系、严密的法治监督体系、有力的法治保障体系，形成完善的党内法规体系。

二、建设完备的法律规范体系

1. 中国特色社会主义法律体系已经形成，国家和社会生活各方面总体上实现了有法可依。

2. 要不断完善以宪法为核心的中国特色社会主义法律体系，坚持立法先行，坚持立改废释并举，健全完善法律、行政法规、地方性法规，为全面推进依法治国提供遵循。

3. 要深入推进科学立法、民主立法、依法立法，提高立法质量和效率，以良法保善治、促发展。

4. 要积极推进国家安全、科技创新、公共卫生、生物安全、生态文明、防范风险、涉外法治等重要领域立法，健全完善国家治理急需的法律制度、满足人民日益增长的美好生活需要必备的法律制度。

5. 要加快我国法域外适用的法律体系建设，更好维护国家主权、安全、发展利益。

三、建设高效的法治实施体系

1. 法治实施体系是执法、司法、守法等宪法法律实施的工作体制机制。

2. 高效的法治实施体系，最核心的是健全宪法实施体系。

3. 深入推进执法体制改革，完善执法程序，推进综合执法，严格执法责任，建立权责统一、权威高效的行政执法体制。

4. 深化司法体制改革，完善司法管理体制和司法权力运行机制，规范司法行为，加强对司法活动的监督，切实做到公正司法。

5. 坚持把全民普法和守法作为全面依法治国的长期基础性工作，采取有力措施加强法治宣传教育，不断增强全民法治观念。

四、建设严密的法治监督体系

1. 法治监督体系是由党内监督、人大监督、民主监督、行政监督、司法监督、审计监督、社会监督、舆论监督等构成的权力制约和监督体系。

续表

2. 全面推进依法治国，必须健全完善权力运行制约和监督机制，规范立法、执法、司法机关权力行使，建设严密的法治监督体系。

3. 要加强党对法治监督工作的集中统一领导，把法治监督作为党和国家监督体系的重要内容，保证行政权、监察权、审判权、检察权得到依法正确行使，保证公民、法人和其他组织合法权益得到切实保障。

4. 加强国家机关监督、民主监督、群众监督和舆论监督，形成法治监督合力，发挥整体监督效能。

5. 加强执纪执法监督，坚持把纪律规矩挺在前面，推进执纪执法贯通，建立有效衔接机制。建立健全与执法司法权运行机制相适应的制约监督体系，构建权责清晰的执法司法责任体系，健全政治督察、综治督导、执法监督、纪律作风督查巡查等制度机制。

五、建设有力的法治保障体系

1. 法治保障体系包括党领导全面依法治国的制度和机制、队伍建设和人才保障等。

2. 有力的法治保障体系，是推进全面依法治国的重要支撑。

3. 坚持党的领导，把党的领导贯穿于依法治国各领域全过程，是社会主义法治的根本保证。

4. 坚定中国特色社会主义制度自信，坚持走中国特色会主义法治道路，健全完善中国特色社会主义法治体系，筑牢全面依法治国的制度保障。

5. 大力加强法治工作队伍建设，用习近平法治思想武装头脑，切实提高法治工作队伍思想政治素质、业务工作能力、职业道德水准，切实提高运用法治思维和法治方式的能力水平，夯实社会主义法治建设的组织和人才保障。

六、建设完善的党内法规体系

1. 党内法规既是管党治党的重要依据，也是建设社会主义法治国家的有力保障。

2. 必须完善党内法规制定体制机制，完善党的组织法规制度、党的领导法规制度、党的自身建设法规制度、党的监督保障法规制度。

3. 要加大党内法规备案审查和解释力度，注重党内法规同国家法律的衔接和协调。

4. 要完善党内法规制度体系，确保内容科学、程序严密、配套完备、运行有效，形成制度整体效应，强化制度执行力，为提高党的领导水平和执政能力提供有力的制度保障。

【躲坑大练习】（判断题）[1]
①坚持全面依法治国，是中国特色社会主义国家制度和国家治理体系的显著优势。
②国家治理能力是在党领导下管理国家的制度体系，包括经济、政治、文化、社会、生态文明和党的建设等各领域的体制机制、法律法规安排。
③坚持党的领导是推进全面依法治国的总抓手。

[1] ①正确；②错误，国家治理体系；③错误，建设中国特色社会主义法治体系；④错误，中国特色社会主义法治体系；⑤错误，宪法实施体系。

④党内法规体系是国家治理体系的骨干工程。

⑤高效的法治实施体系，最核心的是健全司法体系。

第七节　坚持依法治国、依法执政、依法行政共同推进，法治国家、法治政府、法治社会一体建设：工作布局

一、全面依法治国是一个系统工程

1. 全面依法治国涉及改革发展稳定、内政外交国防、治党治国治军等各个领域，必须立足全局和长远来统筹谋划。
2. 依法治国、依法执政、依法行政是一个有机整体，关键在于党要坚持依法执政、各级政府要坚持依法行政。
3. 法治国家、法治政府、法治社会三者各有侧重、相辅相成，法治国家是法治建设的目标，法治政府是建设法治国家的主体，法治社会是构筑法治国家的基础。
4. 如果国家政权机关和权力部门心中只有自己的"一亩三分地"，拘泥于部门权限和利益，甚至在一些具体问题上讨价还价，必然是磕磕绊绊、难有作为。

二、法治国家是法治建设的目标

1. 建设社会主义法治国家是我们党确定的建设社会主义现代化国家的重要目标。
2. 党的十八届四中全会明确提出，全面推进依法治国，总目标是建设中国特色社会主义法治体系，建设社会主义法治国家。这就是，在中国共产党领导下，坚持中国特色社会主义制度，贯彻中国特色社会主义法治理论，形成完备的法律规范体系、高效的法治实施体系、严密的法治监督体系、有力的法治保障体系，形成完善的党内法规体系，坚持依法治国、依法执政、依法行政共同推进，坚持法治国家、法治政府、法治社会一体建设，实现科学立法、严格执法、公正司法、全民守法，促进国家治理体系和治理能力现代化。

三、法治政府是建设法治国家的主体

1. 推进全面依法治国，法治政府建设是重点任务和主体工程，对法治国家、法治社会建设具有示范带动作用。
2. 完善行政组织和行政程序法律制度，推进机构、职能、权限、程序、责任法定化，推进各级政府事权规范化、法律化。
3. 行政机关不得法外设定权力，没有法律法规依据不得作出减损公民、法人和其他组织合法权益或者增加其义务的决定。
4. 推行政府权责清单制度，坚决消除权力设租寻租空间。
5. 要用法律和制度遏制一些政府部门不当干预经济的惯性和冲动，解决好政府职能越位、缺位、错位的问题。

续表

6. 无论是化解地方隐性债务,还是处理"僵尸企业"淘汰落后产能等,都要依法依规解决,不能简单依靠行政命令和手段。
7. 要加大决策合法性审查力度,法律顾问和公职律师参与决策过程、提出法律意见应当成为依法决策的重要程序,保证法律顾问在制定重大行政决策、推进依法行政中发挥积极作用。
8. 要健全重大决策充分听取民意工作机制,审议涉及群众切身利益、群众反映强烈的重大议题要依法依程序进行,该公示的公示,该听证的听证,决不允许搞"暗箱操作""拍脑门决策"。
9. 加强对政府内部权力的制约。要对财政资金分配使用、国有资产监管、政府投资、政府采购、公共资源转让、公共工程建设等权力集中的部门和岗位实行分事行权、分岗设权、分级授权,定期轮岗,强化内部流程控制,防止权力滥用。
10. 全面推进政务公开。推进决策公开、执行公开、管理公开、服务公开、结果公开,重点推进财政预算、公共资源配置、重大建设项目批准和实施、社会公益事业建设等领域的政府信息公开。
11. 研究建立健全行政纠纷解决体系,推动构建行政调解、行政裁决、行政复议、行政诉讼有机衔接的纠纷解决机制。

四、法治社会是构筑法治国家的基础

1. 要在全社会树立法律权威,使人民认识到法律既是保障自身权利的有力武器,也是必须遵守的行为规范,广泛开展依法治理活动,提高社会治理法治化水平,培育社会成员办事依法、遇事找法、解决问题用法、化解矛盾靠法的良好环境。
2. 法律要发挥作用,需要全社会信仰法律。如果一个社会大多数人对法律没有信任感,认为靠法律解决不了问题,还是要靠上访、信访,要靠找门路、托关系,甚至要采取聚众闹事等极端行为,那就不可能建成法治社会。
3. 要引导全体人民遵守法律,有问题依靠法律来解决,决不能让那种大闹大解决、小闹小解决、不闹不解决现象蔓延开来,否则就没有什么法治可言。
4. 要以实际行动让老百姓相信法不容情、法不阿贵,只要是合理合法的诉求,就能通过法律程序得到合理合法的结果。
5. 法治建设既要抓末端、治已病,更要抓前端、治未病;我国国情决定了我们不能成为"诉讼大国"。
6. 要推动更多法治力量向引导和疏导端用力,完善预防性法律制度,完善调解、信访、仲裁、行政裁决、行政复议、诉讼等社会矛盾纠纷多元预防调处化解综合机制。
7. 要整合基层矛盾纠纷化解资源和力量,发挥市民公约、乡规民约等基层规范在社会治理中的作用,完善非诉讼纠纷解决机制。
8. 加快建设覆盖城乡、便捷高效、均等普惠的现代公共法律服务体系,统筹推进律师、公证、法律援助、司法鉴定、调解、仲裁等工作改革方案,让人民群众切实感受到法律服务更加便捷。
9. 完善党委领导、政府负责、社会协同、公众参与、法治保障的社会治理体制。
10. 群防群治和小事不出村、大事不出镇、矛盾不上交是枫桥创造的基层治理经验,要坚持和发展新时代"枫桥经验",加快形成共建共治共享的现代基层社会治理新格局。

第八节 坚持全面推进科学立法、严格执法、公正司法、全民守法：重要环节

一、科学立法、严格执法、公正司法、全民守法是推进全面依法治国的重要环节

1. 党的十一届三中全会确立了有法可依、有法必依、执法必严、违法必究的社会主义法制建设的"十六字方针"。
2. "科学立法、严格执法、公正司法、全民守法"是全面依法治国的重要环节，成为指引新时代法治中国建设的"新十六字方针"。

二、推进科学立法

1. 建设中国特色社会主义法治体系，必须坚持立法先行，深入推进科学立法、民主立法、依法立法，提高立法质量和效率，以良法促进发展、保障善治。
2. 完善立法规划，突出立法重点，坚持立改废并举，提高立法科学化、民主化水平，提高法律的针对性、及时性、系统性。
3. 完善立法工作机制和程序，扩大公众有序参与，充分听取各方面意见，使法律准确反映经济社会发展要求，更好协调利益关系，发挥立法的引领和推动作用。

三、推进严格执法

1. 执法是行政机关履行政府职能、管理经济社会事务的主要方式。
2. 要加强宪法和法律实施，维护社会主义法制的统一、尊严、权威，形成人们不愿违法、不能违法、不敢违法的法治环境，做到有法必依、执法必严、违法必究。
3. 行政机关是实施法律法规的重要主体，要带头严格执法。
4. 要加强对执法活动的监督，严禁过度执法、逐利执法、粗暴执法。
5. 坚决排除对执法活动的非法干预，坚决防止和克服地方保护主义和部门保护主义。
6. 坚决惩治腐败现象，做到有权必有责、用权受监督、违法必追究。
7. 要加强行政执法与刑事司法有机衔接，坚决克服有案不移、有案难移、以罚代刑等现象。
8. 要健全行政纠纷解决体系，推动构建行政调解、行政裁决、行政复议、行政诉讼有机衔接的纠纷解决机制。

四、推进公正司法

1. 公正司法是维护社会公平正义的最后一道防线。
2. 所谓公正司法，就是受到侵害的权利一定会得到保护和救济，违法犯罪活动一定要受到制裁和惩罚。
3. 要改进司法工作作风，通过热情服务切实解决好老百姓打官司过程中遇到的各种难题，特别是要加大对困难群众维护合法权益的法律援助，加大司法公开力度，以回应人民群众对司法公正公开的关注和期待。
4. 要紧紧抓住影响司法公正、制约司法能力的深层次问题，深化司法体制和工作机制改革，加强党对司法工作的领导，确保审判机关、检察机关依法独立公正行使审判权、检察权，全面落实司法责任制。
5. 健全公安机关、检察机关、审判机关、司法行政机关各司其职，侦查权、检察权、审判权、执行权相互配合、相互制约的体制机制。
6. 强化诉讼过程中当事人和其他诉讼参与人的知情权、陈述权、辩护辩论权、申请权、申诉权的制度保障，加强对刑事诉讼、民事诉讼、行政诉讼的法律监督。
7. 完善人民监督员制度，依法规范司法人员与当事人、律师、特殊关系人、中介组织的接触、交往行为。

五、推进全民守法

1. 全民守法，就是任何组织或者个人都必须在宪法和法律范围内活动，任何公民、社会组织和国家机关都要以宪法和法律为行为准则，依照宪法和法律行使权利或权力、履行义务或职责。
2. 要深入开展法治宣传教育，在全社会弘扬社会主义法治精神，传播法律知识，培养法律意识，在全社会形成宪法至上、守法光荣的良好社会氛围。
3. 要引导全体人民遵守法律，有问题依靠法律来解决，使法治成为社会共识和基本准则。要突出普法重点内容，落实"谁执法谁普法"的普法责任制，努力在增强普法的针对性和实效性上下功夫，不断提升全体公民的法治意识和法治素养。
4. 要坚持法治教育与法治实践相结合，广泛开展依法治理活动，提高社会治理法治化水平。
5. 要坚持依法治国和以德治国相结合，把法治建设和道德建设紧密结合起来，把他律和自律紧密结合起来，做到法治和德治相辅相成、相互促进。

【躲坑大练习】（判断题）[1]

①科学立法、严格执法、公正司法、全民守法是全面依法治国的工作布局。

②科学立法、严格执法、公正司法、全民守法是推进全面依法治国的重要环节。

③要加强行政执法与刑事司法有机衔接，推进以罚代刑。

④必须严格禁止司法人员与当事人、律师、特殊关系人、中介组织接触、交往。

⑤要突出普法重点内容，落实"谁立法谁普法"的普法责任制，不断提升全体公民法治意识和法治素养。

---

〔1〕 ①错误，坚持依法治国、依法执政、依法行政共同推进，法治国家、法治政府、法治社会一体建设；②正确；③错误；④错误，依法规范；⑤错误，谁执法谁普法。

第九节　坚持统筹推进国内法治和涉外法治：迫切任务

一、统筹推进国内法治和涉外法治是全面依法治国的迫切任务

1. 国家主权、安全、发展利益是国家核心利益，切实维护国家主权、安全、发展利益是涉外法治工作的首要任务。

2. 当前，随着我国经济实力和综合国力快速增长，对外开放全方位深化，"一带一路"建设深入推进，我国日益走近世界舞台中央，深度融入全球化进程，维护我国国家利益和公民、法人在境外合法权益的任务日益繁重。

3. 统筹推进国内法治和涉外法治，协调推进国内治理和国际治理，是全面依法治国的必然要求，是建立以国内大循环为主体、国内国际双循环相互促进的新发展格局的客观需要，是维护国家主权、安全、发展利益的迫切需要。

4. 这就要求在全面依法治国进程中，必须统筹运用国内法和国际法，加快涉外法治工作战略布局，推进国际法治领域合作，加快推进我国法域外适用的法律体系建设，加强国际法研究和运用，提高涉外工作法治化水平，更好地维护国家主权、安全、发展利益，为全球治理体系改革、推动构建人类命运共同体规则体系提供中国方案。

二、加快涉外法治工作战略布局

1. 统筹国内国际两个大局是我们党治国理政的重要理念和基本经验，统筹推进国内法治和涉外法治，加快涉外法治工作战略布局即是这一理念和经验在法治领域的具体体现。

2. 要加快形成系统完备的涉外法律法规体系，积极构建更加完善的涉外经济法律体系，逐步形成法治化、国际化、便利化的营商环境。

3. 要提升涉外执法司法效能，引导企业、公民在"走出去"过程中更加自觉地遵守当地法律法规和风俗习惯，提高运用法治和规则维护自身合法权益的意识和能力。

4. 要加强反制裁、反干涉和反制"长臂管辖"的理论研究和制度建设，努力维护公平公正的国际环境。

5. 要加大涉外法治人才培养力度，尽快建设一支精通国内法治和涉外法治，既熟悉党和国家方针政策、了解我国国情，又具有全球视野、熟练运用外语、通晓国际规则的高水平法治人才队伍，为我国参与国际治理提供有力人才支撑。

三、加强对外法治交流合作

1. 法治是人类政治文明的重要成果，是现代社会治理的基本手段，既是国家治理体系和治理能力的重要依托，也是维护世界和平与发展的重要保障。

2. 国与国之间开展执法安全合作，既要遵守两国各自的法律规定，又要确保国际法平等统一适用，不能搞双重标准，更不能合则用、不合则弃。

续表

3. 坚持和维护联合国宪章以及国际刑警组织章程，认真履行打击跨国有组织犯罪公约和反腐败公约，不断完善相关国际规则，确保国际秩序公正合理、人类社会公平正义。

4. 要积极参与执法安全国际合作，共同打击暴力恐怖势力、民族分裂势力、宗教极端势力和贩毒走私、跨国有组织犯罪。

5. 要加强反腐败国际合作，加大海外追赃追逃、遣返引渡力度。

6. 要深化国际司法交流合作，完善我国司法协助体制机制，推进引渡、遣返、犯罪嫌疑人和被判刑人移管等司法协助领域国际合作。

7. 要同各国一道，营造良好法治环境，构建公正、合理、透明的国际经贸规则体系，推动共建"一带一路"高质量发展，更好造福各国人民。

四、为构建人类命运共同体提供法治保障

1. 人类生活在同一个地球村里，生活在历史和现实交汇的同一个时空里，越来越成为你中有我、我中有你的命运共同体。世界各国要顺应时代发展潮流，作出正确选择，齐心协力应对挑战，开展全球性协作，构建人类命运共同体。

2. 要坚定维护以联合国为核心的国际体系，坚定维护以国际法为基础的国际秩序，为运用法治思维和法治方式推动构建人类命运共同体贡献中国智慧和中国方案。

3. 联合国宪章宗旨和原则是处理国际关系的根本遵循，也是国际秩序稳定的重要基石，必须毫不动摇加以维护。

4. 要坚定维护联合国权威和地位，坚定维护联合国在国际事务中的核心作用。要继续做国际和平事业的捍卫者，坚持按照联合国宪章宗旨、原则和国际关系准则，按照事情本身的是非曲直处理问题，释放正能量，推动建设相互尊重、公平正义、合作共赢的新型国际关系。

5. 积极参与国际规则制定，做全球治理变革进程的参与者、推动者、引领者。

6. 要主动参与并努力引领国际规则制定，推动形成公正合理透明的国际规则体系，提高我国在全球治理体系变革中的话语权和影响力。对不公正、不合理、不符合国际格局演变大势的国际规则和国际机制，要提出改革方案，推动全球治理变革。

7. 坚定维护多边主义，坚持开放包容，不搞封闭排他，共同维护世界和平稳定。

8. 大国更应该带头做国际法治的倡导者和维护者，遵信守诺，不搞例外主义，不搞双重标准，也不能歪曲国际法，以法治之名侵害他国正当权益、破坏国际和平稳定。

第十节　坚持建设德才兼备的高素质法治工作队伍：基础性保障

一、建设德才兼备的高素质法治工作队伍是推进全面依法治国的一项基础性工作

1. 全面推进依法治国，必须建设一支德才兼备的高素质法治工作队伍。
2. 研究谋划新时代法治人才培养和法治队伍建设长远规划，创新法治人才培养机制，推动东中西部法治工作队伍均衡布局，提高法治工作队伍思想政治素质、业务工作能力、职业道德水准，着力建设一支忠于党、忠于国家、忠于人民、忠于法律的社会主义法治工作队伍，为加快建设社会主义法治国家提供有力的人才保障。
3. 要坚持把法治工作队伍建设作为全面依法治国的基础性工作，大力推进法治专门队伍革命化、正规化、专业化、职业化，培养造就一大批高素质法治人才及后备力量。

二、加强法治专门队伍建设

1. 要坚持把政治标准放在首位，加强科学理论武装，坚持用习近平新时代中国特色社会主义思想，特别是习近平法治思想武装头脑，深入开展理想信念教育，深入开展社会主义核心价值观教育，不断打牢高举旗帜、听党指挥、忠诚使命的思想基础，永葆忠于党、忠于国家、忠于人民、忠于法律的政治本色。
2. 要把强化公正廉洁的职业道德作为必修课，自觉用法律职业伦理约束自己，信仰法治、坚守法治，培育职业良知，坚持严格执法、公正司法，树立惩恶扬善、执法如山的浩然正气，杜绝办"金钱案""权力案""人情案"。
3. 完善法律职业准入、资格管理制度，建立法律职业人员统一职前培训制度和在职法官、检察官、警官、律师同堂培训制度。
4. 完善从符合条件的律师、法学专家中招录立法工作者、法官、检察官、行政复议人员制度。
5. 加强立法工作队伍建设。
6. 建立健全立法、执法、司法部门干部和人才常态化交流机制，加大法治专门队伍与其他部门具备条件的干部和人才交流力度。
7. 加强边疆地区、民族地区和基层法治专门队伍建设。
8. 健全法官、检察官员额管理制度，规范遴选标准、程序。
9. 加强执法司法辅助人员队伍建设。
10. 建立健全符合职业特点的法治工作人员管理制度，完善职业保障体系。
11. 健全执法司法人员依法履职免责、履行职务受侵害保障救济、不实举报澄清等制度。

三、加强法律服务队伍建设

1. 要加强法律服务队伍建设，把拥护中国共产党领导、拥护社会主义法治作为法律服务人员从业的基本要求，加强对法律服务队伍的教育管理，引导法律服务工作者坚持正确政治方向，依法依规诚信执业，认真履行社会责任，满腔热忱投入社会主义法治国家建设。
2. 要充分发挥律师在全面依法治国中的重要作用，加强律师队伍思想政治建设，完善律师执业保障机制，增强广大律师走中国特色社会主义法治道路的自觉性和坚定性，建设一支拥护党的领导、拥护社会主义法治的高素质律师队伍。
3. 要落实党政机关、人民团体、国有企事业单位普遍建立法律顾问制度和公职律师、公司律师制度，健全相关工作规则，理顺管理体制机制，重视发挥法律顾问和公职律师、公司律师作用。
4. 要加强公证员、基层法律服务工作者、人民调解员队伍建设，推动法律服务志愿者队伍建设，建立激励法律服务人才跨区域流动机制，逐步解决基层和欠发达地区法律服务资源不足和人才匮乏问题。

四、创新法治人才培养机制

1. 高校作为法治人才培养的第一阵地，要充分利用学科齐全、人才密集的优势，加强法治及其相关领域基础性问题的研究，对复杂现实进行深入分析、作出科学总结，提炼规律性认识，为完善中国特色社会主义法治体系、建设社会主义法治国家提供理论支撑。
2. 大力加强法学学科体系建设，认真总结法学教育和法治人才培养经验和优势，深入研究和解决好为谁教、教什么、教给谁、怎样教的问题，探索建立适应新时代全面依法治国伟大实践需要的法治人才培养机制。
3. 要强化法学教育实践环节，处理好法学知识和法治实践教学的关系，将立法执法司法实务工作部门的优质法治实践资源引进高校课堂，加强法学教育、法学研究工作者和法治实务工作者之间的交流。
4. 坚持以我为主、兼收并蓄、突出特色，积极吸收借鉴世界上的优秀法治文明成果，有甄别、有选择地吸收和转化，不能囫囵吞枣、照搬照抄，努力以中国智慧、中国实践为世界法治文明建设作出贡献。

第十一节　坚持抓住领导干部这个"关键少数"：关键所在

一、领导干部是全面依法治国的关键

1. 领导干部是全面推进依法治国的重要组织者、推动者、实践者，是全面依法治国的关键。
2. 各级领导干部作为具体行使党的执政权和国家立法权、行政权、司法权的人，在很大程度上决定着全面依法治国的方向、道路、进度。党领导立法、保证执法、支持司法、带头守法，主要是通过各级领导干部的具体行动和工作来体现、来实现。因此，高级干部做尊法学法守法用法的模范，是实现全面推进依法治国目标和任务的关键所在。
3. 领导干部对法治建设既可以起到关键推动作用，也可能起到致命破坏作用。

续表

4. 各级领导干部要对法律怀有敬畏之心，带头依法办事，带头遵守法律，不断提高运用法治思维和法治方式深化改革、推动发展、化解矛盾、维护稳定、应对风险的能力。

二、领导干部应做尊法学法守法用法的模范

1. 尊崇法治、敬畏法律，是领导干部必须具备的基本素质。
2. 领导干部必须做尊法的模范，带头尊崇法治、敬畏法律，彻底摒弃人治思想和长官意识，决不搞以言代法、以权压法。
3. 领导干部必须做学法的模范，深入学习贯彻习近平法治思想，带头了解法律、掌握法律，充分认识法治在推进国家治理体系和治理能力现代化中的重要地位和重大作用。
4. 领导干部必须做守法的模范，牢记法律红线不可逾越、法律底线不可触碰，带头遵纪守法、捍卫法治。
5. 领导干部必须做用法的模范，带头厉行法治、依法办事，真正做到在法治之下、而不是法治之外、更不是法治之上想问题、作决策、办事情。

三、领导干部要提高运用法治思维和法治方式的能力

1. 法治思维是基于法治的固有特性和对法治的信念来认识事物、判断是非、解决问题的思维方式。
2. 法治方式是运用法治思维处理和解决问题的行为模式。
3. 善用法治思维和法治方式可以促进法治实践，法治实践又会激发人们自觉能动地运用法治思维和法治方式。
4. 党政主要负责人要履行推进法治建设第一责任人职责，统筹推进科学立法、严格执法、公正司法、全民守法。
5. 领导干部要守法律、重程序，带头营造办事依法、遇事找法、解决问题用法、化解矛盾靠法的法治环境，善于用法治思维谋划工作，用法治方式处理问题。
6. 要牢记职权法定，牢记权力来自哪里、界线划在哪里，做到法定职责必须为、法无授权不可为。
7. 要坚持以人民为中心，牢记法治的真谛是保障人民权益，权力行使的目的是维护人民权益。
8. 要加强对权力运行的制约监督，依法设定权力、规范权力、制约权力、监督权力，把权力关进制度的笼子里。
9. 要把法治素养和依法履职情况纳入考核评价干部的重要内容，让尊法学法守法用法成为领导干部自觉行为和必备素质。

【躲坑大练习】（判断题）[1]

①国家主权、安全、发展利益是国家核心利益，切实维护国家主权、安全、发展利益是涉外法治工作的首要任务。

---

[1] ①正确；②正确；③正确；④错误，我们要建立的是法律职业人员统一职前培训制度和在职法官、检察官、警官、律师同堂培训制度；⑤错误；⑥正确；⑦错误，激励；⑧正确。

②要加强反制裁、反干涉和反制"长臂管辖"的理论研究和制度建设，努力维护公平公正的国际环境。

③法治是国家核心竞争力的重要内容。

④在在职法律职业人员培训问题上，必须避免出现法官、检察官、警官、律师同堂培训现象。

⑤完善从符合条件的律师、法学专家中招录立法工作者、行政复议人员制度，但是法官、检察官不宜从律师、法学专家中招录。

⑥党政机关中的法律顾问、公职律师也属于法律服务队伍。

⑦建立控制法律服务人才跨区域流动机制。

⑧领导干部对法治建设既可以起到关键推动作用，也可能起到致命破坏作用。

第三章　正确处理全面依法治国重大关系

一、政治和法治

1. 有什么样的政治就有什么样法治，政治制度和政治模式必然反映在以宪法为统领的法律制度体系上，体现在立法、执法、司法、守法等法治实践之中。

2. 必须坚持党的领导、人民当家作主和依法治国有机统一，坚持宪法确定的中国共产党领导地位不动摇，坚持宪法确定的人民民主专政的国体和人民代表大会制度的政体不动摇。

3. 党和法的关系是政治和法治关系的集中反映。党的全面领导在法治领域，就是党领导立法、保证执法、支持司法、带头守法。党的领导和依法治国不是对立的，而是统一的。"党大还是法大"是一个政治陷阱，是一个伪命题。权大还是法大则是一个真命题。

4. 要处理好党的政策和国家法律的关系，两者在本质上是一致的。党的政策是国家法律的先导和指引，是立法的依据和执法司法的重要指导。要善于通过法定程序使党的政策成为国家意志、形成法律，并通过法律保障党的政策有效实施，从而确保党发挥总揽全局、协调各方的领导核心作用。

二、改革和法治

1. 法治和改革有着内在的必然联系，二者相辅相成、相伴而生，如鸟之两翼、车之两轮。必须在法治下推进改革，在改革中完善法治。全面深化改革需要法治保障，全面推进依法治国也需要深化改革，把法治改革纳入全面深化改革的总体部署。要坚持改革决策和立法决策相统一、相衔接，确保改革和法治实现良性互动。

2. 立法主动适应改革需要，积极发挥引导、推动、规范、保障改革的作用，做到重大改革于法有据，改革和法治同步推进，增强改革的穿透力。
（1）对实践证明已经比较成熟的改革经验和行之有效的改革举措，要尽快上升为法律，先修订、解释或者废止原有法律之后再推行改革；
（2）对部门间争议较大的重要立法事项，要加快推动和协调，不能久拖不决；
（3）对实践条件还不成熟、需要先行先试的，要按照法定程序作出授权，在若干地区开展改革试点，既不允许随意突破法律红线，也不允许简单以现行法律没有依据为由迟滞改革；
（4）对不适应改革要求的现行法律法规，要及时修改或废止，不能让一些过时的法律条款成为改革的"绊马索"。

3. 善于通过改革和法治推动贯彻落实新发展理念。
（1）要深入分析新发展理念对法治建设提出的新要求，深入分析贯彻落实新发展理念在法治领域遇到的突出问题，有针对性地采取对策措施，运用法治思维和法治方式贯彻落实新发展理念。
（2）立足新发展阶段，必须坚持以法治为引领，坚决纠正"发展要上，法治要让"的认识误区，杜绝立法上"放水"、执法上"放弃"的乱象，用法治更好地促进发展，实现经济高质量发展。

三、依法治国和以德治国

1. 法律是成文的道德，道德是内心的法律。法律和道德都具有规范社会行为、调节社会关系、维护社会秩序的作用，在国家治理中都有其不同的地位和功能。
2. 法是他律，德是自律，需要二者并用、双管齐下。
3. 中国特色社会主义法治道路的一个鲜明特点，就是坚持依法治国与以德治国相结合，既重视发挥法律的规范作用，又重视发挥道德的教化作用。
4. 要强化道德对法治的支撑作用。 （1）要在道德体系中体现法治要求，发挥道德对法治的滋养作用，努力使道德体系同社会主义法律规范相衔接、相协调、相促进。 （2）要在道德教育中突出法治内涵，注重培育人们的法律信仰、法治观念、规则意识，引导人们自觉履行法定义务、社会责任、家庭责任，营造全社会都讲法治、守法治的文化环境。
5. 要把道德要求贯彻到法治建设中。以法治承载道德理念，道德才有可靠制度支撑。法律法规要树立鲜明道德导向，弘扬美德义行，立法、执法、司法都要体现社会主义道德要求，都要把社会主义核心价值观贯穿其中，使社会主义法治成为良法善治。要把实践中广泛认同、较为成熟、可操作性强的道德要求及时上升为法律规范，引导全社会崇德向善。
6. 要运用法治手段解决道德领域突出问题。法律是底线的道德，也是道德的保障。 （1）要加强相关立法工作，明确对失德行为的惩戒措施。要依法加强对群众反映强烈的失德行为的整治。 （2）对突出的诚信缺失问题，既要抓紧建立覆盖全社会的征信系统，又要完善守法诚信褒奖机制和违法失信惩戒机制，使人不敢失信、不能失信。 （3）对见利忘义、制假售假的违法行为，要加大执法力度，让败德违法者受到惩治、付出代价。 （5）要提高全民法治意识和道德自觉，使全体人民成为社会主义法治的忠实崇尚者、自觉遵守者、坚定捍卫者，争做社会主义道德的示范者、良好风尚的维护者。 （6）要发挥领导干部在依法治国和以德治国中的关键作用，以实际行动带动全社会崇德向善、尊法守法。

四、依法治国和依规治党

1. 依法治国、依法执政，既要求党依据宪法法律治国理政，也要求党依据党内法规管党治党。依规管党治党是依法治国的重要前提和政治保障。
2. 正确处理依法治国和依规治党的关系，是中国特色社会主义法治建设的鲜明特色。
3. 要坚持依法治国与制度治党、依规治党统筹推进、一体建设，注重党内法规同国家法律法规的衔接和协调，统筹推进依规治党和依法治国，促进党的制度优势与国家制度优势相互转化，提升我们党治国理政的合力和效能。

续表

4. 要完善党内法规体系。 （1）党内法规体系是中国特色社会主义法治体系重要组成部分。 （2）党内法规是党的中央组织、中央纪律检查委员会以及党中央工作机关和省、自治区、直辖市党委制定的体现党的统一意志、规范党的领导和党的建设活动、依靠党的纪律保证实施的专门规章制度。 （3）党内法规体系是以党章为根本，以民主集中制为核心，以准则、条例等中央党内法规为主干，由各领域各层级党内法规制度组成的有机统一整体。 （4）确保党内法规与国家法律的衔接与协调。
5. 坚持依规治党带动依法治国。 （1）只有坚持依规治党，切实解决党自身存在的突出问题，才能使中国共产党始终成为中国特色社会主义事业的坚强领导核心，才能为全面依法治国确立正确的方向和道路，才能发挥好党领导立法、保证执法、支持司法、带头守法的政治优势。 （2）只有坚持依规治党，使各级党组织和全体党员牢固树立法治意识、规则意识、程序意识，弘扬宪法精神和党章精神，才能对科学立法、严格执法、公正司法、全民守法实行科学有效的领导，在全面依法治国中起到引领和保障作用。

【躲坑大练习】（判断题）[1]

①"党大还是法大"是一个政治陷阱，是一个伪命题。

②各级地方党委均有权制定党内法规。

③要在道德体系中体现法治要求，发挥道德对法治的滋养作用。

④立足新发展阶段，必须坚持以法治为引领，坚持"发展要上，法治要让"的立场，用法治更好地促进发展，实现经济高质量发展。

⑤政治制度和政治模式必然反映在以宪法为统领的法律制度体系上，体现在立法、执法、司法、守法等法治实践之中。

---

　　[1]　①正确；②错误；③正确；④错误；⑤正确。

第二编 法理学

第一章 法的本体

第一节 法与道德

一、法的概念：实证主义和非实证主义

法的概念的争论核心在于处理法律与道德之间的关系，根据对待法律与道德之间的关系的态度，分为不同的学派。

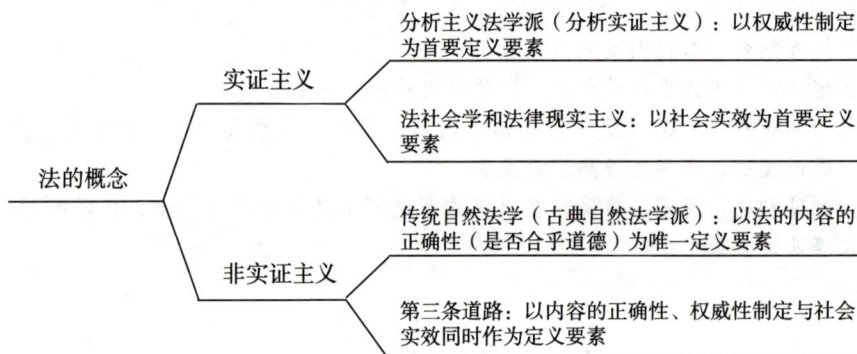

```
                        ┌─ 实证主义 ──┬── 分析主义法学派（分析实证主义）：以权威性制定
                        │             │   为首要定义要素
                        │             │
                        │             └── 法社会学和法律现实主义：以社会实效为首要定义
法的概念 ───────────────┤                 要素
                        │
                        │             ┌── 传统自然法学（古典自然法学派）：以法的内容的
                        └─ 非实证主义 ─┤    正确性（是否合乎道德）为唯一定义要素
                                      │
                                      └── 第三条道路：以内容的正确性、权威性制定与社会
                                          实效同时作为定义要素
```

【躲坑大练习】（判断题）[1]

①即便在理论上争议很大，但在法律实务中，不论法官持何种法的概念的立场，其对同一个案件所做的法律决定是相同的。

②所有的非实证主义理论都主张，在定义法的概念时，道德因素被包括在内。

③仅根据权威性制定要素，并不能将实证主义法学派、非实证主义法学派和其他法学派（比如社会法学派）在法定义上的观点区别开来。

④有学者主张"法是什么"仅仅依赖于"什么已经被制定"，该学者属于法律现实主义。

⑤实证主义法学者要么以权威性制定作为法的定义要素，要么以社会实效作为法的定义要素。

⑥所有的实证主义理论都主张，在定义法的概念时，没有道德因素被包括在内，法和道德是分离的。

---

〔1〕①错误，不同的；②正确；③正确；④错误，分析主义法学；⑤错误，许多实证主义者是以两个要素的相互结合来定义法的概念的；⑥正确；⑦错误，这是实证主义的立场。

⑦古典自然法学者认为，在"法律命令什么"和"正义要求什么"之间，不存在概念上的必然联系。

二、法与道德的古今之辩

古代	近现代
一般来说，古代法学家更多强调道德在社会调控中的首要或主要地位，对法的强调也更多在其惩治功能上。	近现代后，法学家们一般都倾向于强调法律调整的突出作用。
一般来说，近代以前的法在内容上与道德的重合程度极高，有时甚至浑然一体。	近现代法在确认和体现道德时大多注意二者重合的限度，倾向于只将**最低限度的道德**要求转化为法律义务，注意明确法与道德的调整界限。

【常见易错点提醒】
"法律是最低限度的道德"是近现代法学家的主张。

三、法与道德的区别

	法	道德
生成方式	建构性：人为形成的	非建构性：自然演进生成
行为标准	确定性：有特定表现形式，具体明确，可操作性强	模糊性：无特定具体的表现形式，笼统、原则，标准模糊，易生歧义
存在形态	一元性：法以一元化的形态存在，具有统一性和普适性	多元性：道德评价是个体化的、主观的，因此导致道德的多元、多层次性
调整方式	侧重外在行为	关注内在动机
运作机制	程序性：提供制度性协商和对话的机制	非程序性：不存在以交涉为本质的程序
强制方式	外在强制：有组织的国家强制	内在强制：主要凭靠内在良知认同和责难
解决方式	可诉性	不具有可诉性

【躲坑大练习】（判断题）[1]
①《摩奴法典》规定苦修可以免于处罚，说明《法典》缺乏强制性。
②法和道德都是程序选择的产物，均具有建构性。
③违反法律程序的行为并不一定违反道德。
④违反公共道德的民事行为也可能被法院判为无效，这说明在司法审判中，道德规范具有和法律规则同等的法律效力。
⑤法律和道德都具有强制性，都是人们应该遵循的规范。

---

[1] ①错误；②错误；③正确；④错误；⑤正确。

第二节　法的特征

一、规范的分类：社会规范、技术规范和自然法则

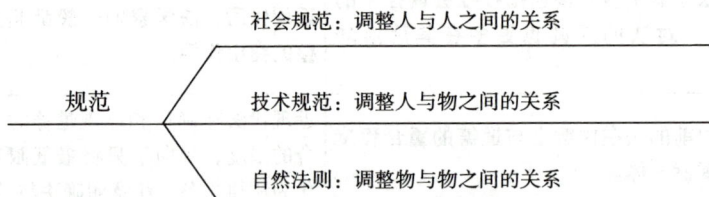

```
              社会规范：调整人与人之间的关系

规范          技术规范：调整人与物之间的关系

              自然法则：调整物与物之间的关系
```

【解题秘笈】
　　在法考中，只要遇到技术规范和自然法则（自然力），就是错误的。

【躲坑大练习】（判断题）[1]

①道德与法律都属于社会规范的范畴，都具有规范性、强制性和有效性。

②《中华人民共和国畜禽遗传资源进出境和对外合作研究利用审批办法》第3条规定："本办法所称畜禽，是指列入依照《中华人民共和国畜牧法》第十一条规定公布的畜禽遗传资源目录的畜禽。本办法所称畜禽遗传资源，是指畜禽及其卵子（蛋）、胚胎、精液、基因物质等遗传材料。"该条款内容属于技术规范。

③违反社会规范会招致来自自然力的惩罚。

④《民法典》第1249条规定："遗弃、逃逸的动物在遗弃、逃逸期间造成他人损害的，由动物原饲养人或者管理人承担侵权责任。本条规则很明显调整的是人和动物之间的关系。"

二、效力的普遍性

普遍性是指在国家权力所及范围内，具有普遍的约束力。

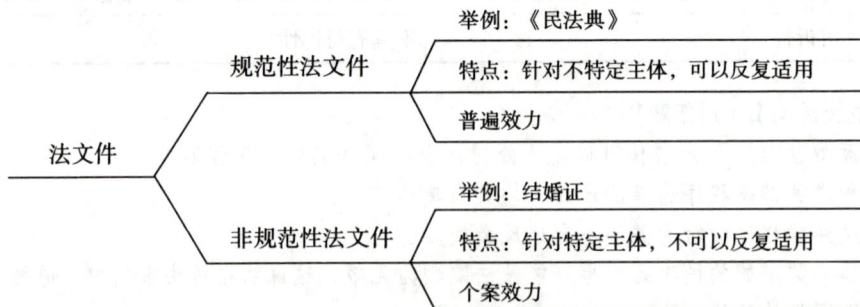

```
                          举例：《民法典》

            规范性法文件   特点：针对不特定主体，可以反复适用

                          普遍效力
法文件
                          举例：结婚证

            非规范性法文件  特点：针对特定主体，不可以反复适用

                          个案效力
```

【一招制敌】只要是规范性法律文件，都具有普遍性。

---

〔1〕　①正确；②错误；③错误；④错误。

【躲坑大练习】（判断题）[1]

①法院的生效判决具有普遍的约束力。

②我国某省人大常委会制定了该省的《食品卫生条例》，该法规虽仅在该省范围适用，但从效力上看具有普遍性。

③《最高法院关于审理盗窃案件具体应用法律若干问题的解释》规定：各地高级法院可根据本地区经济发展状况，并考虑社会治安状况，在本解释规定的数额幅度内，分别确定本地区执行"数额较大""数额巨大""数额特别巨大"的标准。因为只能适用于盗窃案件，所以该规定没有体现法的普遍性特征。

三、可诉性

【注意】 只是一种理论上的可能性，并非必然，要受到诉讼法的限制。

可诉性的判断标志	1. 有诉讼和仲裁；
	2. 有争议解决；
	3. 权利救济。

【常见易错点分析】 立法行为（制定、认可、修改、废止）一定不体现可诉性。

【躲坑大练习】（判断题）[2]

①不同的社会规范，在实现形式上是相同的。

②"一国两制"原则体现在《香港特别行政区基本法》的制定过程中，这体现了法的可诉性。

③道德规范上升为法律规范，这体现了法的可诉性。

④下一级的规范性法律文件因与上一级的规范性法律文件冲突而被宣布无效，这体现了法的可诉性。

⑤公民和法人可以利用法律维护自己的权利，这体现了法的可诉性。

第三节　法的作用

法律规范自然就具有针对具体个人的规范作用和针对宏观社会的社会作用。

---

〔1〕 ①错误；②正确；③错误。

〔2〕 ①错误；②错误；③错误；④错误；⑤正确。

一、规范作用（针对单个人）

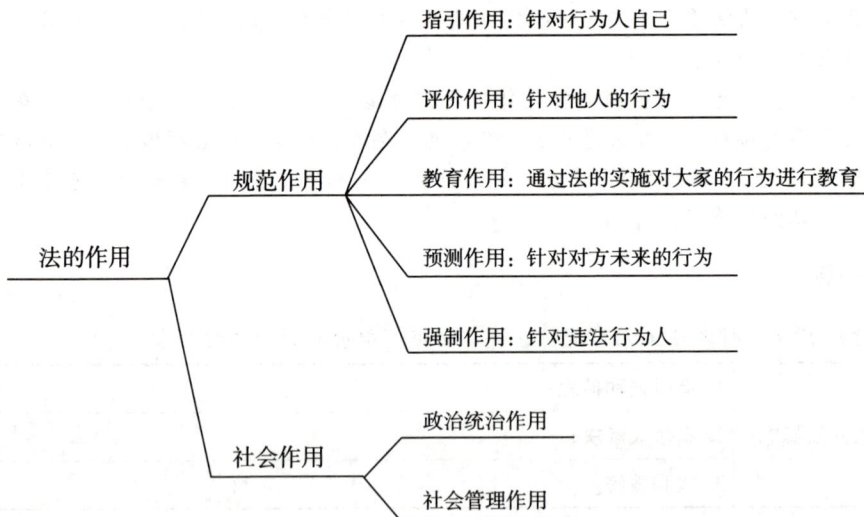

```
                              ┌─ 指引作用：针对行为人自己
                              │
                              ├─ 评价作用：针对他人的行为
                              │
                    规范作用 ──┼─ 教育作用：通过法的实施对大家的行为进行教育
                   ╱          │
                  ╱           ├─ 预测作用：针对对方未来的行为
      法的作用 ──┤            │
                  ╲           └─ 强制作用：针对违法行为人
                   ╲
                    社会作用 ──┬─ 政治统治作用
                              │
                              └─ 社会管理作用
```

【躲坑大练习】（判断题）[1]

①法律原则也具有强制作用、评价作用和预测作用。

②《集会游行示威法》第4条规定："公民在行使集会、游行、示威的权利的时候，必须遵守宪法和法律，不得反对宪法所确定的基本原则，不得损害国家的、社会的、集体的利益和其他公民的合法的自由和权利。"该规定的内容比较模糊，因而对公民不具有指导意义。

③陈法官依据诉讼法规定主动申请回避，体现了法的教育作用。

④民法通则规定，公民对自己的发明或者其他科技成果，有权申请领取荣誉证书，奖金或者其他奖励。这属于有选择的指引。

⑤刑法规定，故意杀人的，处死刑、无期徒刑或者十年以上有期徒刑。对于审理案件的法官而言，这属于有选择的指引。

⑥法院判决王某行为构成盗窃罪，体现了法的指引作用。

⑦合同法规定，当事人协商一致，可以变更合同。这属于有选择的指引。

⑧宪法规定，公民的人格尊严不受侵犯。这属于有选择的指引。

⑨法对人们的行为的评价作用应表现为评价人的行为是否合法或违法及其程度。

⑩王某因散布谣言被罚款300元，体现了法的强制作用。

【难点】 指引作用：对本人的行为具有引导作用。

指引作用	个别性指引：一个具体的指示——非规范性法律文件	
	规范性指引：一般的规则——规范性法律文件的指引	确定的指引：设置法律义务
		不确定的指引（选择的指引）：宣告法律权利

【口诀】 确定不选择，选择不确定。

---

〔1〕 ①正确；②错误；③错误，指引；④正确；⑤正确；⑥错误，评价；⑦正确；⑧错误；⑨正确；⑩正确。

二、社会作用（针对整个社会）

1. **政治职能：阶级统治；**
2. **社会职能：执行社会公共事务。**

【躲坑大练习】（判断题）[1]

①解决社会冲突，分配社会资源，维持社会秩序属于法的规范作用。

②法既执行政治职能，也执行社会公共职能。

三、法的局限性

1. **批评法律万能论、法律中心主义、法律本位主义；法律是现代社会的主要社会调整手段，但不是唯一的调整手段，有些社会关系并不适合由法律调整，如恋爱关系；**

2. **承认工具价值，反对工具主义；**

【躲坑大练习】（判断题）[2]

①在法治社会中，法律可以调整所有社会关系。

②法是由人创制的，人们在立法时受社会条件的制约。

③法具有概括性，能够涵盖社会生活的所有方面。

④法律不能要求人们去从事难以做到的事情。

⑤凡是人能够做到的，都是法律所要求的。

第四节　法的价值

> **【解题秘笈】**
>
> 　一切现实的，都不是完美的；说现实的法律、法律制度、法律责任的设定，都是维护自由、正义、秩序，注定是错误的。

【躲坑大练习】（判断题）[3]

①从实证的角度看，一切法律都是自由的法律。

②任何法律责任的设定都必定是正义的实现。

---

[1] ①错误；②正确。

[2] ①错误；②正确；③错误；④正确；⑤错误。

[3] ①错误；②错误。

一、法的价值的种类

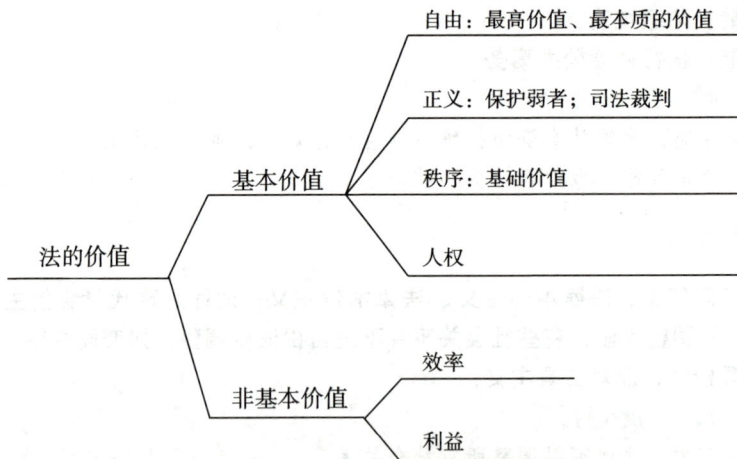

```
                                       ┌─ 自由：最高价值、最本质的价值
                              ┌─ 基本价值 ┼─ 正义：保护弱者；司法裁判
                              │          ├─ 秩序：基础价值
          法的价值 ──────────────┤          └─ 人权
                              │
                              └─ 非基本价值 ┬─ 效率
                                           └─ 利益
```

【常见易错点提醒】

　　各种价值都不是绝对的，都可以被限制，其限制由法律规定。特别是自由，法律保护人的自由，但自由也应受到法律的限制（规范）。

【解题秘笈】

　　注意题干中的信息，如果出现和平、稳定、有序，则必定体现秩序价值。

【躲坑大练习】（判断题）[1]

①"法典是人民自由的圣经"，这说明法律是自由的保障。

②自由是至上和神圣的，限制自由的法律就不是真正的法律。

③公民在行使集会、游行、示威的权利的时候，不得损害国家的、社会的、集体的利益，因此国家利益是我国法律的最高价值。

④法律总是为一定的秩序服务，任何一种法律都是要追求并保持一定社会的有序状态。

⑤现代社会，在必要时，可以以牺牲人们的自由、平等为代价追求秩序。

⑥从法理上讲，平等的主体之间不存在相互的支配，他们的自由也不受法律限制。

⑦刑事司法权的行使，必须受到刑事程序的规范。

⑧法律根本而首要的任务是保障公民的基本权利。

⑨自由对人至关重要，因此，自由是衡量法律善恶的唯一标准。

⑩没有人与人之间的关系存在，就不会有正义问题的产生。

二、限制个人自由的理论基础

（一）伤害原则；

（二）道德主义原则（冒犯原则）；

---

　　[1]　①正确；②错误；③错误；④正确；⑤错误，现代社会的秩序必须接受正义的规制；⑥错误；⑦正确；⑧错误，确保统治秩序的建立；⑨错误；⑩正确，正义本身是个关系范畴。

（三）家长主义（父爱主义）。

【躲坑大练习】（判断题）〔1〕

①法律要求驾驶机动车必须系安全带，这体现了伤害原则。

②法律禁止卖淫嫖娼，这体现的是家长主义原则。

三、平衡价值冲突的原则

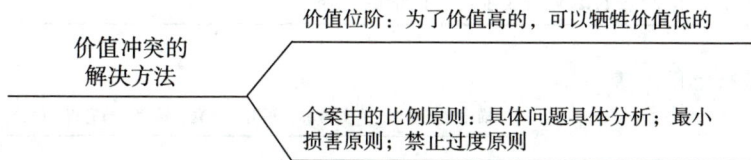

价值冲突的
解决方法

价值位阶：为了价值高的，可以牺牲价值低的

个案中的比例原则：具体问题具体分析；最小
损害原则；禁止过度原则

【常见易错点提醒】

1. 各种价值之间是存在冲突的，不是一好百好。

2. 追求一种价值的时候，必须考虑其他价值。

3. 给出一种社会现象或政策，让你识别体现了什么样的价值冲突处理原则。

（1）个案中的比例原则：有没有"不要过度""××与××相适应"之类的表述；

（2）价值位阶：有没有为了一种价值，舍弃另一种价值，即前种价值更重要。

【躲坑大练习】（判断题）〔2〕

①效率越高，越有利于秩序的实现。

②《民法典》第1077条规定："自婚姻登记机关收到离婚登记申请之日起三十日内，任何一方不愿意离婚的，可以向婚姻登记机关撤回离婚登记申请。前款规定期限届满后三十日内，双方应当亲自到婚姻登记机关申请发给离婚证；未申请的，视为撤回离婚登记申请。"本条关于离婚冷静期的规定，属于对离婚自由的限制，体现了道德主义的原则。

③临产孕妇黄某由于胎盘早剥被送往医院抢救，若不尽快进行剖宫产手术将危及母子生命。当时黄某处于昏迷状态，其家属不在身边，且联系不上。经医院院长批准，医生立即实施了剖宫产手术，挽救了母子生命。该医院的做法体现了比例原则。

第五节 法的要素

一、法律概念

法律规范（包括原则和规则），作为命题是由法律概念组成的。法律概念既包括法律和法学中特有的具有专门法律意义的概念，也包括来自日常生活但具有法律意义的概念。法律概念关系到人的行动和利益，这一点与自然科学概念不同。相对于其他人文社会科学中的概念，法律概念与人的行动和利益具有更密切、更直接的关联性。

---

〔1〕 ①错误；②错误。

〔2〕 ①错误；②错误；③错误。

（一）法律概念的功能

法律概念具有一定程度的独立性，其意义并不完全由法律规范所决定。

1. 法律人适用法律作出判断，需要先对法律概念的意义进行确证和具体化；
2. 法律人适用法律作出判断时，特定案件事实符合特定法律规范中的法律概念的特征才导致将特定法律规范所规定的后果落实于该案件；
3. 在目的论证时，法律概念的语义构成了目的论证的界限。

（二）法律概念的分类

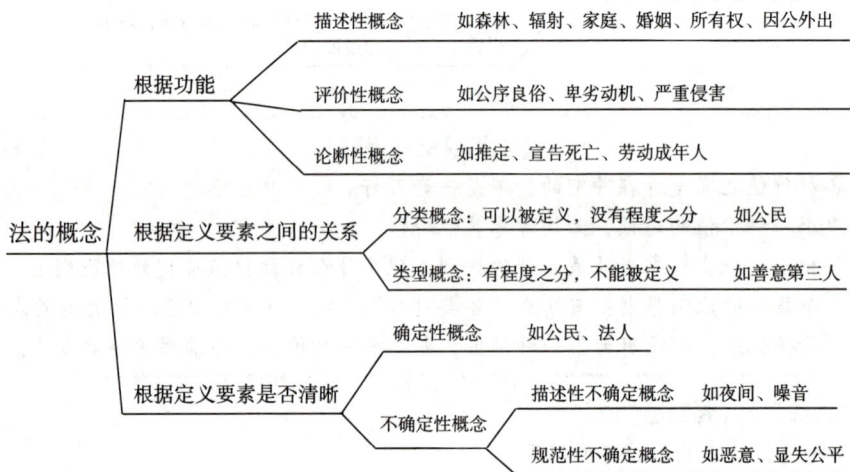

法的概念

根据功能
- 描述性概念　　如森林、辐射、家庭、婚姻、所有权、因公外出
- 评价性概念　　如公序良俗、卑劣动机、严重侵害
- 论断性概念　　如推定、宣告死亡、劳动成年人

根据定义要素之间的关系
- 分类概念：可以被定义，没有程度之分　　如公民
- 类型概念：有程度之分，不能被定义　　如善意第三人

根据定义要素是否清晰
- 确定性概念　　如公民、法人
- 不确定性概念
  - 描述性不确定概念　　如夜间、噪音
  - 规范性不确定概念　　如恶意、显失公平

【躲坑大练习】（判断题）[1]

①"宣告死亡"属于描述性概念。

②"出于卑劣动机杀人"属于描述性概念。

③"公民"属于不确定概念，也是类型概念。

④"重大损失"属于类型概念，也属于规范性不确定概念。

⑤法律概念只包括法律和法学中特有的具有专门法律意义的概念，不包括来自日常生活的概念。

⑥相对于法律概念，其他人文社会科学中的概念与人的行动和利益关系更密切、更直接。

⑦在目的论证时，法律概念的语义构成了目的论证的界限。

二、法律条文

【解题秘笈】

法律依赖于语言；任何语言都需要解释；只要有解释，就有价值判断。

---

[1] ①错误；②错误；③错误；④正确；⑤错误；⑥错误；⑦正确。

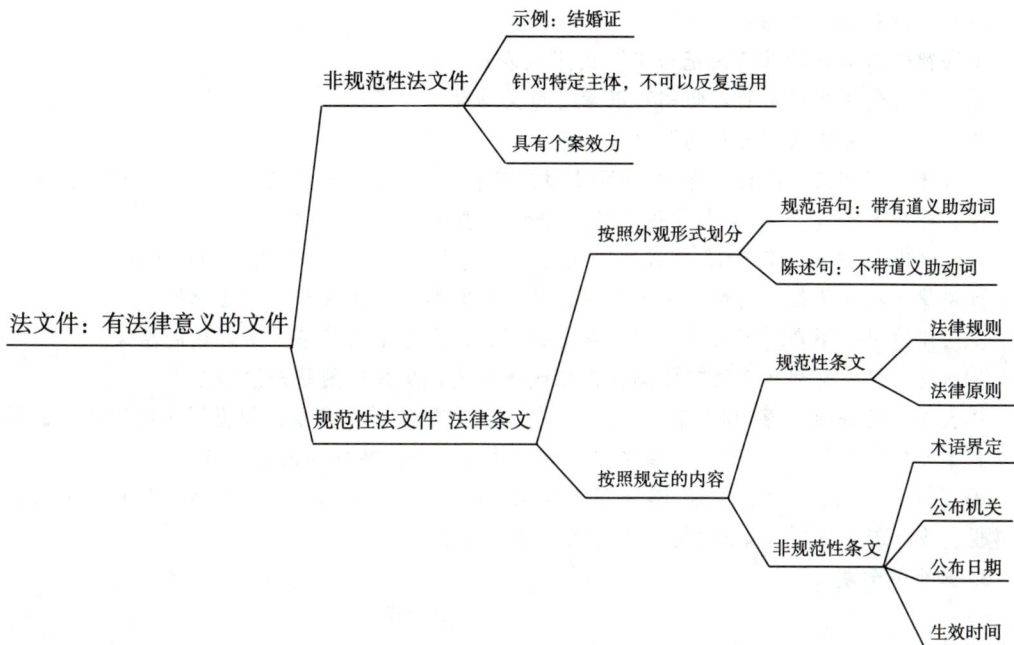

```
                                        ┌─ 示例：结婚证
                        ┌─ 非规范性法文件 ├─ 针对特定主体，不可以反复适用
                        │                 └─ 具有个案效力
                        │
                        │                                      ┌─ 规范语句：带有道义助动词
                        │                    ┌─ 按照外观形式划分 │
法文件：有法律意义的文件 ┤                    │                  └─ 陈述句：不带道义助动词
                        │                    │
                        │                    │                              ┌─ 法律规则
                        │                    │               ┌─ 规范性条文 ─┤
                        └─ 规范性法文件 法律条文┤             │              └─ 法律原则
                                             │               │
                                             └─ 按照规定的内容 ┤              ┌─ 术语界定
                                                             │               ├─ 公布机关
                                                             └─ 非规范性条文 ─┤
                                                                             ├─ 公布日期
                                                                             └─ 生效时间
```

三、法律规则

1. 逻辑结构

法律规则逻辑结构	假定条件	生效的时间、空间、对象和情境		
	行为模式	权利行为模式：可为模式		**授权性规则**
		义务行为模式	应为模式：**积极义务**	**义务性规则—命令性规则**
			勿为模式：**消极义务**	**义务性规则—禁止性规则**
	法律后果	肯定性的后果		
		否定性的后果		

【常见易错点提醒】

1. 法律规则的三个要素在逻辑上缺一不可；但在实践中，法律规则的三要素在法律条文中，都有被省略的可能。

2. 规则不同于条文：规则是条文所承载的意义。

3. 法律条文和法律规则并非一一对应，具体情形包括：一个完整的规则由数个法律条文来表述；一条规则的内容分别由不同规范性法律文件的法律条文来表述；一个条文表述不同的法律规则或其要素；一个条文仅规定法律规则的某个要素或若干要素。

【**躲坑大练习**】（判断题）[1]

①法律规则都可以以"规范语句"的形式表达。

②所有表述法律规则的语句都可以带有道义助动词。

③法律规则可能以"陈述句"的形式表达。

④《老年人权益保障法》第18条第1款规定："家庭成员应当关心老年人的精神需求，不得忽视、冷落老年人。"该条款是用"规范语句"表述的。

⑤"盗贼自刘贵家盗走15贯钱并杀死刘贵"所表述的是法律规则中的假定条件。

⑥法律规则并不都由法律条文来表述，并非所有的法律条文都规定法律规则。

⑦法律适用并不是适用法律条文自身的语词，而是适用法律条文所表达的意义。

⑧所有法律规则都具有语言依赖性，在此意义上，法律规则就是法律条文。

⑨我国《民法典》第1081条规定："现役军人的配偶要求离婚，须得军人的同意，但军人一方有重大过错的除外。"该法律条文完整地表达了一个法律规则的构成要素。

⑩《老年人权益保障法》第18条第1款规定："家庭成员应当关心老年人的精神需求，不得忽视、冷落老年人。"本条规定了否定式的法律后果。

3. **规则的分类：**

```
                                            ┌── 授权性规则
                                            │
                        ┌── 按照行为模式 ──┤                    ┌── 禁止性规则
                        │                   ├── 义务性规则 ──┤
                        │                   │                    └── 命令性规则
                        │                   │
                        │                   └── 权义复合规则
                        │
                        │                   ┌── 确定性规则
 规则分类 ──────────────┤                   │
                        ├── 内容是否明确具体 ├── 委任性规则
                        │                   │
                        │                   └── 准用性规则
                        │
                        │                   ┌── 强行性规则
                        └── 内容的强制程度 ──┤
                                            └── 任意性规则
```

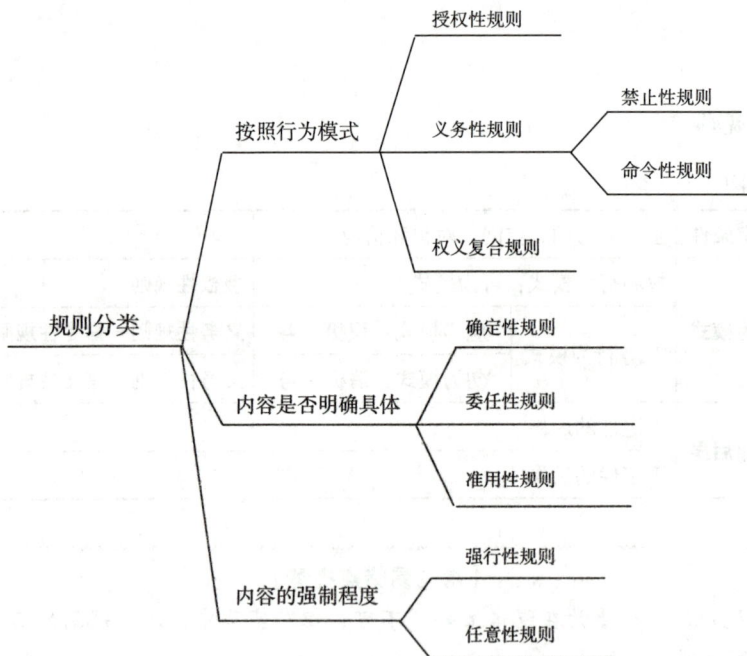

┌───┐
　　　　　　　　　　　　【**常见易错点提醒**】
　继承法当中为胎儿保留特留份的条款规定的是强行性规则。
└───┘

---

[1]　①正确；②正确；③正确；④正确；⑤错误，案件事实而非法律规范；⑥正确；⑦正确；⑧错误；⑨错误；⑩错误。

【躲坑大练习】（判断题）[1]

①《民法典》第 1015 条第 1 款规定："自然人应当随父姓或母姓……"这属于确定性规则。

②《保险法》第 94 条规定："保险公司，除本法另有规定外，适用《中华人民共和国公司法》的规定。"属于委任性规则。

③《民法典》第 9 条规定："民事主体从事民事活动，应当有利于节约资源、保护生态环境。"这属于义务性规则中的命令性规则。

④《医疗事故处理条例》第 62 条规定："军队医疗机构的医疗事故处理办法，由中国人民解放军卫生主管部门会同国务院卫生行政部门依据本条例制定。"此规定为准用性规则。

⑤《民法典》第 1155 条规定："遗产分割时，应当保留胎儿的继承份额。胎儿娩出时是死体的，保留的份额按照法定继承办理。"这属于强行性规范。

⑥《刑法》第 257 条第 1 款的规定："以暴力干涉他人婚姻自由的，处二年以下有期徒刑或者拘役"。该刑法条款所规定的内容属于任意性法律规则。

⑦《民法典》第 1065 条规定："男女双方可以约定婚姻关系存续期间所得的财产以及婚前财产归各自所有、共同所有或者部分各自所有、部分共同所有。约定应当采用书面形式。没有约定或者约定不明确的，适用本法第一千零六十二条、第一千零六十三条的规定。"该条款属于任意性规则。

四、法律原则

1. 公理性原则和政策性原则

公理性原则	由法律原理构成的原则，是由法律上之事理推导出来的，在国际范围内具有较大的普适性。
政策性原则	一个国家或民族出于一定的政策考量而制定的一些原则，具有针对性、民族性和时代性。

【躲坑大练习】（判断题）[2]

①我国《宪法》第 26 条第 1 款规定："国家保护和改善生活环境和生态环境，防治污染和其他公害。"该条文体现了国家政策，是典型的法律规则。

②诚实信用原则可以为相关的法律规则提供正当化基础。

---

[1]　①正确；②错误；③错误；④错误；⑤正确；⑥错误；⑦正确。
[2]　①错误；②正确。

2. 法律规则和法律原则的区别

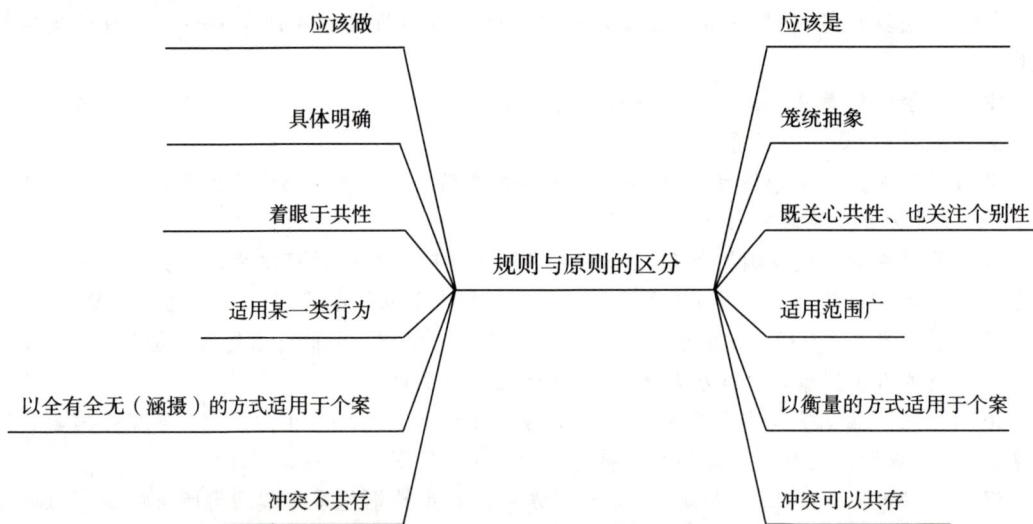

应该做 ——— 应该是
具体明确 ——— 笼统抽象
着眼于共性 ——— 既关心共性、也关注个别性
规则与原则的区分
适用某一类行为 ——— 适用范围广
以全有全无（涵摄）的方式适用于个案 ——— 以衡量的方式适用于个案
冲突不共存 ——— 冲突可以共存

【躲坑大练习】（判断题）[1]

①法律原则不仅着眼于行为及条件的共性，而且关注它们的个别性。

②法律原则是以"全有或全无的方式"应用于个案当中的。

③相互冲突的法律原则可以共存于一部法律之中。

④《行政处罚法》第43条："执法人员与案件有直接利害关系或者有其他关系可能影响公正执法的，应当回避。"这既不属于法律原则，也不属于法律规则。

⑤"第一顺序：配偶、子女、父母。"这样的规定不是法律规范。

⑥《民法典》第25条规定："自然人以户籍登记或者其他有效身份登记记载的居所为住所；经常居所与住所不一致的，经常居所视为住所。"从语式上看，该条文表达的并非一个法律规则。

⑦"民事活动应当尊重社会公德"的规定属于命令性规则。

4. 法律原则的适用条件

（1）法律原则的优点和缺陷：法律原则可以克服法律规则的僵硬性缺陷，弥补法律漏洞，保证个案正义。但由于其内涵高度抽象，外延宽泛，所以会赋予法官较大的自由裁量权，从而不能完全保证法律的确定性和可预测性。

（2）法律原则适用的三大条件

a. **穷尽法律规则**，才得适用法律原则。
b. 除非为了实现**个案正义**，否则不能舍弃法律规则而直接适用法律原则。
c. 没有**更强理由**，不得径行适用法律原则。

【躲坑大练习】（判断题）[2]

①与规定具体制度、程序的规范不同，刑事诉讼基本原则不具有法律约束力，只具有倡导

---

[1] ①正确；②错误；③正确；④错误；⑤错误；⑥错误，原则；⑦错误；⑧错误。
[2] ①错误，原则虽然抽象，但仍然是法律，具有法律效力；②错误；③错误；④正确；⑤错误；⑥正确。

性、指引性。

②案件审判中，先适用法律原则，后适用法律规则。

③案件审判中，法律原则都必须无条件地适用。

④法律原则的适用可以弥补法律规则的漏洞。

⑤法律原则最大程度地实现法律的确定性和可预测性。

⑥法律原则可以克服法律规则的僵硬性缺陷，弥补法律漏洞。

五、权利和义务

【常见易错点提醒】

1. 从结构上看，权利和义务是紧密联系、不可分割的。有权利，就有相应的义务与它同时存在。

2. 从数量上看，两者的总量是相等的，但具体到某个人时，他所享有的权利与承担的义务不一定相等。

3. 从价值上看，权利和义务代表了不同的法律精神，它们在历史上受到重视的程度有所不同。而在民主法治社会，法律制度较为重视对个人权利的保护。此时，权利是第一性的，义务是第二性的，义务的设定目的是为了保障权利的实现。

【解题秘笈】

1. 考试中出现"权利没有相应的义务存在"，就是错误的；

2. 社会主义法律制度的建立，实行"权利和义务相一致"的原则。

3. 并不是在所有时代权利都是第一性的、义务总是第二性的。

【躲坑大练习】（判断题）[1]

①平等的社会只存在平等主体的权利，不存在义务；不平等的社会只存在不平等的义务，不存在权利。

②本案表明，权利的行使与义务的承担相关联。

③在任何历史时期，权利总是第一性的，义务总是第二性的。

④法律权利和义务相互依存。

⑤我国《民法典》第1081条规定："现役军人的配偶要求离婚，须得军人的同意，但军人一方有重大过错的除外。"

a. 该条中所规定的军人的配偶在离婚方面所承担的义务没有相应的权利存在。

b. 现役军人与其配偶之间的权利义务是不一致的。

---

[1] ①错误；②正确；③错误；④正确；⑤a. 错误；b. 错误。

第六节　法的渊源

一、分类

	效力	作用	举例
1. 正式渊源	具有明定的法效力	可**直接作为法律推理的大前提**之规范来源，法律人必须予以考虑	宪法、法律、行政法规、行政规章、地方性法规、自治条例和单行条例、国际条约和国际惯例等
2. 非正式渊源	不具有明定的法效力，但具有法律说服力	能够构成法律推理的大前提的准则来源，**具有法律意义**	正义标准、理性原则、政策、道德、乡规民约、外国法、权威著作等

【常见易错点提醒】

1. 相对于非正式渊源，正式渊源优先适用。只有在正式渊源存在不足或缺陷时，才适用非正式渊源。

2. 大陆法系的主要法源是制定法，英美法系的主要渊源是判例法。

3. 在我国，封建迷信不可以作为法的渊源。

4. 各种非正式法律渊源均具有法律意义。

【躲坑大练习】（判断题）[1]

①不违背法律的民俗习惯、行业惯例可以作为裁判依据。

②某省人大常委会制定的《食品卫生条例》属于我国法律的正式渊源，法院审理相关案件时可直接适用。

③我国法律渊源的分类是与我国宪法关于法律制定的权限的划分密切相联的，同时也与我国的国体、政体、国家机构组织以及历史传统等因素相联系。

④在法律条文中体现的公共政策，在我国属于非正式渊源。

⑤非正式法源没有正式的法律效力，司法机关不能以它作为裁判案件的理由。

⑥违反公共道德的民事行为也可能被法院判为无效，这说明在司法审判中，道德规范具有和法律规则同等的法律效力。

⑦话本小说《错斩崔宁》可视为一种法的非正式渊源。

---

[1] ①正确；②正确；③正确；④错误；⑤错误；⑥错误；⑦错误。

二、当代中国法的正式渊源

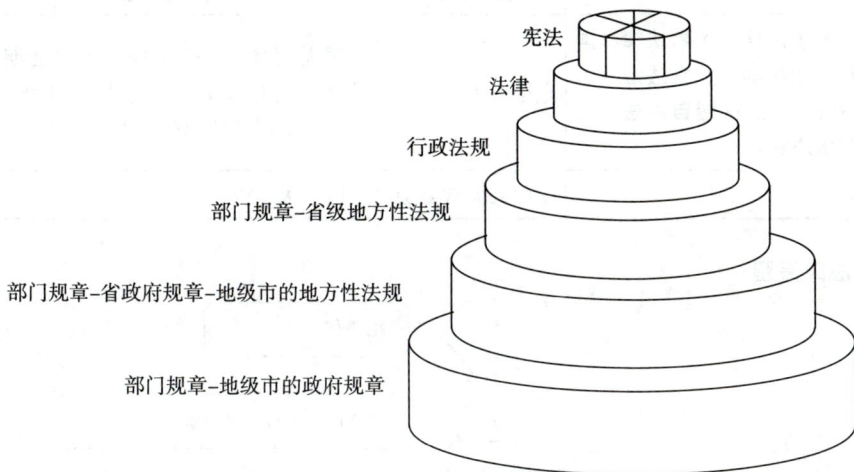

1. 宪法：根本法、最高法、母法

制宪主体	制宪机关	修宪机关	释宪机关
人民	一届人大第一次全体会议	全国人大	全国人大常委会

【常见易错点提醒】

1. 宪法实施的监督主体是全国人大及其常委会。
2. 宪法修改的主体只有全国人大。
3. 宪法解释的主体只有全国人大常委会，其所作的宪法解释具有最高的普遍法效力。

【躲坑大练习】（判断题）[1]

①《商标法实施条例》是《关于审理商标民事纠纷案件适用法律若干问题的解释》的母法。

②最高人民法院的裁判文书在我国具有最高的普遍法效力。

③在全国人大闭会期间，全国人大常委会有权通过宪法修正案。

④我国的宪法解释机关对宪法的解释具有最高的、普遍的约束力。

2. 法律

【常见易错点提醒】

务必区分广义的法律（包括宪法、法律、行政法规、地方性法规在内，甚至有时还包括非正式渊源）和狭义的法律（特指全国人大及其常委会制定的规范性法文件）。

---

[1] ①错误；②错误；③错误；④正确；⑤正确，如果出在法理学的试题当中。

（1）基本法律和非基本法律

	制定主体	修改主体
基本法律（刑事法律、民事法律、国家机构组织和职权的法、立法法、诉讼法、选举法、民族区域自治法、特别行政区基本法等）	全国人大	全国人大修改；但全国人大闭会期间，其常委会有权对基本法律进行部分补充和修改，但是不得同该法律的基本原则相抵触
非基本法律	全国人大常委会	全国人大常委会

（2）法律保留

```
                    ┌── 犯罪和刑罚
                    │
                    ├── 对公民政治权利的剥夺
            绝对保留 ┤
                    ├── 限制人身自由的强制措施和处罚
                    │
                    └── 司法制度
    法律保留
                    ┌── 国家主权的事项
                    │
                    ├── 国家机关的产生、组织和职权
                    │
            相对保留 ┼── 对非国有财产的征收、征用
                    │
                    ├── 民事基本制度、基本经济制度、财税海金外基本制度
                    │
                    └── 三大自治制度
```

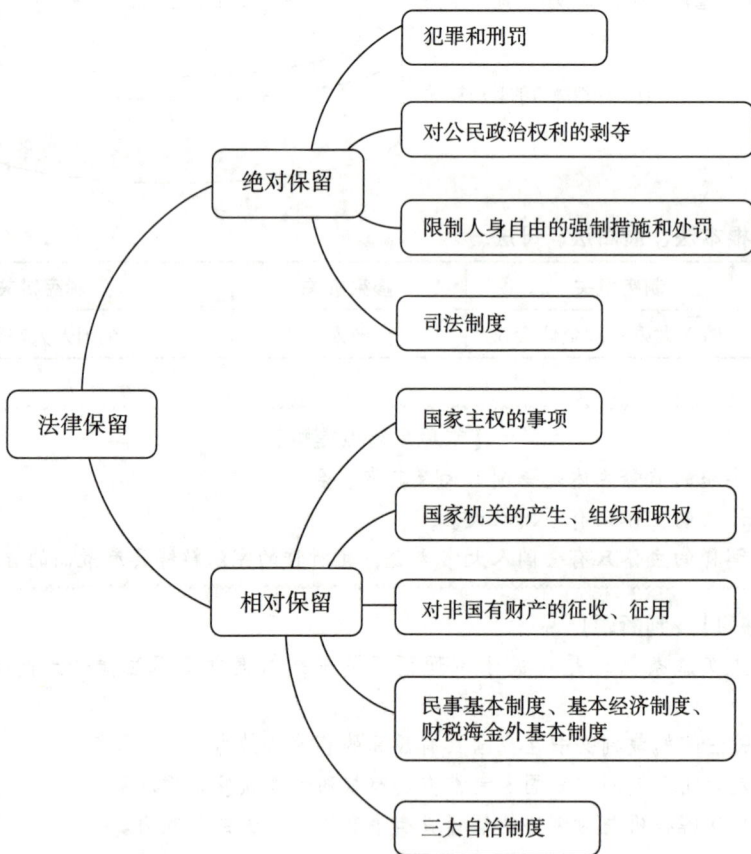

【躲坑大练习】（判断题）[1]

①我国《刑法》和《民法典》均是"基本法律"。

②经授权，行政法规可设定限制公民人身自由的强制措施。

③司法的依据主要是正式的法律渊源，而当代中国司法原则"以法律为准绳"中的"法律"则需要作广义的理解。

④全国人大常委会在人大闭会期间，可以对全国人大制定的法律进行部分补充和修改，但不得同该法律的基本原则相抵触。

---

[1] ①正确；②错误；③正确；④正确；⑤正确；⑥错误；⑦正确；⑧正确；⑨错误；⑩错误。

⑤从法的正式渊源上看，"法律"仅指全国人大及其常委会制定的规范性文件。

⑥所有法律议案（法律案）都须交由全国人大常委会审议、表决和通过。

⑦全国人大及其常委会作出的具有规范性的决议、决定、规定和办法等，也属于"法律"类的法的渊源。

⑧根据《立法法》，居民委员会、村民委员会制度只能由全国人民代表大会及其常务委员会制定法律加以规定。

⑨地方性法规可以规定本行政区内市、县、乡政府的产生、组织和职权。

⑩部门规章可以规定对传染病人的强制隔离措施。

3. 监察法规

（1）国家监察委员会根据宪法和法律，制定监察法规。

（2）监察法规可以就下列事项作出规定：

①为执行法律的规定需要制定监察法规的事项；

②为履行领导地方各级监察委员会工作的职责需要制定监察法规的事项。

（3）监察法规应当经国家监察委员会全体会议决定，由国家监察委员会发布公告予以公布。

（4）监察法规应当在公布后的三十日内报全国人民代表大会常务委员会备案。

（5）监察法规不得与宪法、法律相抵触。全国人民代表大会常务委员会有权撤销同宪法和法律相抵触的监察法规。

4. 行政法规：国务院

制定主体	国务院。
名称	一般以条例、规定和办法为名，也有以决定、命令为名者。
调整范围	（1）为了执行法律而进行的国家行政管理活动中涉及的各种事项；
	（2）宪法规定的国务院行政管理职权中的事项。
审查	行政法规与宪法、法律相抵触的，全国人大常委会有权撤销。

【躲坑大练习】（判断题）[1]

①《中华人民共和国畜牧法》是《中华人民共和国畜禽遗传资源进出境和对外合作研究利用审批办法》的上位法，二者均属于行政法规。

②国务院制定的《商标法实施条例》是部门规章。

③《危险化学品安全管理条例》与《安全生产法》的效力位阶相同。

5. 行政规章

（1）部门规章：国务院各部委根据法律和国务院制定的行政法规、决定、命令制定、发布的规章；

（2）地方政府规章：省级、地级市的政府根据法律、行政法规和本省级的地方性法规制定、发布的规章。

---

[1] ①错误；②错误；③错误。

6. 地方性法规

制定主体	（1）省、自治区、直辖市的人大及其常委会
	（2）设区的市、自治州的人大及其常委会： ①在不同宪法、法律、行政法规和本省、自治区的地方性法规相抵触的前提下，可以针对**城乡建设与管理、环境保护、历史文化保护等方面**的事项制定地方性法规。 ②需要报省级人大常委会批准后生效。

【躲坑大练习】（判断题）[1]

①我国某省人大常委会制定了该省的《食品卫生条例》，该法规属于我国法律的正式渊源，法院审理相关案件时可直接适用。

②地方性法规可以规定本行政区内经济、文化及医疗卫生等方面的事项。

③乙市人大常委会在环境保护地方性法规制定中发挥主导作用，表决通过后直接由其公布施行。

7. 民族自治法规（自治条例和单行条例）

制定主体	民族自治地方（自治区、自治州、自治县）的人大 **【注意】**常委会无权制定民族自治法规；民族乡不属于民族自治地方。	
内容	依照当地民族的特点，可以对法律和行政法规的规定作出变通规定，但不得违背法律或者行政法规的基本原则，不得对宪法和民族区域自治法的规定以及其他有关法律、行政法规专门就民族自治地方所作的规定作出变通规定	
报经批准	①自治区的自治法规	报全国人大常委会批准后生效
	②自治州和自治县的自治法规	报省级人大常委会批准后生效
适用	**对法律、行政法规、地方性法规作变通规定的，在本自治地方适用自治条例和单行条例的规定**	

> **【常见易错点提醒】**
>
> 自治区的人大及其常委会制定的地方性法规只需要报备案，不需要报送批准。

【躲坑大练习】（判断题）[2]

①我国民族自治地方的自治法规，包括自治条例和单行条例，是由民族自治地方人民代表大会制定的规范性文件，它同地方性法规具有同等的地位和法律效力。

②自治州人大制定的自治条例和单行条例报省或自治区的人大常委会批准。

③省、直辖市权力机关制定的地方性法规报全国人大常委会批准。

④自治县人大制定的自治条例和单行条例报省或自治区的人大常委会批准。

---

[1] ①正确；②错误；③错误。

[2] ①错误；②正确；③错误；④正确。

8. 经济特区法规

制定主体	经济特区所在地的省、市的人大及其常委会（根据全国人大的授权决定）。
实施范围	在经济特区范围内实施。
适用	根据授权对法律、行政法规、地方性法规作变通规定的，在本经济特区适用经济特区法规的规定。
效力	与上一位阶的规范性文件规定不同，并不当然无效。

【躲坑大练习】（判断题）[1]

①经济特区法规根据授权对全国人大及其常委会制定的法律作变通规定的，在本经济特区适用经济特区法规的规定。

9. 浦东新区法规（授权法规）

（1）全国人大常委会授权上海市人大及其常委会根据浦东改革创新实践需要，遵循宪法规定以及法律和行政法规基本原则，制定浦东新区法规。

（2）目的：建立完善与支持浦东大胆试、大胆闯、自主改相适应的法治保障体系，推动浦东新区高水平改革开放，打造社会主义现代化建设引领区。

（3）在浦东新区实施。

（4）备案：浦东新区法规应当依照《立法法》的有关规定分别报全国人大常委会和国务院备案。

（5）浦东新区法规报送备案时，应当说明对法律、行政法规、部门规章作出变通规定的情况。

10. 国际条约和国际惯例

【常见易错点提醒】

国际条约和国际惯例在我国属于正式渊源。

在宪法和条约的关系上，各国规定不尽相同；我国现行宪法没有规定宪法与条约的关系。

11. 立法解释、司法解释和行政解释也是正式渊源。

12. 其他正式渊源

（1）中央军事委员会制定的军事法规和军内有关方面制定的军事规章；

（2）"一国两制"条件下特别行政区的各种法律。

三、同位阶规范性法文件冲突的解决

冲突双方	解决方案
部门规章 VS 部门规章	由国务院裁决
部门规章 VS 地方政府规章	

---

[1] ①正确。

续表

冲突双方	解决方案	
部门规章 VS 地方性法规	由国务院提出意见	适用地方性法规
		提请全国人大常委会裁决适用部门规章
授权法规 VS 法律	由全国人大常委会裁决	

【躲坑大练习】（判断题）[1]

①公安部的部门规章与民政部的部门规章不一致时，按照新法优于旧法的原则处理，直接选择后颁布的部门规章加以适用。

②地方性法规与部门规章之间对同一事项的规定不一致不能确定如何适用时，由国务院裁决。

③根据授权制定的法规与法律规定不一致不能确定如何适用时，由全国人大常委会裁决。

④自治条例、单行条例与地方性法规不一致的，适用地方性法规。

⑤地方性法规和部门规章之间的效力没有高下之分，发生冲突时由国务院决定如何适用。

四、三种主要的非正式渊源

1. 习惯

（1）并非个人习惯，而是社会习惯，特别是那些与重要的社会事务即为了确保令人满意的集体生活而必须完成的各种工作习惯。

（2）不同于习惯法，习惯只有经过国家认可上升为法律之后，才可以称为习惯法。

（3）特定共同体的人们在长久的生产生活实践中自然而然形成的，是该共同体的人们事实上的共同情感和要求的体现，也是他们共同理性的体现。

2. 判例（或指导性案例）

（1）区别于判例法。

（2）判例在英美法系属于法的正式渊源。

（3）判例为将来的法官运用该制定法解决具体案件提供了思路、经验和指导，减轻了法官的工作负担；判例在一定程度上消除了语言的模糊性和歧义性，使得制定法的语言的内涵和外延在一定程度上得到了厘清。

（4）最高法院发布的指导性案例，各级法院审判类似案例时应当参照。

【常见易错点提醒】

（1）最高人民法院的裁判文书，具有最高的司法效力，对各级法院的审判工作具有重要的指导作用。

（2）最高法的司法解释属于规范性法文件；裁判文书属于非规范性法文件。

（3）我国有判例，但没有判例法。

3. 政策

（1）政策是指党或政府制定的行动计划，不是指道德或伦理原则；

（2）不包括已经被整合到法律中的政策，即法定政策或法律政策；

---

[1] ①错误；②错误；③正确；④错误；⑤错误。

（3）既包括国家政策，也包括党的政策；

（4）作为非正式渊源的党的政策是指那些与国家或政府有关的政策，而不包括纯粹关于党自身的行动计划的政策；

（5）党的政策对法的制定和实施具有指导作用。

【躲坑大练习】（判断题）[1]

①能够作为法的非正式渊源的习惯既包括个人习惯，也包括社会习惯。

②社会风俗习惯作为非正式的法律渊源，可以支持对法律所作的解释。

③任何判例都在一定程度上消除了语言的模糊性和歧义性，使制定法的语言的外延和内涵在一定程度上得到厘清。

④任何国家的法的正式渊源都不可能为法律实践中的每个法律问题都提供一个明确的答案。

⑤任何判例都是法官结合特定案件事实将具有一般性和抽象性的制定法规范具体化的一种结果。

第七节　法律部门与法律体系

一、法律部门（部门法）

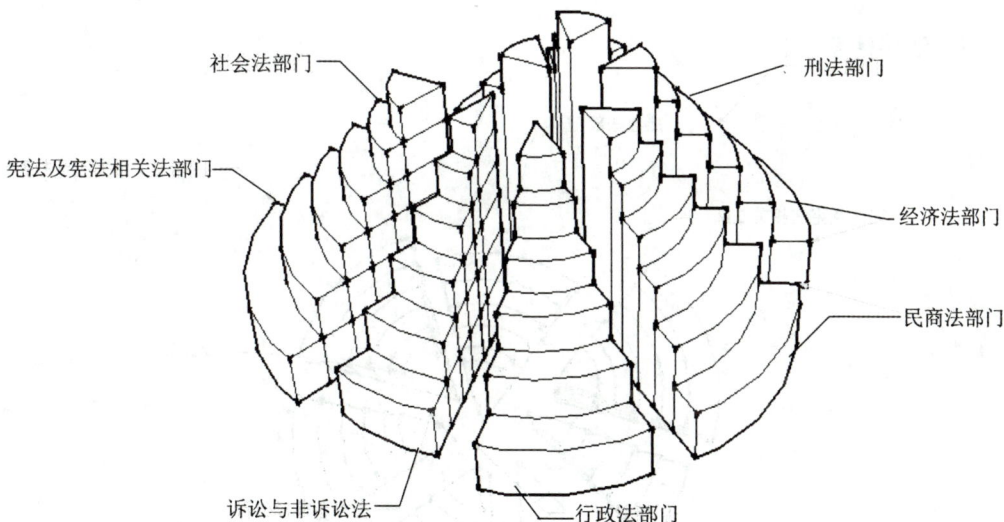

1. 法律部门之间往往很难截然分开。事实上，有的社会关系需要由几个法律部门来调整。
2. 单一的规范性法律文件不能包括一个完整的法律部门；大多数规范性法律文件同时包含属于多个法律部门的规范。
3. 划分法律部门的主要标准是法律所调整的不同社会关系，即调整对象；其次是法律调整方法。

---

[1]　①错误，只是指社会习惯；②正确；③正确；④正确，因为其不可能是一个包罗万象的体系；⑤正确。

【躲坑大练习】（判断题）[1]

①我国某省人大常委会制定了该省的《食品卫生条例》，该法规所规定的内容主要属于行政法部门。

②行政法部门就是由国务院制定的行政法规构成的。

③在我国，作为一个法律部门的刑法部门就是指刑法典。

④经济关系需要经济法、民法、行政法、劳动法等多个法律部门来调整。

⑤划分法律部门的主要标准是法律规范所调整的社会关系。

二、公法、私法和社会法

	公法	私法	社会法
保护的利益	国家利益	私人利益	社会利益
包含的部门法	宪法、行政法	民法、商法	社会保障法
产生的时间	最早是由古罗马法学家乌尔比安提出，但还没有形成普遍可接受的单一的区分标准	现代社会伴随着"法律社会化"现象的出现而形成

【躲坑大练习】（判断题）[2]

①《安全生产法》中有关行政处罚的法律规范属于公法。

②社会法是介于公法与私法之间的法律。

③公法与私法的划分，是世界各国法律的一项基本分类。

三、法律体系

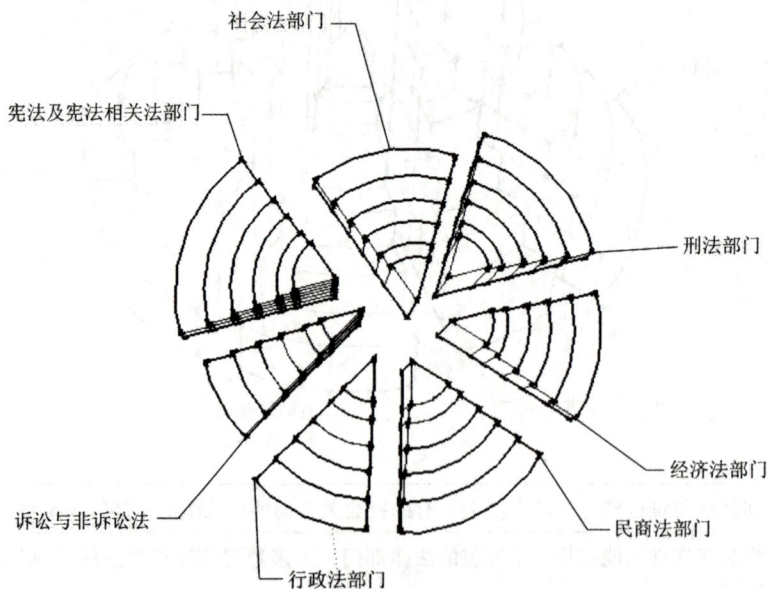

---

[1] ①正确；②错误；③错误，所有刑事法律规范的总和；④正确；⑤正确。
[2] ①正确；②正确；③错误，大陆法系的分类。

1. 法律体系是由部门法构成的，所以是 部门法体系 ；
2. 法律体系是由一国 国内法构成的体系 ，**不包括完整意义上的国际法，即国际公法**；
3. 构成法律体系的法 只是一国现行有效的法 ，不包括历史上废止的已经不再有效的法律，也不包括尚待制定、还没有生效的法律。

【躲坑大练习】（判断题）[1]
①国际公法是中国特色社会主义法律体系的组成部分。
②法律体系是一种客观存在的社会生活现象，反映了法的统一性和系统性。
③研究我国的法律体系必须以我国现行国内法为依据。
④在我国，近代意义的法律体系的出现是在清末沈家本修订法律后。
⑤尽管香港的法律制度与大陆的法律制度有较大差异，但中国的法律体系是统一的。
⑥我国古代法律是"诸法合体"，没有部门法的划分，不存在法律体系。

第八节 法律关系

一、法律关系的产生、变更和消灭

条件：**法律规范**	法律依据	
条件：**法律事实**	①**法律事件**：社会事件（革命、战争）和自然事件（生老病死、自然灾害）	
	②**法律行为**：在人的意志支配下的身体活动	
结果：**法律关系**	法律关系的产生、变更和消灭	

【躲坑大练习】（判断题）[2]
①法律禁止的行为或不禁止的行为，均可导致法律关系的产生。
②法官作出判决本身是一个法律事实。
③合同利害关系人以"行为人对行为内容有重大误解"为由要求撤销合同，所持的理由是一种法律事实。
④刘某将王某杀死，从而导致刑事审判。引起刘某与司法机关之间的法律关系的法律事实属于法律事件。
⑤林某因他杀死亡，其与妻子的婚姻法律关系因此而终结。引起该婚姻关系终结的死亡属于法律事件。

二、法律关系的五个核心注意点

①法律关系根据法律规范建立，故而具有**合法性**。
②法律关系不同于法律规范调整或保护的社会关系本身。

---

[1] ①错误；②正确；③正确；④正确；⑤正确；⑥错误。
[2] ①正确；②正确；③正确；④错误；⑤正确。

续表

③法律关系是法律规范的实现形式，是法律规范的内容在现实社会生活中得到的具体贯彻。

④法律关系是体现意志性的特种社会关系，**主要体现国家意志**，有时也体现特定法律主体的意志。

⑤判断一种社会关系是否为法律关系，最根本的是看其成立有无法律依据，以及是否以权利、义务为内容。

【常见易错点提醒】

只要是特定社会关系违反法律，就一定不是法律关系。

【躲坑大练习】（判断题）[1]

①法律规范是法律关系产生的前提；没有相应的法律规范的存在，就不可能产生法律关系。

②破坏了法律关系，其实也违背了国家意志。

③政党社团的内部关系不属于法律的调整范围。

④民事法律关系的形成，是民法使社会关系秩序化的实现过程。

⑤法律关系体现的是当事人的意志，而不可能是国家的意志。

三、法律关系的种类

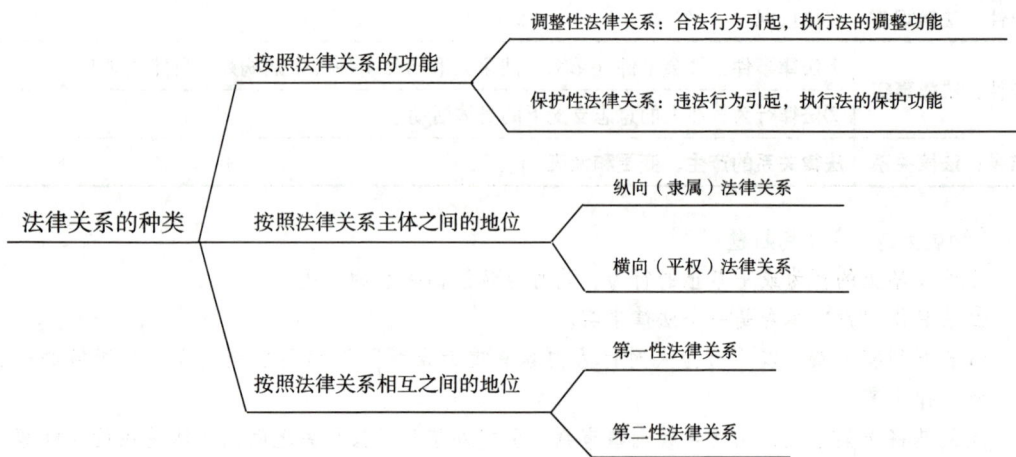

法律关系的种类
- 按照法律关系的功能
  - 调整性法律关系：合法行为引起，执行法的调整功能
  - 保护性法律关系：违法行为引起，执行法的保护功能
- 按照法律关系主体之间的地位
  - 纵向（隶属）法律关系
  - 横向（平权）法律关系
- 按照法律关系相互之间的地位
  - 第一性法律关系
  - 第二性法律关系

【常见易错点提醒】

相对于保护性法律关系，调整性法律关系是第一性；相对于程序性法律关系，实体法律关系是第一性。

【解题秘笈】

只有第一性和第二性法律关系，涉及两个法律关系之间的关系。

---

[1]　①正确；②正确；③正确，除此之外还有友谊关系、爱情关系；④正确；⑤错误。

【躲坑大练习】（判断题）[1]

①调整性法律关系不需要适用法律制裁。

②孙某因对其花瓶享有所有权而形成的法律关系属于保护性法律关系。

③因钱某毒死孙某的狗而形成的损害赔偿关系属于纵向的法律关系。

④在拍卖过程中，拍卖公司和竞拍者的关系属于隶属性的法律关系。

⑤由于原告起诉而形成的诉讼法律关系属于第二性的法律关系。

⑥担保关系是债权关系的保护性法律关系。

⑦赠与关系属于单向法律关系。

⑧在我国，家长和子女之间的亲权关系属于横向法律关系。

第九节　法律责任

法律责任是国家强制责任人作出一定行为或不作一定行为，救济受到侵害或损害的合法法益和法定权利的手段，是保障权利和义务实现的手段。

（一）法律责任的设定

引起法律责任的原因 （承担法律责任的最终依据是法律）	违法行为
	违约行为
	基于法律的规定

【躲坑大练习】（判断题）[2]

①违法行为并非是承担法律责任的唯一根源。

②塑胶五金厂要求工人一天至少工作 15 小时，加班费为每小时 1.5 元，会导致法律责任。

③冯某经公共汽车售票员提醒后仍不给抱小孩的乘客让座，小孩被拥挤受伤，会导致法律责任。

④姜某向报社写信揭露某记录片造假，报社没有刊登，会导致法律责任。

⑤从违法行为的构成要素看，判断某一行为是否违法的关键因素是行为人主观上有无故意或者过失的过错。

（二）法律责任的竞合

1. 由某种法律事实所导致的多种法律责任之间相互冲突；
2. 多个法律责任相互冲突，**既不能吸收，也无法共存**；
3. 既可能发生在同一法律部门内部，也可发生在不同的法律部门之间；
4. 不同法律部门间法律责任的竞合，一般来说，应按重者处之；
5. **民法上违约责任和侵权责任竞合**，各国规定不同，我国赋予受害人选择权。

---

[1]　①正确；②错误；③错误；④错误；⑤正确；⑥错误；⑦错误，必须是不附加条件的赠与关系才是单向法律关系；⑧错误。

[2]　①正确；②正确；③错误；④错误；⑤错误，判断某一行为是否违法的关键在于该行为是否被法律规定为违法。

【说明】 法律责任竞合往往是在法律事实的认定过程中发现的。

【躲坑大练习】（判断题）[1]

①张某过马路闯红灯，司机李某开车躲闪不及将张某撞伤，法院查明李某没有违章，依据《道路交通安全法》的规定判李某承担 10% 的赔偿责任。李某所承担的是一种竞合的责任。

②在法律责任的竞合中，数个法律责任的主体可能是同一法律主体，也可能是不同法律主体。

③法律责任竞合实质上是指两个不同的法律规范可以同时适用于同一案件。

④法律责任竞合是法律实践中的一种客观存在，因而各国在立法层面对其作出了相同的规定。

⑤法律解释是解决法律责任竞合的一种途径或方法。

⑥法律责任竞合往往是在法律事实的认定过程中发现的。

（三）归责原则

1. **责任法定原则**：法律责任在法律规范中预先规定，当出现违法行为或法定事由时，按照事先规定的责任性质、范围和方式追究法律责任；
2. **公正原则**：有责即追；罚责相当、罚当其罪；公正要求综合考虑行为人承担责任的多种因素，做到合理地区别对待；程序正当；一律平等。
3. **效益原则**：在追究责任时，应当进行成本收益分析，讲求法律责任的效益。
4. **责任自负原则**：不允许责任转移。

【躲坑大练习】（判断题）[2]

①法不溯及既往原则属于法律责任的归责原则。

②在近代，法律责任与权利、义务是可以相互转移的。

③范某参加单位委托某拓展训练中心组织的拔河赛时，由于比赛用绳断裂导致范某骨折致残。范某起诉该中心，认为事故主要是该中心未尽到注意义务引起，要求赔偿 10 万余元。法院认定，拔河人数过多导致事故的发生，范某本人也有过错，判决该中心按 40% 的比例承担责任，赔偿 4 万元。可见，法院主要根据法律责任的效益原则作出判决。

（四）免责

（1）免责条件	**时效免责**：责任经过一定期限而免除	
	不诉免责：如果受害人或有关当事人不向法院起诉追求行为人的责任，则责任实际免除	
	自愿协议免责：受害人和加害人在法律允许的范围内协商同意免除责任	
	正当防卫、紧急避险、不可抗力	
	自首、立功免责：对主动认罪和有立功表现的人	
	人道主义免责	
（2）不属于免责的情形	**无责任能力**	

---

[1] ①错误；②错误，只能是同一法律主体；③正确；④错误；⑤正确；⑥正确。
[2] ①错误；②错误；③错误，公正原则。

【注意】在不诉和协议免责这两种场合，责任人应当向或主要应当向受害人承担责任，法律将追究责任的决定权交给受害人和有关当事人。

【躲坑大练习】（判断题）[1]

①人们在紧急状态下采取紧急避险行为可以不受法律处罚。

②《民法典》第1248条规定："动物园的动物造成他人损害的，动物园应当承担侵权责任；但是，能够证明尽到管理职责的，不承担侵权责任。"本条规定说明，尽到管理责任属于法定的免责事由之一。

（五）法律制裁

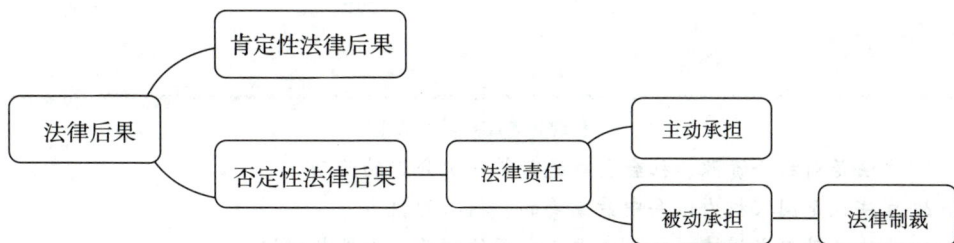

(1)	概念	法律制裁是由特定国家机关对违法者依其法律责任而实施的强制性惩罚措施
(2)	种类	刑事制裁（法院、检察院）
		民事制裁（法院）
		行政制裁（行政机关）
		违宪制裁（全国人大及其常委会）

【常见易错点提醒】

法律制裁必定具有惩罚性，并针对违法者实施。

【躲坑大练习】（判断题）[2]

①法律制裁是主动承担法律责任的一种方式。

②法律后果不一定是法律制裁。

③承担法律责任即意味着接受法律制裁。

④不是每个法律条文都有法律责任的规定。

---

[1]　①正确；②错误。

[2]　①错误；②正确；③错误；④正确。

第二章　法的运行

第一节　立　法

> 【常见易错点提醒】
> 1. 立法是对社会资源、社会利益进行第一次分配的活动。
> 2. 立法权是国家权力体系中最重要的、核心的权力。
> 3. 立法活动应当谨慎，充分考虑各方面的利益、意见与建议。

一、立法权限分配

类别	主体
国家立法权	全国人大及其常委会
地方立法权	有权的地方人大及其常委会，特别行政区的立法会
民族立法权	自治区、自治州、自治县的人大
行政立法权	国家行政机关
授权立法权（委任立法权）	立法机关授权的特定机关

【躲坑大练习】（判断题）[1]
①特别行政区立法会行使国家立法权。
②自治区的人大及常委会行使地方立法权。
③在国家权力体系中，立法权最重要。
④全国人大常委会行使国家立法权。
⑤自治州的人大常委会行使民族立法权。
⑥立法是对社会资源、社会利益进行第一次分配的活动。

---

[1]　①错误；②正确；③正确；④正确；⑤错误；⑥正确。

二、全国人大的立法程序

提案		10个主体：全国人大主席团、一个代表团、全国人大常委会、全国人大各专门委员会、国务院、中央军事委员会、国家监察委、最高人民法院、最高人民检察院或者三十名以上的代表联名。 【注意1】向全国人大提出的法律案，在全国人大闭会期间，可以先向全国人大常委会提出，经常委会审议后，决定提请全国人大审议。对准备提请全国人大审议的法律案，常委会应当将法律草案向社会公布，广泛征求意见，但是经委员长会议决定不公布的除外。向社会公布征求意见的时间一般不少于三十日。 【注意2】一个代表团或者三十名以上的代表联名提出的议案，经主席团决定不列入本次会议议程的，交有关的专门委员会在全国人大闭会后审议。有关的专门委员会进行审议后，向全国人大常委会提出审议结果报告，经常委会审议通过后，印发全国人大下次会议。
审议	主持人	主席团
	审议形式	各代表团审议、专门委员会审议、各代表团团长会议审议、**宪法和法律委员会统一审议法律案。** 【注意】全国人大不采用全体会议的方式对法律案进行审议。
	审议结果	①撤回而终止审议：列入会议议程之后、交付表决前，提案人要求撤回并说明理由，经主席团同意，并向大会报告，终止审议。
		②授权常委会处理：在审议中发现重大问题，经主席团提出，大会全体会议决定，可以授权常委会进一步审议，作出决定，并向大会下次会议报告；也可授权常委会进一步审议，提出修改方案，提请人大下次会议审议决定。
		③交付表决：法律案经各代表团的审议意见进行修改，提出法律草案表决稿，由主席团提请大会全体会议表决。

三、全国人大常委会的立法程序

提案		8个主体：全国人大常委会委员长会议、国务院、中央军事委员会、国家监察委、最高人民法院、最高人民检察院、全国人大各专门委员会、常委会组成人员十人以上联名
审议	主持人	委员长
	审议形式	分组会议审议、联组会议审议、**全体会议审议**、专门委员会审议、**宪法和法律委员会统一审议法律案**。 【注意】三读程序：列入常委会会议议程的法律案一般应当经过**三次常委会全体会议**审议后再交付表决，除非该议案各方意见比较一致，两次审议即可；调整事项较为单一或者是部分修改的法律案，各方意见比较一致，也可一次审议即付表决。

续表

	①因撤回而终止审议；
审议结果	②暂不交付表决：三读之后仍有重大问题需要进一步研究的，委员长会议提出，经联组会议或全体会议同意，可暂不交付表决，而是交宪法和法律委员会和有关专门委员会进一步审议；
	③交付表决；
	④因各方面对制定该法律的必要性、可行性等重大问题存在较大意见分歧搁置审议满两年的，或者因暂不付表决经过两年没有再次列入常委会会议议程审议的，由委员长会议向常委会报告，该法律案终止审议。

四、表决和公布

	表决方式	1. 表决议案采用无记名按表决器方式；如表决器系统在使用中发生故障，采用举手方式。 2. 代表可以赞成，可以反对，也可以弃权。
表决通过	表决结果	通过（全体代表或组成人员过半数）、不通过（未达法定多数）
公布	公布主体	国家主席根据全国人大及其常委会的决定，公布法律。
	公布刊物	全国人大常委会公报（刊登的法律文本为标准文本），中国人大网以及在全国范围内发行的报纸。

【躲坑大练习】（判断题）[1]

①所有法律议案（法律案）都须交由全国人大常委会审议、表决和通过。

②列入常委会会议议程的法律案，一般应当经 3 次委员长会议审议后再交付常委会表决。

③30 名以上的代表，可以就国家生活和国计民生的任何问题，向全国人民代表大会提出议案。

④向全国人民代表大会提出的议案，在交付大会表决前，提案人要求撤回的，由大会主席团审议决定是否终止审议。

⑤三十名以上全国人民代表大会代表联名既可以向全国人民代表大会，也可以向全国人民代表大会常务委员会提出法律案。

⑥经委员长会议决定，可以将列入常委会会议议程的法律案草案公布，征求意见。

⑦专门委员会之间对法律草案的重要问题意见不一致时，应当向委员长会议报告。

⑧全国人大表决议案采用无记名按表决器方式；如表决器系统在使用中发生故障，采用举手方式。

⑨因为人数有限，为保证立法活动的顺利开展，全国人大常委会表决议案，代表可以赞成，也可以反对，但不可以弃权。

⑩全国人大制定法律时，在审议过程中发现重大问题，经主席团提出，大会全体会议决定，可以授权宪法和法律委员会进一步审议，作出决定，并向大会下次会议报告。

---

[1] ①错误；②错误；③错误；④错误；⑤错误；⑥错误，应当公布；⑦正确；⑧正确；⑨错误；⑩错误。

第二节　法的实施

一、法的实施

```
                    ┌── 法的执行 ──── 行政机关及其工作人员
                    │
        法的实施 ────┼── 法的适用 ──── 司法机关及其工作人员
                    │
                    └── 法的遵守 ──── 一切主体
```

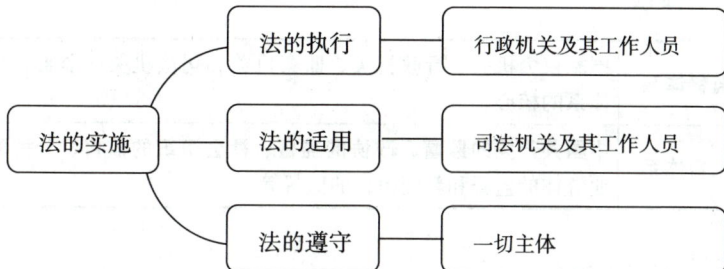

二、执法与司法的比较

	执法	司法
主体	国家行政机关及其公职人员	法院、检察院及其工作人员
性质	以国家的名义对社会进行全面管理	个案判断：涉及法律问题争议的解决，对有关案件进行处理，是判断权
主动程度	具有主动性	具有被动性，一般不能主动实施
意志	单方面性	交涉性
程序	程序性要求没有司法严格和细致	严格的程序性和合法性

三、法的遵守

①守法的主体：一切主体（所有自然人和组织）
②守法的范围，是一切法律渊源
③不仅包括消极被动的守法（不违法），还包括根据授权性法律规范积极主动地去行使自己的权利、实施法律

【躲坑大练习】（判断题）[1]

①某法院审理某官员受贿案件时，考虑到其在工作上有重大贡献，可以给予从轻处罚。

②在处理某一劳动争议过程中，劳动行政部门可以将《劳动法》中"劳动者就业，不因民族、种族、性别、宗教信仰不同而受歧视"的规定直接适用于本案，形成判例，弥补法律漏洞。

③在处理某一劳动争议过程中，劳动行政部门可以通知招聘方和应聘方参加听证，依据国

---

[1]　①错误；②错误；③错误；④错误；⑤错误；⑥错误；⑦错误。

外相关法律规定或案例，对招聘机构的行为作出行政处罚决定。

④党的地方组织决定相关层级司法机关的案件处理。

⑤司法是司法机关以国家名义对社会进行全面管理的活动。

⑥行政机关的执法具有主动性，公民的守法具有被动性。

⑦执法须遵循程序性要求，守法毋须遵循程序性要求。

四、法律监督体系

(1) 国家法律监督体系	国家权力机关、行政机关、监察机关和司法机关的监督，**是我国法律监督体系的核心**
(2) 社会法律监督体系	**中国共产党的监督、政协的监督**、社会组织的监督、公民的监督、法律职业群体的监督和新闻舆论的监督等

【躲坑大练习】（判断题）[1]

①律师潘某认为《母婴保健法》与《婚姻登记条例》关于婚前检查的规定存在冲突，遂向全国人大常委会书面提出了进行审查的建议。潘某提出审查建议的行为属于社会监督。（正确）

②全国政协对教育部的监督属于国家监督。

③中纪委、中组部对官员的监督属于国家监督。

第三节　法适用的一般原理

一、法适用的目标

最直接的目标是获得一个**合理的法律决定**：具有可预测性（法的安定性）和正当性（法的合目的性）的法律决定。

【熟悉】可预测性和正当性的关系：

1. 二者存在紧张关系；这种紧张关系是形式法治和实质法治之间紧张关系的一种体现。
2. 从整体法治来看，必然要求裁判者在二者之间寻找最佳的协调。
3. 但对特定时间段内的特定国家的法律人来说，**可预测性具有初始的优先性**。

【躲坑大练习】（判断题）[2]

①就法治而言，实质合理性应当获得优先保障。

②法官的判决应当考虑到法的安定性和合目的性要求。

③法院审理案件的目的在于获得正确的法律判决，该判决应当在形式上符合法律规定，具有可预测性，还应当在内容上符合法律的精神和价值，具有正当性。

---

[1]　①正确；②错误；③错误。

[2]　①错误；②正确；③正确。

二、法适用的步骤

1. 整体来说，法的适用过程在形式上是逻辑三段论推理过程，即大前提、小前提和结论。

2. 具体而言：

首先查明和确认案件事实，**作为小前提**
其次选择和确定与案件事实相符合的法律规范，**作为大前提**
最后以整个法律体系的目的为标准，从两个前提中推导出**法律决定**

【常见易错点提醒】

三步骤并非各自独立、严格区分的单个行为，而是可以相互转换："目光流转往返"

【躲坑大练习】（判断题）[1]

①法的适用通常采用逻辑中的三段论推理。

②查明和确认案件事实的过程是为法律推理确定大前提的过程。

③"刘某故意以纵火的方式杀死曹某"在本案中属于大前提。

④法的适用所处理的问题，既包括法律事实问题也包括法律规范问题，还包括法律语言问题。

⑤"处三年以上、八年以下有期徒刑"在本案中属于小前提。

三、法的发现

1. 法的发现，其实是"法律决定（判断）的发现"，就是一个法律人获得法律决定或者法律判断的事实过程。

2. 特定法律人的心理因素或社会因素——如偏见、情感、利益立场、社会阶层、价值偏好、直觉等——会诱发法律人对特定案件作出某个具体的判断或决定，在这个意义上，前者与后者之间存在着事实上的因果联系。

3. 现实主义法学就强调法的发现而贬低法的证成，认为前者更为真实，后者只是事后的包装，由此认为前者具有优先性。

4. 但是，从法律决定的可预测性和正当性的要求来说，法律证成相对于法的发现具有优先性。

四、法律证成

（1）外部证成：保证推理前提是合理的、正当的。
（2）内部证成：保证结论和推理规则是可靠的。
（3）外部证成必然涉及内部证成。

---

[1] ①正确；②错误；③错误；④正确；⑤错误，大前提。

【解题秘笈】
只要有法院判决，就一定有法律证成、法律推理、法律解释和价值判断。

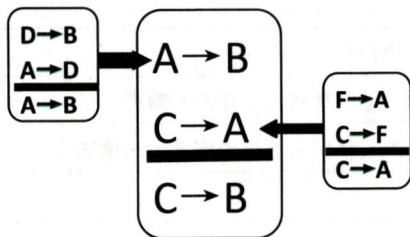

【躲坑大练习】（判断题）[1]

①外部证成是对内部证成中所使用的前提本身之合理性的证成。

②外部证成是法官在审判中根据法条直接推导出判决结论的过程。

③无论内部证成还是外部证成都不解决法律决定的前提是否正确的问题。

④无论内部证成还是外部证成都离不开支持性理由和推理规则。

⑤内部证成是按照一定的推理规则从相关前提中逻辑地推导出法律决定的过程。

⑥内部证成是对法律决定所依赖的前提的证成。

第四节　法律推理

【解题秘笈】
1. 法的适用过程一定需要法律推理、法律解释。
2. 法律推理过程中一定涉及到价值判断，一定要进行价值平衡和价值选择。

【躲坑大练习】（判断题）[2]

①"拔河人数过多导致了事故的发生"这一语句所表达的是一种裁判事实，可作为演绎推理的大前提。

②"入土为安，死者不受打扰"是中国大部分地区的传统，在一定程度上可以成为法律推理的前提之一。

③法庭主持的调查和法庭辩论活动，从法律推理的角度讲，是在为演绎推理确定大小前提。

④"该中心按40%的比例承担责任，赔偿4万元"是从逻辑前提中推导而来的。

⑤"遗弃被继承人的，或者虐待被继承人情节严重的"规定是本案审理法官推理的大前提之一。

⑥法官在进行法律推理时，既要遵守和服从法律规则又要在不同利益冲突间进行价值平衡和选择。

---

[1] ①正确；②错误；③错误；④正确；⑤正确；⑥错误。

[2] ①错误；②正确；③正确；④正确；⑤正确；⑥正确。

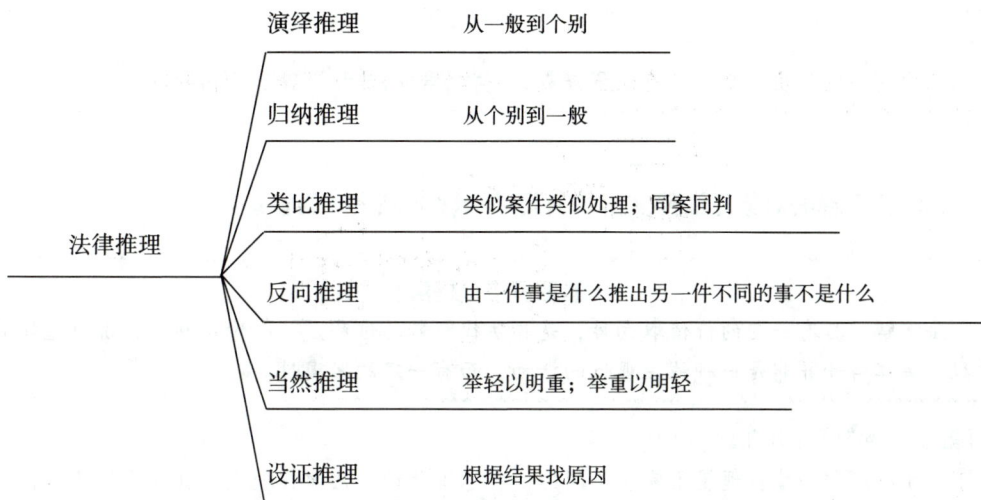

法律推理

- 演绎推理　　从一般到个别
- 归纳推理　　从个别到一般
- 类比推理　　类似案件类似处理；同案同判
- 反向推理　　由一件事是什么推出另一件不同的事不是什么
- 当然推理　　举轻以明重；举重以明轻
- 设证推理　　根据结果找原因

【解题秘笈】

1. 在没有特别提供理由时，所有的司法裁判均运用了演绎推理。

2. 如果提到两种事物的相同点和不同点，并判断相同点重要还是不同点重要，那就是类比推理。

3. 任何法律条文都需要解释，其适用都需要法律推理。

【躲坑大练习】（判断题）[1]

①某地电缆受到破坏，大面积停电 3 小时，后查知为邢某偷割电缆所致。邢某被控犯"危害公共安全罪"，被判处 5 年有期徒刑。在这个案件中，法官主要运用了"演绎推理"。

②我国宪法第 10 条第 3 款规定："国家为了公共利益的需要，可以依照法律规定对土地实行征收或者征用并给予补偿。"国家"连"进行合法征收都要给予补偿，由此推出，在国家权力违法侵害财产时"更加"要给予赔偿了。这属于类比推理。

③我国宪法第 62 条规定，全国人大有权修改宪法。由此推出，全国人大常委会不拥有修改宪法的职权。该推理属于类比推理。

④李某因热水器漏电受伤，经鉴定为重伤，遂诉至法院要求厂家赔偿损失，其中包括精神损害赔偿。庭审时被告代理律师辩称，一年前该法院在审理一起类似案件时并未判决给予精神损害赔偿，本案也应作相同处理。被告律师运用了类比推理。

⑤在宋代话本小说《错斩崔宁》中，刘贵之妾陈二姐因轻信刘贵欲将她休弃的戏言连夜回娘家，路遇年轻后生崔宁并与之结伴同行。当夜盗贼自刘贵家盗走 15 贯钱并杀死刘贵，邻居追赶盗贼遇到陈、崔二人，因见崔宁刚好携带 15 贯钱，遂将二人作为凶手捉拿送官。官府当庭拷讯二人，陈、崔屈打成招，后被处斩。该案中，邻居运用设证推理方法断定崔宁为凶手。

---

[1]　①正确；②错误，当然推理；③错误，反向推理；④正确；⑤正确。

第五节 法律解释

一、法律解释的对象是法律文本及其附随情况（制定时的背景）

【常见易错点提醒】

法律解释具有一定的价值取向性，是指法律解释的过程是一个价值判断、价值选择的过程。法律解释并非是一种纯主观性的活动，而有一定的客观性。

【躲坑大练习】 (判断题)[1]

①法律解释和法律推理属于完全不同的两种思维活动，法律推理完全独立于法律解释。

②法律解释作为法律职业技术的核心，在任何有法律职业的国家中，其规则和标准没有不同。

③法律解释不是可有可无的，而是必然存在于法律适用之中。

④法律解释具有一定的价值取向性，因此，它是一种纯主观的活动，不具有客观性。

二、出现"解释学循环"和"前理解"就是正确的

【躲坑大练习】 (判断题)[2]

①在法律推理和法律解释的过程中，"前理解"是必不可少的。

②下葬棺木是否属于民法上的物，可以通过"解释学循环"进行判断。

③冯某使用仿真手枪抢劫了某出租车司机的钱财。法官在对冯某如何量刑上发生了争议。法官的争议说明：法律条文中所规定的"词"的意义具有一定的开放性，需要根据案件事实通过"解释学循环"来确定其意义。

三、法律解释的种类

1. **正式解释（法定解释、有权解释）**：包括立法解释（全国人大常委会）、司法解释（两最高）和行政解释（国务院及其各部委）。

2. **非正式解释（学理解释、无权解释、任意解释）**：由学者或其他个人及组织对法律规定所做的不具有法律拘束力的解释。不被作为执行法律的依据。

【解题秘笈】

在我国，行政执法人员或者处理具体案件的法官、检察官在日常执法、司法过程中所作的解释属于非正式解释。

【躲坑大练习】 (判断题)[3]

①记者从交警部门了解到，如机动车未发动，只操纵方向盘，由人力或其他车辆牵引，不

---

[1] ①错误；②错误；③正确；④错误。

[2] ①正确；②正确；③正确。

[3] ①错误；②错误；③错误；④错误；⑤错误。

属于酒后驾车。交警部门的解释属于行政解释。

②警察对违章与否的解释属于"行政解释"。

③当事人对合同进行解释，等同于对合同享有法定的解释权。

④王某老伴与子女间的争议在于他们均享有正式的法律解释权。

⑤公安机关可以从实际工作出发，对法律予以行政解释。

四、法律解释的方法

种　　类	标　　志
文义解释 （语法、文法、文理解释）	将解释的焦点集中在语言上，而不顾及根据语言解释出的结果是否公正、合理
立法者的目的解释（主观目的解释）	以一定的立法资料为根据，探究立法者当时立法的意图
历史解释	依据正在讨论的法律问题的历史事实对某个法律规定进行解释
比较解释	利用外国的立法例和判例学说
体系解释（逻辑、系统解释）	联系到系争法条与其他法条的相互关系（追求无矛盾）
客观目的解释	探究法律自身的目的，即内在于法律的目的，即"理性的目的""在有效的法秩序的框架中客观上所指示的目的"或者"法伦理性原则"

【常见易错点提醒】

1. 在实践中，解释者往往需要综合运用多种解释方法，而不是一种。

2. 各种法律解释方法之间没有固定的优先位序或位阶关系，但首先进行文义解释。

【躲坑大练习】（判断题）[1]

①"欲寻词句义，应观上下文"，描述的是体系解释方法。

②文义解释是首先考虑的解释方法，相对于其他解释方法具有优先性。

③历史解释的对象主要是法律问题中的历史事实，与特定解决方案中的法律后果无关。

④客观目的解释中，一些法伦理性的原则可以作为解释的根据。

⑤遗嘱中的"我的一半财产权"首先应当进行历史解释。

⑥在一起案件中，主审法官认为，生产假化肥案件中的"假化肥"不属于《刑法》第140条规定的"生产者、销售者在产品中掺杂、掺假，以假充真，以次充好或者以不合格产品冒充合格产品"中的"产品"范畴，因为《刑法》第147条对"生产假农药、假兽药、假化肥"有专门规定。法官采用的法律解释方法属于比较解释。

五、法律解释方法的适用模式

1. 单一适用模式：法律人将一个主要的法律解释方法作为证成法律解释结果的唯一或首要的理由，却忽略或轻视了其他的法律解释方法。

（1）一般而言，单一适用模式主要运用的就是文义解释方法；

---

[1]　①正确；②正确；③错误；④正确；⑤错误；⑥错误，体系解释。

（2）运用单一模式的条件：那个被选中的解释方法是证成对某个法律文本或渊源的解释结果的充分理由，从而证成法律决定并使人们能够在理性上接受该法律决定。

2. 累积适用模式：法律人在证成法律决定的过程中，运用几个不同的法律解释方法，最终得出了相同的解释结果。

（1）不同的解释方法相互独立地证成了相同的解释结果；

（2）不同的解释方法各自的证成力累积在一起形成了整体的证成力；该整体力量大于各自单独的力量之和。

3. 冲突适用模式：法律人针对特定案件事实按照不同的法律解释方法对法律文本进行解释，进而得出了相互对立冲突的解释结果；故而，法律人必须解决冲突，证成哪一个解释方法具有优先性。

六、我国的法律解释制度

1. 立法解释：全国人大常委会

（1）**解释法律的情形：**

法律的规定需要进一步明确具体含义的；
法律制定后出现新情况，需要明确适用法律依据的。

（2）**要求解释**（六个主体）：国务院、中央军事委员会、最高人民法院、最高人民检察院、全国人大各专门委员会和各省、自治区、直辖市的人民代表大会常务委员会。

（3）法律解释草案表决稿由常委会全体组成人员过半数通过，由常委会发布公告予以公布，**该法律解释与法律具有同等效力。**

2. 司法解释

（1）凡属于法院审判工作中具体应用法律法令的问题，由最高院解释。

（2）凡属于检察院检察工作中具体应用法律法令的问题，由最高检解释。

（3）最高法、最高检作出的属于审判、检察工作中具体应用法律的解释，应当自公布之日起三十日内报全国人大常委会备案。

（4）两高解释有原则性分歧，报请全国人大常委会解释或决定。

【注意】我国的司法解释属于抽象解释，不是由某个个案而引起。

【注意】如果专门委员会认为司法解释抵触法律，而两高又不予修改或废止，有两种办法：1. 提出要求两高修改废止的议案；2. 提出由全国人大常委会作出解释的议案。

3. 行政解释：不属于审判和检察工作中的其他应用法律的问题，由**国务院及主管部门**进行解释。

4. 地方性法规的解释：

（1）凡属于地方性法规条文本身需要进一步明确界限或作补充规定的，由制定该地方性法规的人民代表大会常务委员会进行解释；

（2）凡属于地方性法规如何具体应用的问题，由同级的地方人民政府进行解释。

【躲坑大练习】(判断题)[1]

①我国某省人大常委会制定了该省的《食品卫生条例》，该法规的具体应用问题，应由该省人大常委会进行解释。

②国家发展与改革委员会有权要求全国人大常委会对《民法典》的相关条款作出解释。

③山西省高级人民法院有权对《地方人大和地方政府组织法》作出司法解释。

④两高所作的司法解释，不需要报国务院备案。

⑤山西省人大常委会对本省的某地方性法规进行解释，属于法定解释。

⑥2001 年全国人大常委会作出解释：《刑法》第 410 条规定的"非法批准征用、占用土地"，是指非法批准征用、占用耕地、林地等农用地以及其他土地。

a. 这一立法解释与司法解释的效力相同。

b. 该解释的效力具有普遍性。

第六节　法律漏洞的填补

一、法律漏洞不同于法外空间。

1. 法外空间：法律的不圆满状态并不违反立法计划。

2. 法律漏洞：不合目的的缺失状态。

3. 是否存在法律漏洞并不是简单的事实判断，毋宁说是需要评价性的认定。关键即在于确定立法计划或规范目的，而这需要使用历史解释和目的论解释的方法来求得。

二、法律漏洞的分类

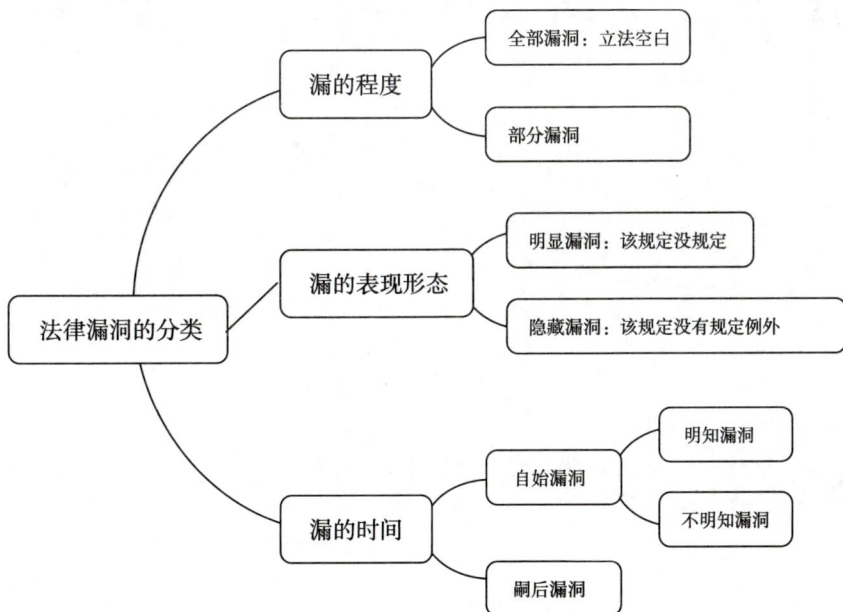

---

[1] ①错误；②错误；③错误；④正确；⑤正确；⑥a. 错误；b. 正确。

三、法律漏洞的填补方法

（一）目的论扩张

法律规范的文义所未能涵盖某类案件，但依据其规范目的应该将相同的法律后果赋予它，因而扩张该规范的适用范围，以将它包含进来。

（二）目的论限缩

虽然法律规范的文义涵盖了某类案件，但依据其规范目的不应该赋予它与文义所涵盖的其他情形相同的法律后果，因而限缩该规范的适用范围，以将它排除出去。

【躲坑大练习】（判断题）[1]

①立法者有能力预见到将会发生的一切情形并事无巨细地加以规定。

②在应由法律进行调整但却缺乏明文规定的案件发生后，很多时候（主要为民事领域）法官可以以"法无明文规定"为由拒绝审理案件。

③法律漏洞既包括符合立法目的的规范的缺失，也包括不符合立法目的的规范的缺失。

④对于某个事项，究竟是出现了部分漏洞还是全部漏洞，需要从法律体系出发作整体性判断。

⑤我国《侵权责任法》出台前，网络侵权行为就已长期存在，但立法却没有提供任何有关其民事责任的法律规定。这属于隐藏漏洞。

⑥我国《公司法》第3条第1款规定："公司是企业法人，有独立的法人财产，享有法人财产权。公司以其全部财产对公司的债务承担责任。"该条规定没有考虑到，当关联公司的财产无法区分、丧失独立人格时，就丧失了独立承担责任的基础，而应当由关联公司相互之间对外部债务承担连带责任，才能保护债权人利益。这属于明显漏洞。

⑦《行政处罚法》在行政处罚的决定程序中，对立案程序、对听证如何召集和由谁主持等具体问题未作规定，而交由司法解释或行政处罚法的实施细则等予以规定。这属于嗣后漏洞中的明知漏洞。

---

[1] ①错误，立法者的理性有限，他无法预见到将会发生的一切情形；②错误，法官不能以此为由拒绝裁判；③错误；④正确；⑤错误，这属于明显漏洞；⑥错误，属于隐藏漏洞；⑦错误，自始漏洞中的明知漏洞。

第三章　法的演进

一、法的产生

法是随着生产力的发展、社会经济的发展、私有制和阶级的产生、国家出现而产生的。

法产生的主要标志	（1）**特殊公共权力系统即国家的产生。**
	（2）**权利和义务观念的形成**：权利和义务的分离，产生了私有观念。
	（3）**法律诉讼和司法的出现**：标志着公力救济代替了私力救济，文明的诉讼程序取代了野蛮的暴力复仇。

二、法产生的一般规律

（1）经历了从个别调整到规范性调整、一般规范性调整到法的调整的发展过程。
（2）经历了从习惯到习惯法、再由习惯法到制定法的发展过程。
（3）经历了法与宗教规范、道德规范的浑然一体到法与宗教规范、道德规范的分化、法的相对独立的过程。

三、法的发展与传统

（一）法的发展

马克思主义认为，从奴隶制法发展到封建制法，继而发展到资本主义法、社会主义法，是人类社会法的发展的一般规律、总的趋势。

【注意】具体到每一个国家、民族的法并不一定都会经历过这四个历史类型。

（1）社会基本矛盾的运动规律是法的历史类型更替的**根本原因**；

（2）法的历史类型的更替不可能自发地实现，而是必须通过人们有意识地进行革命变革才能实现。也就是说，社会革命是法的历史类型更替的**直接原因**。

（二）法的继承和法的移植的对比

	法的继承	法的移植
特征	不同历史类型的法律制度之间的延续和继受（存在时间上的先后关系）	一个国家对同时代其他国家法律制度（**包括国际法律和惯例**）的吸收和借鉴
表现	一般表现为旧法对新法的影响和新法对旧法的承接和继受	引进、吸收、采纳、摄取、同化外国法，使之成为本国法律体系的有机组成部分
例证	**如法国资产阶级以奴隶制时代的罗马法为基础制定的《法国民法典》**	同等发展水平相互学习；落后学先进；区域性法律统一运动；世界性法律统一运动或法律全球化

续表

	法的继承	法的移植
注意事项		注意国外法与本国法之间的同构性和兼容性；注意适合本国国情和需要

【常见易错点提醒】

1. 法的阶级性并不排斥法的继承性，社会主义法可以而且必然要借鉴资本主义法和其他类型的法。

2. 法国资产阶级以奴隶制时代的罗马法为基础制定的《法国民法典》。

四、英美法系和大陆法系的对比

【常见易错点提醒】

1. 法系区别于法律体系；属于同一历史传统，具有相同外部特征的法构成一个法系。

2. 五大法系中，印度法系和中华法系已经解体，现存伊斯兰、英美和大陆法系三种。

3. 我国属于社会主义法系。

		民法法系（法典、罗马－德意志、大陆法系）	普通法系（英美、判例法系）
	相同点	经济基础、阶级本质、都重视法治	
区别	法律思维方式	演绎式思维	归纳式思维，注重类比推理
	历史渊源	以古罗马法为基础和传统	以英国中世纪的法律（普通法）为基础
	法的渊源	正式渊源只是制定法	判例法、制定法都是正式渊源
	法律的分类	分类的基础是公法与私法的划分	普通法和衡平法是基本分类
	诉讼程序	与教会法程序接近，属于纠问制	对抗制诉讼程序
	法典编纂	主要发展阶段都有代表性法典，大规模法典编纂活动	总体上不倾向于系统的法典编纂，尽管历史上也有大规模立法

【注意】两大法系在法院体系、法律概念、法律适用技术及法律观念等方面也存在许多差别。

五、法的现代化

（一）法的现代化的标志

法作为社会关系的调整与符号系统，其自身的现代化，一定意义上就成为社会全面现代化的条件和标志。

1. **法的现代化意味着法与道德的相互分离。**

①在古代社会，法与道德混合在一起。

②在传统社会，法与道德开始分离，法具有了部分的自主性，但是，它的合法性来自于道德。

③在现代社会，法与道德相互分离，法成为完全实证化的法律，道德成为理性道德。

2. 法的现代化意味着法成为形式法。

在法与道德相互分离的情境下，法的合法性越来越依赖于确立和证成它们的形式程序。也就是说，现代化的法的合法性来自于法自身，而不是来源于法律之外的伦理或神学因素。

3. 法的现代化意味着法对现代价值的体现和保护：尊重人的主体地位、保障人的权利与自由、维护人人平等、推动政治民主化，等等。

4. 法的现代化意味着法具有了形式合理性，即可理解性、精确性、一致性、普遍性、公开性、一般来说是成文的，以及不具有溯及既往的效力，等等。

（二）法的现代化的类型

1. 内发型法的现代化	特定社会自身力量产生的法的内部创新：**自发的、自下而上的**、缓慢的、渐进的变革	
2. 外源型法的现代化	外来因素是最初的推动力，引起思想、政治、经济领域的变革，最终导致法律文化领域革新。	（1）具有被动性：迫于外部压力；
		（2）具有依附性：明显的工具色彩，一般被要求服务于政治、经济变革；
		（3）具有反复性：传统的本土文化和现代的外来文化之间存在尖锐矛盾，现代化过程经常出现反复。

（三）当代中国法的现代化的历史进程与特点

1. 1902 年，清政府下诏，派沈家本、伍廷芳主持修律。

2. 以收回领事裁判权为契机的清末修律，标志着中国走上了法律转型之路，开启了中国法的现代化之门。

3. **特点：**

（1）启动形式是**立法主导型**；法制建设具有工具性和功利性；
（2）法律制度变革在前，**法律观念更新在后**，思想领域斗争激烈；
（3）由被动接受到主动选择；
（4）由模仿民法法系到建立中国特色的社会主义法律制度。

第三编 中国法律史

【中国古代法的传统】

以道德理想主义为基础，基本特征便是强调宗法等级名分。具体表现为：

①秩序的规范基础：礼法结合、以礼为主；
②秩序价值基础：等级有序、**家族本位**；
③规范的适用：恭行天理、执法原情；
④法律体系的内部结构：民刑不分、重刑轻民；
⑤秩序的形成方式：重视调解、**无讼**是求。

第一章 中国古代法制史

一、法律思想的演化

夏商	神权政治学说（天命观）	
西周	以德配天	"德"的要求主要包括三个基本方面：敬天、敬祖、保民。
	明德慎罚	(1) 统治者首先要用"德教"即道德教化的办法（礼治）来治理国家，在适用法律、实施刑罚时应该宽缓、谨慎，而不应一味用严刑峻法来迫使臣民服从。
		(2) "实施德教"是前提，是第一位的。
		(3) "德教"的具体内容，周初统治者逐渐归纳成内容广博的"礼治"，即要求君臣上下父子兄弟都按既有的"礼"的秩序规范各自的言行，从而在全社会形成一种和谐安定的"礼治秩序"。
	出礼入刑	(1) 礼是中国古代社会长期存在的、维护血缘宗法关系和宗法等级制度的一系列精神原则以及言行规范的总称。
		(2) 礼起源于原始社会祭祀鬼神时所举行的仪式。
		(3) 抽象的精神原则：亲亲尊尊；
		(4) 具体的礼仪形式：五礼（吉凶军宾嘉）；
		(5) 西周时期的礼已具备法的性质：周礼完全具有法的三个基本特性，即规范性、国家意志性和强制性；周礼在当时对社会生活各个方面都有着实际的调整作用。
		(6) 礼不下庶人、刑不上大夫：强调平民百姓与贵族官僚之间的不平等，强调官僚贵族的法律特权。

续表

商鞅	1. 改法为律，扩充法律内容：强调法律规范的 普遍性 。 2. 运用法律手段推行 富国强兵 措施。 3. 剥夺旧贵族的特权：废除世卿世禄，按军功授爵， 取消分封制，实行郡县制 ，剥夺旧贵族对地方政权的垄断权，强化中央对地方的全面控制。 4. 全面贯彻法家"以法治国"和"明法重刑"的主张：①"以法治国""学法明法""以吏为师"；②重刑轻罪，用刑罚遏止刑罪；③不赦不宥，凡有罪者皆应受罚；④鼓励告奸；⑤实行连坐。
汉代	德主刑辅
唐代	礼法合一
宋代	1. 宋学占统治地位，而宋学中居首的是理学，其思想的主要来源大致出于三方面：一是汉学以前原始儒学经典；二是佛学，主要是华严宗和禅宗；三是道教，主要是太极和阴阳学说。 2. 强化中央集权，律法注重"吏治"。 3. "义利之辩"，思想上遂有由传统的"讳言财利"向"利义均重，利义相辅"思想的转变；重视赋税征缴，"治簿书当如举子之治本经"。 4. 程朱理学，"正风俗而防祸乱"必以"礼律之文"为根本。 5. "法深无善治"的法律思想，南宋时的陈亮认为"法深无善治"。
明代	明刑弼教立法思想	1. 最早见于《尚书·大禹谟》："明于五刑，以弼五教"。 2. 朱熹提高了礼刑关系中刑的地位， 二者同等重要 ；德对刑不再有制约作用，而只是刑罚的目的，刑罚也不必拘泥于"先教后刑"的框框，而可以"先刑后教"。 3. 朱元璋身体力行的"明刑弼教"思想，则完全是借"弼教"之口实，为推行 重典治国 政策提供思想理论依据。

【常见易错点提醒】

1. 礼在西周时期已经具有习惯法的性质；
2. 亲亲父为首，不是以父母为中心；
3. 嘉礼是冠婚之礼；吉礼是祭祀之礼。

二、基本法典

铸刑书（郑国子产）	中国历史上 第一次公布成文法
铸刑鼎（晋国赵鞅）	中国历史上第二次公布成文法
法经 （魏国李悝，6篇） 【口诀】子产书，鞅铸鼎，李悝发神经。	中国历史上 第一部比较系统的封建成文法典
	盗贼网（囚）捕杂具：1. "王者之政莫急于盗贼"，因此盗贼置于法典之首；2. "具其加减"，具法相当于近代刑法典中的 总则 ；3. 网捕是诉讼法 。 【口诀】盗财产，贼安全，杂六禁，网捕之后，囚禁审判具加减。

续表

曹魏律（新律，18 篇）	改具律为刑名，置于律首；八议入律。 【口诀】曹魏八议，具改刑名。
晋律（张杜律，20 篇）	在刑名后增加法例律；第一次确立"准五服以制罪"原则；张杜作注。 【口诀】晋律添法例，张杜制五服。
北魏律（20 篇）	"取精用宏"；官当（以官职爵位折抵徒罪，《陈律》后来吸收）。 【口诀】北魏南陈来当官，当官有地图。
北齐律（12 篇）	合并名例律；首次规定重罪十条；承前启后作用。 【口诀】北齐合并名例律，十条重罪十二篇。
开皇律	1. 正式确立封建制五刑和十恶制度。 【口诀】五刑十恶在开皇。 2. 继承发展贵族官僚特权法律的"议请减赎当免之法"。 （1）延续"八议"，八种人犯罪减免刑罚； （2）规定"例减"制度，凡八议之人及七品以上官员，犯非"十恶"之罪，皆"例减"一等； （3）规定"赎刑"制度，九品以上官员犯罪，除若干重罪（十恶、受财枉法、奸、盗、杀人等）外，一般皆可以铜赎罪； （4）继续规定"官当"制度，增加区别公罪与私罪的官当标准。
武德律（12 篇）	唐代首部法典
贞观律（12 篇）	**增设加役流**，缩小连坐处死的范围，确立五刑、十恶、八议、类推等制度。
永徽律疏（唐律疏议，12 篇）	1. 尽可能引用儒家经典作为理论依据，**逐条逐句**进行解释； 2. 中华法系的代表性法典，迄今保存下来得最早、最完整的古代成文法典； 3. 标志着中国古代立法达到了最高水平。
宋刑统（12 篇）	宋太祖时制定；中国历史上**第一部刊印颁行的法典**；统括性、综合性的法典。
庆元条法事类（南宋）	第一次将凌迟刑规定为法定死刑
大明律（7 篇）	明太祖编制；体例开创了**七篇格局**；明代基本法典。 【口诀】明大变，改七篇。
大清律例（7 篇）	乾隆年间颁行；中国历史上**最后一部传统成文法典**，传统法典的集大成者；律文部门基本定型，极少修订，只是不断增修后面的"附则"。

【补充】行政法典

唐六典	第一次以法典的形式肯定了法官的回避制度。
大明会典	基本仿照《唐六典》，以六部官制为纲，分述职权、事例。
大清会典	仿效《明会典》编定，记述各朝主要国家机关的职掌、事例、活动规则与有关制度。

【补充】特殊的法律形式

时代	法律形式	说明
魏晋南北朝 （律令科 比格式）	1. 科	起着补充与变通律、令的作用
	2. 比	比附或类推，比照典型判例或相近律文处理法律无明文规定的同类案件
	3. 格	与令相同，起着补充律的作用，均带有刑事法律的性质，不同于隋唐时期的格
	4. 式	公文程式
宋	（编）敕	1. 敕是指皇帝对特定的人或事所做的命令，**效力往往高于律**，成为断案的依据。 2. 皇帝的这种临时命令须经过中书省"制论"和门下省"封驳"，才被赋予通行全国的"敕"的法律效力。 3. 编敕是将一个个单行的敕令整理成册，上升为一般法律形式的立法过程，是宋代一项**重要和频繁**的立法活动。神宗时还设有专门编敕的机构"编敕所"。 4. 宋仁宗前基本是"敕律并行"，编敕一般依律的体例分类，但独立于《宋刑统》；宋神宗时，敕的地位提高，达到以敕破律、代律的地步。 【口诀】人吃绿，神吃糕。
清	1. 条例	刑事单行法规，由刑部或其他行政部门就一些相似的案例先提出一项立法建议，经皇帝批准后成为一项事例，指导类似案件的审理判决。
	2. 则例	某一行政部门或某项专门事务方面的单行法规汇编。它是针对政府各部门的职责、办事规程而制定的基本规则。对于国家行政管理起着重要作用。
	3. 事例	皇帝就某项事务发布的"上谕"或经皇帝批准的政府部门提出的建议。事例一般不自动具有永久的、普遍的效力，但可以作为处理该事务的指导原则。
	4. 成例	也称"定例"，指经过整理编订的事例，是一项单行法规。成例是一种统称，包括条例及行政方面的单行法规。

　　　　经整理编订
事例────────成例（定例）｛条例：单行刑事法规；或编附于《大清律例》之中
（皇帝发布，具有个案效力）　　　则例：单行行政法规；或编附于《清会典》之后

三、罪名

时代	罪名	说明
春秋战国	《法经》八罪	盗：公司财产；贼：政权稳定和人身安全；杂：六禁。
秦（未形成科学的罪名体系）	危害皇权罪	谋反、泄露机密、偶语诗书、以古非今；诽谤、妖言；诅咒、妄言；非所宜言；投书；不行君令。
	财产犯罪	共盗：五人以上；群盗：聚众造反。
	人身犯罪	贼杀、伤人；斗伤；斗杀。
	渎职	1. 见知不举；2. 不直；3. 纵囚；4. 失刑。
	妨害管理	违令卖酒；逃避徭役；逃避赋税。
北齐	重罪十条	置于律首，作为严厉打击的对象；"其犯此十者，不在八议论赎之限。"
隋（唐）	十恶	1. 集中规定在名例律之首，并在分则各篇中相应规定了最严厉的刑罚。 2. 凡犯十恶者，不适用八议、自首等规定，且为常赦所不原。
唐	六杀	谋杀、故杀、斗杀、误杀、过失杀、戏杀 （1）谋杀人，一般减杀人罪数等处罚；但奴婢谋杀主、子孙谋杀尊亲则处以死刑，体现了对传统礼教原则的维护。 （2）故意杀人，一般处斩刑。
	六赃	受财枉法、受财不枉法、受所监临、强盗、窃盗、坐赃
明	奸党罪	太祖创造；无确定内容；惩治官吏结党
清	文字狱	律中没有相关条款；均按"谋反大逆"定罪；株连最广

【常见易错点提醒】

1. "十恶"与"重罪十条"不同；
2. 谋杀说明事先有预谋，故杀是现场临时起意。

【新增考点】重罪十条

《北齐律》规定："其犯此十者，不在八议论赎之限。"

重罪十条	十恶
（1）反逆：推翻王朝统治；	（1）谋反：谋危社稷，指谋害皇帝、危害国家的行为；
（2）大逆：毁坏皇帝祖庙、皇陵、宫殿；	（2）谋大逆：指图谋破坏国家宗庙、皇帝陵寝以及宫殿的行为；
（3）叛：叛国行为； （4）降：投降到敌对政权；	（3）谋叛：谓背国从伪，指背叛本朝、投奔敌国的行为；
（5）恶逆（殴打谋杀尊亲属）	（4）恶逆：指殴打或谋杀祖父母、父母等尊亲属的行为；
（6）不道（凶残杀人）	（5）不道：指杀一家非死罪三人、肢解人及造畜蛊毒、厌魅的行为；

续表

重罪十条	十恶
(7) **不敬**（盗用皇室器物及对皇帝不尊重）；	(6) 大不敬：指盗窃皇帝祭祀物品或皇帝御用物、伪造或盗窃皇帝印玺、调配御药误违原方、御膳误犯食禁以及指斥皇帝、无人臣之礼等损害皇帝尊严的行为；
(8) **不孝**（不侍奉父母，不按礼制服丧）；	(7) 不孝：指控告祖父母、父母，未经祖父母、父母同意私立门户、分异财产，对祖父母、父母供养有缺，为父母尊长服丧不如礼等不孝行为；
	(8) 不睦：指谋杀或卖五服以内亲属，殴打或控告丈夫大功以上尊长等行为；
(9) **不义**（杀本府长官与授业老师）；	(9) 不义：指杀本管上司、授业师及夫丧违礼的行为；
(10) **内乱**（亲属间的乱伦行为）	(10) 内乱：指奸小功以上亲属等乱伦行为。

【说明】

1. "十恶"将"判"和"降"合并为"谋判"，因为这两种犯罪非常接近，不易区分；

2. "十恶"增加了"不睦"，加大了对家庭伦理的重视和保护力度；

3. "十恶"在反逆、判罪名前增加了"谋"，说明将打击范围提前到了思想观念和谋划的准备阶段。

四、刑罚

西周	奴隶制五刑	墨（黥）、劓、荆、宫、大辟	
秦	主刑	➤ 笞刑； ➤ 徒刑（城旦春、鬼薪、白粲、隶臣妾、司寇、候）； ➤ 流放刑（迁、谪）； ➤ 肉刑（墨、劓、荆、宫）； ➤ 死刑（弃市、戮、磔、腰斩、车裂、枭首、族刑、具五刑）	
	附加刑	➤ 羞辱刑（髡、耐。戮也有羞辱之意）； ➤ 经济刑（赀、赎）； ➤ 株连刑（族、收）。	
汉	**文景废除肉刑，没有涉及宫刑**；缇萦救父是导火索；景帝颁布箠令。 【口诀】景帝抡大锤。		
南北朝	规定绞、斩等死刑制度；北周律规定流刑，作为死刑的宽贷措施；**北魏规定鞭刑与杖刑**；废除宫刑。		
隋	封建五刑	➤ 笞（5等）、杖（5等）、徒（5等，1年到3年）、 ➤ 流（3等，2000里到3000里，皆劳役1年）； ➤ 死（斩、绞2等）。	

续表

北宋	折杖法	➤ 宋太祖建隆四年颁行；笞杖徒流可折为臀杖和脊杖； ➤ **死刑不折杖；反逆、强盗等重罪不适用。** **【口诀】死刑不折杖，重罪不折杖。**
	刺配	➤ 源于后晋天福年间的刺面之法； ➤ 宋初不常行，《宋刑统》无规定； ➤ 仁宗以后开始滥用，成为常制。
	凌迟	➤ 始于五代时的西辽； ➤ 仁宗时使用，神宗熙宁以后成为常刑； ➤ 南宋《庆元条法事类》中成为法定死刑； ➤ 清末《大清现行刑律》废除。
明	充军刑	➤ 在流刑外增加，强迫犯人到边远地区服苦役； ➤ 有本人终身充军和子孙永远充军的区分。
	廷杖	皇帝下令、司礼监监刑、锦衣卫施刑；朱元璋曾用

五、刑罚适用原则

时代	适用原则	说明
西周	1. 区分故意（非眚）与过失（眚）	
	2. 区分惯犯（惟终）与偶犯（非终）	
秦	1. **刑事责任能力的规定**	未成年犯罪，不负刑事责任或减轻刑事处罚。
	2. **区分故意（端）与过失（不端）**	诬告反坐；没有故意的，按告不审从轻处理。
	3. **盗窃按赃值定罪**	按数目分为三等赃值，分别定罪。
	4. **共犯罪与集团犯罪加重处罚**	共犯比个体犯重，集团犯罪（5人）更重。
	5. **累犯加重原则**	本身已犯罪，再犯诬告他人罪，加重处罚。
	6. **教唆犯罪加重处罚**	教唆未成年人犯罪者加重处罚。
	7. **诬告反坐**	如果属于诬告，则以所诬告的罪名反过来惩罚诬告者。
	8. **自首减轻处罚的原则**	携带所借公物外逃，主动自首者，不以盗窃论处，而以逃亡论处。若犯罪后能主动消除犯罪后果，可以减免处罚。
魏晋	妇女犯罪行刑上享有特殊规定。	

续表

时代	适用原则	说明
唐	保辜制度（针对伤人行为）	伤人者在一定期限内对被害人的伤情变化负责。
	区分公私罪	公罪从轻，私罪从重；利用职权、徇私枉法的，按私罪论。
	自首原则	区分自首（未举发，免罪，赃物偿还）与自新（已举发，可减轻）； 谋反等重罪或造成严重危害后果无法挽回的犯罪，不适用自首。
	化外人原则	诸化外人，同类自相犯者，各依本俗法；异类相犯者，以法律论。
明	从重从新原则	
	重其所重、轻其所轻的原则	贼盗、钱粮，处刑重；典礼及风俗教化，处罚轻。
清	扩大和加重对"十恶"中"谋反""谋大逆"等侵犯皇权的犯罪的惩罚。	

六、古代诉讼制度

（一）西周

诉讼制度	
一般制度	其他制度
民听讼、刑断狱； 五听：辞色气耳目（注意到司法心理问题）； 当事人起诉应交纳诉讼费，刑事、民事诉讼费分别称为"钧金"（三十斤铜）和"束矢"（一百支箭）。	1. 周天子是最高裁判者，大司寇是中央司法长官。 2. 三刺（重大疑难案件）：先后交群臣、官吏、国人讨论（体现明德慎罚思想）。 3. 三宥：因主观上不识、过失、遗忘而犯罪者，应减刑。 4. 三赦：幼弱，老耄，蠢愚者（智障者），犯罪从赦。

（二）汉代

1. 秋冬行刑：秋天霜降之后、冬至之前；

（1）根据"天人感应"理论，规定春、夏不得执行死刑。
（2）除谋反、大逆等"决不待时"者外，一般死刑犯须在秋天霜降以后、冬至以前执行。因为这时"天地始肃"，杀气已至，便可"申严百刑"，以示所谓"顺天行诛"。
（3）对后世有着深远影响，唐律规定"立春后不决死刑"，明清律中的"秋审"制度亦溯源于此。

2. 亲亲得相首匿

（1）汉宣帝时期确立，主张亲属间首谋藏匿一般犯罪，可以不负刑事责任。
（2）对卑幼亲属首匿尊长亲属的犯罪行为，不追究刑事责任。尊长亲属首匿卑幼亲属，罪应处死的，可上请皇帝宽贷。
（3）来源于儒家"父为子隐，子为父隐，直在其中"的理论，一直影响后世封建立法。

3. 春秋决狱

（1）**《春秋》决狱乃是法律儒家化在司法领域的反映**，特点是依据儒家经典《春秋》等著作中提倡的精神原则审判案件，而不仅仅根据汉律审案。

（2）**重视主观动机，论心定罪。**

①强调审断时应**重视行为人在案情中的主观动机**；在着重考察动机的同时，还要依据事实，分别首犯、从犯和已遂、未遂。 【历史资料】董仲舒："春秋之听狱也，必本其事而原其志；志邪者不待成，首恶者罪特重，本直者其论轻。"（必须根据案情事实，追究行为人的动机；动机邪恶者即使犯罪未遂也不免刑责；首恶者从重惩治；主观上无恶念者从轻处理）
③实行"论心定罪"原则，如犯罪人主观动机符合儒家"忠""孝"精神，即使其行为构成社会危害，也可以减免刑事处罚。相反，犯罪人主观动机严重违背儒家倡导的精神，即使没有造成严重危害后果，也要认定犯罪给予严惩。

（3）**客观评价**：在某种程度上为司法擅断提供了依据。

4. "上请"

（1）汉高祖就下诏，允许郎中犯了耐以上的罪，可以请示皇帝给予优待；

（2）宣帝、平帝相继规定，凡百石以上官吏、公侯及其子孙犯罪，均可上请；

（3）东汉时，适用面越来越宽，成为官僚贵族一项普遍特权，从徒刑二年到死刑都可适用。

5. "恤刑"

（1）为政以仁、矜老恤幼；

（2）年80以上的老人，8岁以下的幼童，怀孕未产的妇女、老师、侏儒等，有罪监禁期间，给予不戴刑具的优待；

（3）老人、幼童及连坐妇女，除犯大逆不道诏书指明追捕的犯罪外，一律不再拘捕监禁。

（三）魏晋南北朝

1. "八议"入《曹魏律》

2. "五服制罪"入《晋律》

3. "官当"正式出现在《北魏律》和《陈律》

4. 皇帝直接参与司法审判

（1）秦汉以降，皇帝亲自断案渐成常制；
（2）两汉以降的"虑囚制度"也得以延续；
（3）魏晋时期，魏明帝太和三年（公元229年）改"平望观"为"听讼观"，"每断大狱，常幸观临听之"；

续表

（4）南朝宋武帝常"折疑狱""录囚徒"；
（5）北周武帝常"听讼于正武殿，自旦及夜，继之以烛"。

5. 直诉制的形成

直诉，即不依诉讼管辖的层级直接诉于皇帝或钦差大臣，是诉讼中的特别上诉程序。

（1）传说西周有路鼓、肺石之制，汉代有缇萦上书文帝，以己身赎父罪，但均非一种定制。
（2）直诉作为制度成于西晋。晋武帝设登闻鼓，悬于朝堂外或都城内，百姓可击鼓鸣冤，有司闻声录状上奏。
（3）北魏太武帝时，于宫阙左面悬鼓，人有冤则挝之，由公车上奏其表，南朝梁亦有"击鼓乞代父命"的记载。

6. 上诉制度的变化

（1）曹魏时为简化诉讼，防止讼事拖延，改汉代上诉之制，特别规定："二岁刑以上，除以家人乞鞫之制。"
（2）晋律允许上诉，规定："狱结竟，呼囚鞫语罪状，囚若称枉，欲乞鞫者，许之也。"
（3）北魏律规定："狱已成及决竟，经所管（缩），而疑有奸欺，不直于法，及诉冤枉者，得摄讯覆治之。"

7. 死刑复核制度形成

（1）魏明帝青龙四年诏："廷尉及天下狱官，诸有死罪具狱以定，非谋反及手杀人，亟语其亲治，有乞恩者，使与奏当文书俱上。"
（2）《晋书·孝武帝纪》载南朝曾规定："其罪甚重辟者，皆如旧先上须报。"
（3）北魏律规定，"诸州国之大辟，皆先谳报乃施行""当死者，部案奏闻"；又"狱成皆呈，帝亲临问，无异辞怨言乃绝之"。从而使死刑决定权专属皇帝，一方面是慎刑，另一方面也是控制。

8. 加强自上而下的审判监督

（1）秦汉时郡县有权判决死刑，至曹魏、晋代，县令审判权受到限制，凡重囚，县审判后须报郡，由郡守派督邮案验。
（2）南朝宋改为将案卷及人犯一并送郡，由郡太守复审后方可执行。如郡太守不能决，再送州刺史，州刺史不能决则上交中央廷尉。
（3）各代还普遍施行特使察囚制度，"如有枉滞以时奏闻"，以加强对地方审判的监督。

（四）唐宋明清

唐	**刑讯：严格的条件和方法；禁止刑讯的情况。** 人赃俱获，经拷讯拒不认罪的，可"据状断之"。	1. 三司推事：由刑部侍郎、御史中丞、大理寺卿组成临时最高法庭审理。 2. 三司使：地方发生重案，不便解往中央，则派大理寺评事、刑部员外郎、监察御史为"三司使"，前往审理。 3. 都堂集议制：针对重大死刑案件，皇帝下令"中书、门下四品以上及尚书九卿议之"。
	回避：《唐六典》第一次以法典形式肯定 **死刑案件：京城五复奏，地方三复奏。**	
宋	**翻异别勘**	
	证据勘验：原被告均有举证责任； 重视现场勘验，南宋地方司法机构制有专门的"检验格目"，并产生了《洗冤集录》等世界最早的法医学著作。	
明	**军民分诉分辖制** 1. 与民不相干或涉及叛逆机密等，军事部门审理； 2. 与民相干者，军事部门与当地官府共同审理。	**三司会审**：中央司法机构刑部、大理寺、都察院（三法司），对重大疑难案件共同会审。 **九卿会审（圆审）**：六部尚书及通政使司的通政使，都察院左都御使，大理寺卿九人会审皇帝交付的案件或已判决但囚犯仍翻供不服之案。 **朝审**：霜降之后，三法司会同公侯、伯爵，在吏部尚书（或户部尚书）主持下会审重案囚犯。 **大审**：司礼监（宦官二十四衙之首）一员在堂居中而坐，尚书各官列居左右，会同三法司在大理寺共审囚徒。**每五年轮大审。**
	管辖制度：继承了唐律"以轻就重，以少就多，以后就先"的原则，同时规定了**被告原则**。	
	刑罚从重从新 **重其所重：**贼盗、钱粮 **轻其所轻：**典礼及风俗教化	
清	**【会审的口诀】** 1. 九卿会审：已决囚犯仍翻供，皇帝交付九卿圆桌会； 2. 朝审：霜降潮湿； 3. 大审：司礼监的大太监主持所以叫大审； 4. 热审：大热天打板子。	**三司会审**：中央司法机构刑部、大理寺、都察院（三法司），对重大疑难案件共同会审。 **秋审**：最重要的死刑复审制度，每年秋天8月举行，针对全国上报的斩、绞监候案件，在天安门金水桥西由九卿、詹事、科道以及军机大臣、内阁大学士等重要官员会同审理。 **朝审**：每年霜降后十日举行，针对刑部判决的重案以及京师附近斩、绞监候案件进行的复审。 **热审**：于每年小满后十日至立秋前一日，对发生在京师的笞杖刑案件进行重审，由大理寺官员会同各道御史及刑部承办司共同进行，快速决放在监笞杖刑案犯。

【补充】清代经过秋审或朝审之案件的处理：

①情实：指罪情属实、罪名恰当者，奏请执行死刑；
②缓决：案情虽属实，但危害性不大者，可减为流三千里，或发烟瘴极边充军，或再押监候；

③可矜：案情属实，但有可矜或可疑之处，可免于死刑，一般减为徒、流刑罚；
④留养承嗣：案情属实、罪名恰当，但有亲老丁单情形，合乎申请留养条件者，按留养奏请皇帝裁决。

七、我国古代的婚姻继承制度

（一）婚姻制度

西周	结婚	三原则	➤ **一夫一妻制**：可以有妾有婢，但法定的妻子只能是一个。 ➤ **同姓不婚**：①"男女同姓，其生不蕃"；②"附远厚别"。 ➤ **父母之命，媒妁之言**：由父母家长决定，通过媒人中介来完成。
		程序	六礼：采名吉征请迎 【口诀】纳采是提亲，问名报生辰，聘礼叫纳征。
	离婚	**七出**	不顺父母、无子、淫、妒、恶疾、多言、盗窃
		三不去	有所取无所归、与更三年丧、前贫贱后富贵
唐代	义绝：强制离婚原则 ★★★★★		（1）唐律中首次规定。
			（2）夫妻间或夫妻双方亲属间或夫妻一方对他方亲属凡有殴打、骂、杀伤、奸等行为，依律视为夫妻恩断义绝，无论双方是否同意，均由官府审断强制离婚，对任何不离婚的一方施加处罚。
			（3）明显偏袒夫家。
宋	结婚	法定婚龄	**男15岁女13岁**以上，并听婚嫁；否则不许。
		禁止结婚	➤ 禁止五服以内亲属结婚，但姑舅两姨兄弟姐妹不禁止； ➤ 禁止州县官在任之日与部下百姓交婚，但订婚在前、任官在后，及三辅门阀相当情愿者，不在禁限范围。
	离婚	变通七出三不去	➤ 夫外出三年不归，六年不通问时，妻子可以改嫁或离婚； ➤ 但是"妻擅走者徒三年，因而改嫁者流三千里，妾各减一等"； ➤ 如果夫亡，妻"不守志"者，"若改嫁，其现在的部曲、奴婢、田宅不得费用"。

（二）继承制度

西周	嫡长子继承制		"立嫡以长不以贤，立子以贵不以长"； 主要是政治身份的继承，土地、财产是其次。
宋	➤ 在室女享受部分继承权； ➤ 承认遗腹子与亲生子享有同样的继承权。		
南宋	户绝财产继承制度	确立继子	➤ "立继"：妻在，从妻；【口诀】起立。 ➤ "命继"：夫妻俱亡，从尊亲属。【口诀】遵命。
		分割财产	➤ 只有在室女：在室女继承3/4，继子1/4； ➤ 只有出嫁女：出嫁女、继子与官府各1/3。 【口诀】一子三女，三分官妇子。

八、契约法

西周	买卖契约	质剂	契约由官府制作，并由"**质人**"专门管理。
	借贷契约	傅别	【口诀】买卖人质，借个师傅；质长剂短，质活剂死。
宋代	（1）三种买卖契约都须书面订立，取得官府承认，才合法有效。		**绝卖**为一般买卖。
			活卖为附条件的买卖；当所附条件完成，买卖才算最终成立。
			赊卖是采取类似商业信用或预付方式，而后收取出卖物的价金。
	（2）**借贷契约，宋袭唐制，区分借与贷。**		借指使用借贷，而贷则指消费借贷。
			把不付息的使用借贷称为**负债**，把付息的消费借贷称为**出举**。
			规定出举者不得超过规定实行高利贷盘剥。

第二章　中国共产党民主政权宪法性文件

一、《中华苏维埃共和国宪法大纲》

1. 1931 年 11 月召开的第一次全国工农兵代表大会通过；
2. 1934 年 1 月召开的第二次代表大会对其作了修改，增加了"同中农巩固的联合"；
3. 包括序言和 17 条正文；
4. **内容：对人民民主专政的基本问题作出了明确规定**

（1）规定苏维埃国家性质是工人和农民的民主专政国家。

> ➤ 将地主资产阶级（军阀、官僚、地主、资本家、豪绅、僧侣及一切剥削人的人）拒绝于政权之外；
> ➤ 剥夺他们的言论、出版、集会、结社等自由；
> ➤ 使用革命武力和法庭镇压一切反革命复辟活动。

（2）规定苏维埃国家政治制度是工农兵代表大会。

> ➤ 保证工农大众参加国家管理；
> ➤ 便于工人阶级及其政党的领导；
> ➤ 实行民主集中制和议行合一原则。

（3）规定并保障苏维埃国家公民的权利和义务。

> ➤ 工农及一切劳苦民众享有广泛的民主权利及人身自由；
> ➤ 各级政府采取切实有效的措施，提供力所能及的物质保障条件。

（4）规定苏维埃国家的外交政策。

> ➤ 宣布中华民族完全自主与独立；
> ➤ 不承认帝国主义在中国的一切特权，废除一切不平等条约；
> ➤ 苏联是巩固的同盟者；同世界无产阶级和被压迫民族站在一起；
> ➤ 对受迫害的世界革命者给予保护；
> ➤ 对居住在苏区从事劳动的外国人给予法定的政治权利。

5. **历史意义**

（1）第一部由劳动人民制定、确保人民民主制度的基本法，是中国共产党领导人民反帝反封建的工农民主专政的纲领；

（2）确认了劳苦工农民众的各项基本权利，鼓舞了人民的革命斗志；

（3）由于缺乏宪政经验和受到"左"倾思想的影响，也存在一定的缺陷。

二、《陕甘宁边区施政纲领》（1941年）

1. **保障抗战**：团结边区内各阶级党派，发动一切人力、物力、财力抗战；严厉镇压汉奸及反共分子。
2. **加强团结**：坚持抗日民族统一战线，团结各抗日阶级、工人、农民、地主、资本家；调节各阶级的关系，地主减租减息，农民交租交息；改善工农生活，资本家有利可图；一致对外，共同抗日。
3. **健全民主**：实行普遍、直接、平等、无记名投票的选举制度；保障一切抗日人民的选举权、被选举权；根据地政权的人员构成实行"三三制"原则，即共产党员占1/3，非党左派进步人士占1/3，中间派占1/3；人民享有用任何方式控告任何公务人员非法行为的权利；男女平等，提高妇女地位；民族平等、自治，尊重宗教信仰、风俗习惯。
4. **发展经济**：从"发展经济，保障供给"的总方针出发，发展农、林、牧、手工和工业；奖励扶助私人企业，保障经营自由；贯彻统筹统支的财政制度，征收统一累进税，维护法币，巩固边币；实施外贸统治。
5. **普及教育**：建办各类学校，普及免费义务教育；尊重知识分子，提高边区人民的政治文化水平。

三、《陕甘宁边区宪法原则》（1946年）

陕甘宁边区第三届参议会通过。
（1）采取人民代表会议制的政权组织形式，以保证人民管理政权机关。

➤ 规定边区、县、乡人民代表会议为人民管理政权机关；
➤ 各级政权形式上开始由参议会过渡为人民代表会议制度。

（2）保障人民享有广泛的民主权利，受政府指导和物质帮助。

➤ 边区人民不分民族一律平等；
➤ 少数民族聚居区享有民族区域自治的权利。

（3）确立边区的人民司法原则。

➤ 各级司法机关独立行使职权，不受任何干涉；
➤ 除司法机关、公安机关依法执行职务外，任何机关、团体不得有逮捕审讯行为；
➤ 人民有权以任何方式控告失职的公务员。

（4）确立边区的经济文化政策。

➤ 经济上采取公营、合作、私营三种方式，组织一切人力、财力促进经济繁荣，为消灭贫穷而斗争；
➤ 保障耕者有其田，劳动者有职业，企业者有发展机会；
➤ 普及提高人民的文化水平，从速消灭文盲，减少疾病与死亡。

第四编 宪 法

常识题

1. 禁止转授权：被授权机关不得将被授予的该项权力转授给其他机关。

2. 宪法规范也具有制裁性。

3. 宪法表述了对于未来目标的追求，确认了国家的发展目标和宏观发展思路，这体现了宪法的纲领性。

4. 列宁：宪法就是一张写着人民权利的纸；区分了真假宪法。

5. 大量使用 确认性规范 是宪法在规定内容方面的特色；而且，确认性规范和禁止性规范往往是一并使用的。

6. 权利性规范和义务性规范相互结合为一体，这是我国宪法的鲜明特色。

7. 法国《人权宣言》：凡权利无保障和分权未确立的社会便没有宪法。

8. 世界历史上第一部成文宪法是 1787 年美国宪法；欧洲大陆第一部是 1791 年法国宪法。

9. 《美国宪法》正文部分只规定了国家基本制度的内容，关于公民权利的内容规定在其修正案中。

10. 世界上第一部社会主义宪法是 1918 年《苏俄宪法》。

11. 在我国，人民是制宪主体，一届人大一次会议是制宪机关。

12. 1949 年《中国人民政治协商会议共同纲领》起临时宪法作用，具有新民主主义性质。

13. 1954 年 9 月，一届人大第一次全体会议制定了我国第一部社会主义类型的宪法——54 宪法。

14. 任何一个主权国家的宪法的空间效力都及于其国土的所有领域；我国的宪法当然适用于港澳台地区，但在适用上有所差异。

15. 在宪法和条约的关系上，各国规定不同；我们现行宪法没有明文规定二者的关系。

16. 宪法基本权利的主体主要是公民；在特定条件下，外国人和法人也可成为基本权利的主体。

17. 二战后，法治概念由形式主义走向实质主义，开始重视法律的内容和目的。

18. 宪法的法律效力主要表现于对国家机关行为的约束。

19. 在社会主义国家的宪法中，权力制约原则主要表现为监督原则。监督原则是由第一个无产阶级专政政权巴黎公社首创的。

20. 自德国魏玛宪法以来，经济制度成为现代宪法的重要内容之一。1918 年的苏俄宪法第一次系统规定了经济制度，扩大了宪法的调整范围。

21. 1919 年德国魏玛宪法不仅详尽地规定公民的文化权利，而且还明确地规定了国家的基本文化政策。这部宪法第一次比较全面系统地规定了文化制度。

22. 全国人大与地方各级人大之间以及地方各级人大之间并没有隶属关系，上级人大只是有权依照宪法和法律监督、指导下级人大的工作。

23. 全国人大和全国人大常委会行使国家立法权。

24. 我国法院无权对法律进行合宪性审查，无权直接依据宪法裁判案件。

25. 三"批准"（事前审查）：（1）设区的市、自治州的地方制定的地方性法规需要报省级人大常委会批准后生效；（2）自治区的自治法规，报全国人大常委会批准后生效；（3）自治州和自治县的自治法规，报省级人大常委会批准后生效。

26. 根据我国现行宪法，只有初等义务教育是 普及 ，其他教育都是 发展 。

27. 只要说宪法中存在一个关于××权利的完整规范系统，都是正确的；只要说宪法中的某基本权利规定和部门法中的相关条款构成了一个完整的规范体系，也是正确的。

28. 说部门法中的××规定是宪法中同类内容规范的具体化（表现），都是正确的；或者说宪法的某种规范通过部门法的类似内容的规范得到了间接实施，一定是正确的。

29. 投票比例

（1）通过议案，除宪法修改需要经全国人大全体代表的三分之二多数通过外，其他通过都是过半数。
（2）常委会组成人员五分之一联名，可以提撤职案，组织调查委员会。

第一章　基础理论

一、宪法是国家的根本法

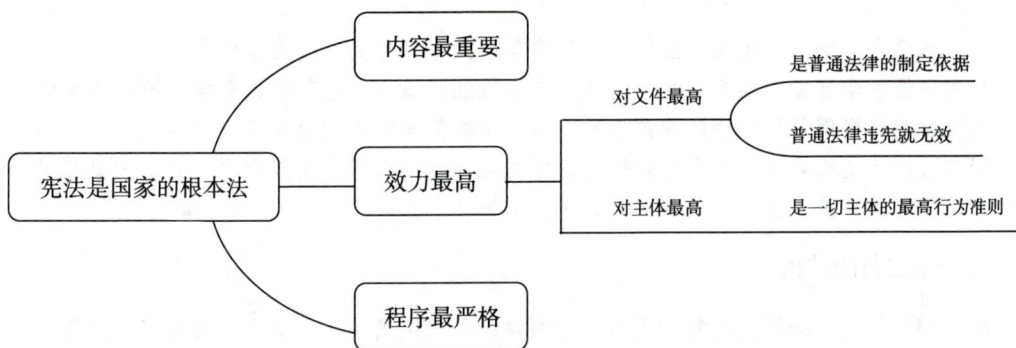

```
                        ┌── 内容最重要
                        │
                        │                          ┌── 是普通法律的制定依据
                        │              ┌ 对文件最高 ┤
宪法是国家的根本法 ──────┼── 效力最高 ─┤           └── 普通法律违宪就无效
                        │              └ 对主体最高 ── 是一切主体的最高行为准则
                        │
                        └── 程序最严格
```

【躲坑大练习】（判断题）[1]

①"宪法法律至上"中的"法律"是指具有法的一般特征的规范性文件。

②宪法的效力及于中华人民共和国的所有领域。

③宪法对法院的审判活动没有约束力。

④我国宪法适用于一切拥有中国国籍的人。

⑤宪法也同等地适用于居住在中国境内的外国人。

⑥在不成文宪法的国家中，宪法的法律效力高于其他法律。

⑦在我国，任何法律法规都不得与宪法规范、宪法基本原则和宪法精神相抵触。

⑧宪法的法律效力主要表现为对公民的行为约束。

⑨宪法的法律效力不具有任何强制性。

⑩在我国，宪法性法律即具有最高法律效力。

二、宪法的分类

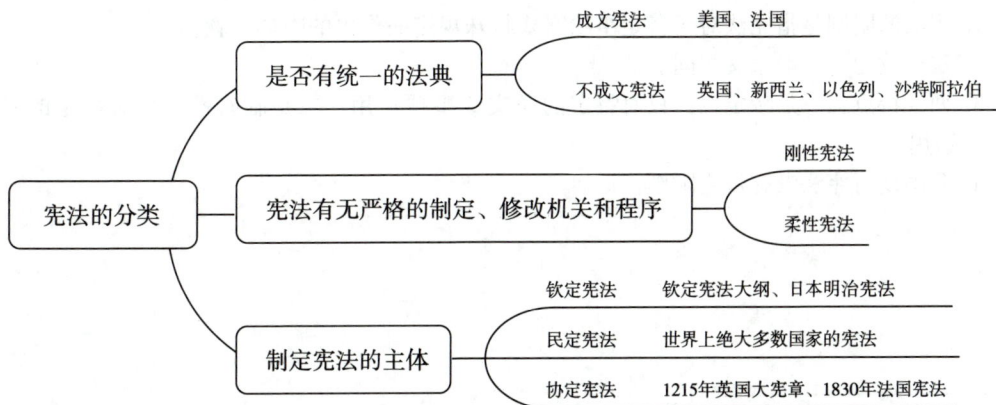

```
                                                ┌── 成文宪法   美国、法国
                    ┌ 是否有统一的法典 ─────────┤
                    │                           └── 不成文宪法  英国、新西兰、以色列、沙特阿拉伯
                    │
                    │                                        ┌── 刚性宪法
宪法的分类 ─────────┼── 宪法有无严格的制定、修改机关和程序 ──┤
                    │                                        └── 柔性宪法
                    │
                    │                    ┌── 钦定宪法   钦定宪法大纲、日本明治宪法
                    └ 制定宪法的主体 ────┼── 民定宪法   世界上绝大多数国家的宪法
                                         └── 协定宪法   1215年英国大宪章、1830年法国宪法
```

---

[1]　①错误；②正确；③错误；④正确；⑤错误；⑥错误；⑦正确；⑧错误；⑨错误；⑩错误。

【躲坑大练习】（判断题）[1]

①1787 年美国宪法是世界历史上的第一部成文宪法。

②1918 年《苏俄宪法》和 1919 年德国《魏玛宪法》的颁布，标志着现代宪法的产生。

③1830 年法国宪法是钦定宪法。

④柔性宪法也具有最高法律效力。

⑤不成文宪法的特点是其内容不见于制定法。

⑥宪法典的名称中必然含有"宪法"字样。

⑦在程序上，英国不成文宪法的内容可像普通法律一样被修改或者废除。

⑧宪法惯例即可能明确规定在宪法典或宪法性法律当中，也可能散见在政治实践当中。

⑨因为宪法惯例属于宪法的渊源，所以也主要依靠国家强制力来保证其实施。

⑩宪法惯例是指宪法条文无明确规定，但在实际政治生活中已经存在，并为国家机关、政党及公众所普遍遵循，且与宪法具有同等效力的习惯或传统。

三、宪法典的结构

综观世界各国宪法就宪法典的总体结构而言，一般包括序言、正文、附则三大部分。

（一）序言

1. 我国宪法序言有 13 自然段，包括了历史发展的叙述，国家的根本任务、指导思想，国家的基本国策，宪法的根本法地位和最高效力。

2. 社会主义建设事业的依靠力量是工人、农民、知识分子；

3. 宪法序言明确了台湾是中国领土的一部分；宪法效力涉及包括台湾在内的所有中国领土。

4. 我国现行宪法文本没有规定宪法与条约的关系。

（二）正文

1. 我国现行宪法正文的排列顺序是：总纲、公民的基本权利与义务、国家机构以及国旗、国歌、国徽、首都。

2. 1954 年、1975 年、1978 年三部宪法，国家机构都在基本权利之前。

【注意】 国家机构部分的条款大多数属于组织性规范，即组织国家机构并授予其公权力的规范。

（三）附则

1. 宪法的附则是指宪法对于特定事项需要特殊规定而作出的附加条款。

2. 法律效力与一般条文相同。

3. 两大特点：一是特定性：只对特定的条文或事项适用；二是临时性：只对特定的时间或情况适用。

4. 我国现行宪法没有规定附则。

---

[1] ①正确；②正确；③错误；④错误；⑤错误；⑥错误；⑦正确；⑧错误；⑨错误，主要依靠社会舆论；⑩正确。

四、宪法的制定（制宪）

（一）制宪主体

1. 人民作为制宪主体是现代宪法发展的基本特点；

2. 最早系统地提出制宪权概念并建立理论体系的是法国大革命时期著名的学者西耶斯，他主张只有国民才享有制宪权；

3. 人民作为制宪主体并不意味着人民直接参与制宪的过程，而是可能通过各种制宪机构（如宪法起草机关、宪法通过机关等）来完成制宪活动。

（二）制宪权与修宪权

1. 修宪权依据制宪权而产生，受制宪权约束，不得违背制宪权的基本精神和原则；

2. 共同点：根源性的国家权力，能够创造立法权、行政权、司法权等其他具体组织性的国家权力的权力。

（三）我国的宪法制定

1. 制宪主体是人民；制宪机关是第一届全国人大第一次全体会议；

2. 我国 54 宪法是第一届全国人大第一次全体会议以全国人大公告的形式公布，自通过之日起生效。

五、我国宪法制定和发展的历史

1. 1949 年《共同纲领》：

（1）中国人民政治协商会议制定；

（2）起临时宪法作用；

（3）具有新民主主义性质。

2. 1954 年宪法

（1）一届人大第一次全体会议在《共同纲领》的基础上制定；

（2）我国第一部社会主义类型的宪法。

3. 1975 年宪法
第二部宪法；内容很不完善并在指导思想上存在错误。
4. 1978 年宪法
第三部宪法；经过两次部分修改。
5. 八二宪法
在全面修改 1978 年宪法的基础上，1982 年 12 月 4 日通过了新中国的第四部宪法，即现行宪法。

六、宪法的修改

1. 54 宪法规定：宪法的修改由全国人民代表大会以全体代表的三分之二的多数通过。75

年和 78 年宪法只规定了全国人大有权修改宪法，没有规定三分之二多数通过。

2. 1982 年宪法规定：宪法的修改，由**全国人大常委会或者 1/5 以上的全国人大代表提议，**由全国人大以全体代表的 2/3 以上的多数通过。**规定提案权主体是 82 宪法对 54 宪法的发展。**

【记诵口诀】常委五一提修宪，通过只要三两天。

3. 我国没有规定先决程序。

4. **宪法的修改，采用无记名投票方式表决。**

5. **全国人民代表大会通过的宪法修正案，以全国人民代表大会公告予以公布。**

6. **修改的内容**

我国宪法共经过了一次制定宪法，三次全面修改，七次部分修改。目前 82 宪法经过了 1988 年、1993 年、1999 年、2004 年和 2018 年五次修改，通过了共 52 条修正案。

【1988 年宪法修正内容】

1. 增加规定"国家允许私营经济在法律规定的范围内存在和发展，私营经济是社会主义公有制经济的补充。国家保护私营经济的合法权利和利益，对私营经济实行引导、监督和管理。"
2. 增加规定"土地的使用权可以依照法律规定转让。"

【1993 年宪法修正内容：三舅四变两必须】

1. 增加规定"我国正处在社会主义的初级阶段""根据建设有中国特色社会主义的理论""坚持改革开放"的规定；
2. 建设目标从"高度文明民主"修改为"富强、文明、民主"的社会主义国家；
3. 增加规定"中国共产党领导下的多党合作和政治协商将长期存在和发展"；
4. "计划经济"修改为"国家实行社会主义市场经济。""国家加强经济立法，完善宏观调控。""国家依法禁止任何组织或者个人扰乱社会经济秩序。"
5. "国营经济"修改为"国有经济"；
6. 把"农村人民公社、农业生产合作社"修改为"农村中的家庭联产承包为主的责任制"；
7. 县级人大的任期由 3 年变为 5 年。

【1999 年宪法修正内容】

1. 确立了"邓小平理论"的指导思想地位；
2. 将"反革命活动"修改为"危害国家安全的犯罪活动"；
3. 增加"中华人民共和国实行依法治国，建设社会主义法治国家"；
4. 规定"我国将长期处于社会主义初级阶段"；增加"国家在社会主义初级阶段，坚持以公有制为主体，多种所有制共同发展的基本经济制度，坚持按劳分配为主，多种分配方式并存的分配制度"；
5. 将"发展社会主义市场经济"作为一项重要的国家任务写进宪法序言；
6. 将"以家庭联产承包为主的责任制"改为"农村集体经济组织实行家庭承包经营为基础、统分结合的双层经营体制"；
7. 关于个体经济和私营经济，做出规定"在法律规定范围内的个体经济、私营经济等非公有制经济，是社会主义市场经济的重要组成部分"，"国家保护个体经济、私营经济的合法的权利和利益。国家对个体经济、私营经济实行引导、监督和管理"。

【记忆规律】【1999 年修改内容：九舅爱纠正】 九舅纠正说，我们是长期处于初级阶段，基本经济制度和分配制度都应该多样化，农村应该确立统分结合的双层经营体制；市场经济不仅要实行，而且要发展；非公有制经济还是重要组成部分；救救小平；危害国家安全的犯罪活动特别猖獗，法治处于危急关头，必须救救法治。（九舅爱纠正）

【2004 年宪法修正内容：司令做总结】

三个代表	1. 在宪法序言中增加"三个代表"这一指导思想；增加"推动物质文明、精神文明和政治文明协调发展"；
	2. 在宪法序言关于爱国统一战线组成结构的表述中增加"社会主义事业的建设者"；
	3. 全国人大中应有特别行政区的代表；
人权保障	1. 增加"国家尊重和保障人权"；
	2. 国家对非公有制经济的政策在"引导、监督和管理"之外，增加了"鼓励、支持"；
	3. 地方人大的任期统一为 5 年；
	4. 将国家对公民私人财产的政策修改为："公民的合法的私有财产不受侵犯。国家依照法律规定保护公民的私有财产权和继承权。国家为了公共利益的需要，可以依照法律规定对公民的私有财产实行征收或者征用并给予补偿"；
	5. 将国家的土地征用制度修改为："国家为了公共利益的需要，可以依照法律规定对土地实行征收或者征用并给予补偿"；
	6. 增加："国家建立健全同经济发展水平相适应的社会保障制度"；
国家主席	1. 国家主席增加"进行国事活动"的职权；
	2.《义勇军进行曲》正式成为国歌；
	3. 戒严改为紧急状态。

【2018 年宪法修改内容】

党的领导	**中国共产党领导是中国特色社会主义最本质的特征**
指导思想	指导思想增加：**科学发展观、习近平新时代中国特色社会主义思想**
社会主义法治	"健全社会主义法制"修改为"**健全社会主义法治**"
发展	增写"**贯彻新发展理念**"
民族和谐	"平等团结互助**和谐**的社会主义民族关系"
中华民族伟大复兴	1. "推动物质文明、政治文明、精神文明、**社会文明、生态文明**协调发展，把我国建设成为富强民主文明**和谐美丽**的社会主义**现代化强国，实现中华民族伟大复兴**"。 2. 统一战线增加了："**致力于中华民族伟大复兴**的爱国者"。
革命建设加改革	"在长期的革命、建设、**改革**过程中"
价值观	"**国家倡导社会主义核心价值观**"
宪法宣誓	"**国家工作人员就职时应当依照法律规定公开进行宪法宣誓。**"
主席任届	**国家主席、副主席删掉了"连续任职不得超过两届"的限制**

续表

专门委员会	全国人大下设的"法律委员会"变更为"宪法和法律委员会"
设区的市的地方立法权	设区的市的人民代表大会和它们的常务委员会,在不同宪法、法律、行政法规和本省、自治区的地方性法规相抵触的前提下,可以依照法律规定制定地方性法规,报省、自治区人民代表大会常务委员会批准后施行。
生态文明	1. 序言第七段:"推动物质文明、政治文明、精神文明、社会文明、生态文明协调发展,把我国建设成为富强民主文明和谐美丽的社会主义现代化强国"。 2. 第八十九条国务院的职权增加了领导和管理"生态文明建设"
国际关系	1. 增加"坚持和平发展道路,坚持互利共赢开放战略"
	2. 增加"推动构建人类命运共同体"
监察委员会	专节规定

七、宪法的解释

(一)立法机关解释模式	1. 源自英国。 2. 在我国,全国人大常委会有权解释宪法,其解释和宪法具有同等效力。 3. 代议机关行使宪法解释权,并且必须按照立法程序进行。 4. 代议机关既可以主动对宪法进行解释,也可应其他机关或政党等的请求进行解释。 5. 宪法解释既可以单独以代议机关的决议、决定的形式出现,也可寓于代议机关的立法文件之中。
(二)司法机关解释模式	1. 起源于美国。1803年美国联邦最高法院首席法官马歇尔通过马伯里诉麦迪逊案开创了司法审查制度的先河。 2. 按照司法程序解释。 3. 因是在个案的附带性审查中进行的解释,所以该解释只对审理的具体案件产生法律效力,一般没有普遍的约束力。
(三)专门机关解释模式	1. 最早提出设立宪法法院的是奥地利规范法学派代表人物汉斯·凯尔森。 2. 专门机关解释宪法普遍采用司法积极主义原则。 3. 目前奥地利、西班牙、德国、意大利、俄罗斯、韩国等国均建立了宪法法院,而法国等国家建立了宪法委员会。 4. 专门机关既可以结合具体案件对宪法含义进行说明,即具体性解释;也可以在不存在个案的情况下进行解释,即抽象性解释。

【躲坑大练习】(判断题)[1]

①全国人大常委会有权解释宪法,监督宪法的实施。

②由司法机关解释宪法的做法源于美国,也以美国为典型代表。

③德国的宪法解释机关必须结合具体案件对宪法含义进行说明。

④我国的宪法解释机关对宪法的解释具有最高的、普遍的约束力。

⑤我国国务院在制定行政法规时,必然涉及对宪法含义的理解,但无权解释宪法。

---

[1] ①正确;②正确;③错误;④正确;⑤正确。

八、宪法的实施

1. 宪法实施主要包括宪法的执行（代议机关和行政机关）、适用（司法机关）和遵守（一切主体）。其中，宪法的遵守**是宪法实施最基本的要求，也是其最基本的方式。**

2. **宪法制裁：**

（1）直接制裁：对国家机关违反宪法的法律以及规范性文件、决议、决定和命令等宣布无效，并加以撤销；对违法失职的国家机关负责人根据宪法规定予以罢免。

（2）间接制裁：对违宪行为不直接规定制裁措施，而是通过具体法律来追究法律责任。

九、宪法实施的保障

1. 由司法机关负责保障宪法实施的体制起源于 1803 年美国联邦最高法院就马伯里诉麦迪逊一案的判决，由此开创了由联邦最高法院审查国会制定的法律是否符合宪法的先例。

2. 由立法机关负责保障宪法实施的体制起源于英国。社会主义国家采取的也大多是由立法机关负责保障宪法实施的体制。我国现行宪法规定，全国人大及其常委会负有监督宪法实施的职责。

3. 由专门机关负责保障宪法实施的体制起源于 1799 年法国宪法设立的护法元老院。目前，**宪法法院和宪法委员会**是专门机关负责保障宪法实施体制的两种主要形式。

十、我国的宪法监督制度

我国属于代议机关审查模式，这种模式由 1954 年宪法确立，1982 年宪法增加授予全国人大常委会监督宪法的实施的职权。

（一）事先审查：三批准

规范性文件	批准机关
自治区人大制定的自治条例和单行条例	全国人大常委会
自治州、自治县人大制定的自治条例和单行条例	省、自治区、直辖市人大常委会
地级市的人大及其常委会制定的地方性法规	省、自治区人大常委会

（二）事后审查

1. 备案审查

①行政法规报全人常备案；
②部门规章报国务院备案；
③省级地方性法规报全人常和国务院备案；
④省级政府规章报省人常、国务院备案；
⑤设区的市、自治州的政府规章报本级人大常委会、省级政府、省人常和国务院备案；
⑥设区的市、自治州的地方性法规，自治州、自治县的自治条例和单行条例，由省人常报全人常和国务院备案；
【注意】自治条例、单行条例报送备案时，应当说明对法律、行政法规、地方性法规作出变通的情况；

续表

⑦两高的司法解释应当自公布之日起三十日内报全人常备案；监察法规报全人常备案。
⑧根据授权制定的法规应当报授权决定规定的机关备案。

【规律总结】 原则上报上位法的制定机关备案。

（1）法律不备案；

（2）人大不接受备案；

（3）规章的备案找不到全国人大常委会；

（4）事先经过批准的法等同于批准机关的立法，由批准机关报送备案；

（5）自治区的自治条例、单行条例不备案；

（6）授权法规报授权决定规定的机关备案。

【躲坑大练习】（判断题）[1]

①《最高人民法院关于适用〈中华人民共和国合同法〉若干问题的解释（二)》不需报全国人大常委会备案。

②自治县制定的单行条例须报省级人大常委会批准后生效，并报全国人大常委会备案。

③部门规章报国务院和全国人大常委会备案。

④自治区人大制定的自治条例必须报全国人大常委会备案。

⑤某设区的市的规章经省级人大常委会批准后生效，由省级人大常委会报国务院和全国人大常委会备案。

⑥自治县人大制定的自治条例与单行条例应按程序报全国人大常委会和国务院备案。

⑦设区的市市政府制定的规章应报本级人大常委会、市所在的省级人大常委会和政府、国务院备案。

2. 全国人大常委会对规范性法文件的审查

审查要求	审查建议
国务院、中央军委、最高法、最高检和各省级人大常委会	其他机关和团体、企业事业组织以及公民
向全国人大常委会书面提出	
审查对象：行政法规、地方性法规、自治条例和单行条例、两高的司法解释	
专门委员会审查	
专门委员会、常委会工作机构：在审查、**研究中**认为抵触的，可以向制定机关提出书面审查意见、**研究意见**；也可以与宪法和法律委员会召开联合审查会议，要求制定机关到会说明情况，再向制定机关提出书面审查意见。	
制定机关：在两个月内研究提出是否修改的意见，并向全国人大宪法和法律委员会和有关的专门委员会或者常委会工作机构反馈。	
制定机关按照所提意见对行政法规、地方性法规、自治条例和单行条例进行修改或者废止的，审查终止。	制定机关不予修改的，专门委员会应当向委员长会议提出书面审查意见和予以撤销的议案，由委员长会议决定是否提请常委会会议审议决定。

---

[1] ①错误；②正确；③错误；④错误；⑤错误；⑥正确；⑦正确。

【注意】 有关的专门委员会和常委会的工作机构可以对报送备案的规范性法律文件进行主动审查。

【注意】 全国人大有关的专门委员会和常委会工作机构应当按照规定要求，将审查、研究情况向**提出审查建议**的国家机关、社会团体、企业事业组织以及公民反馈，并**可以**向社会公开。

【躲坑大练习】（判断题）[1]

①全国人民代表大会专门委员会认为地方性法规同法律相抵触，向制定机关提出书面审查意见。

②法官审理行政案件，如发现地方性法规与国家法律相抵触，可以对地方性法规的合宪性和合法性进行审查。

③全国人大有关的专门委员会可对报送备案的规范性文件进行主动审查。

④法官审理行政案件，如发现地方性法规与国家法律相抵触，可以通过所在法院报请最高人民法院，由最高人民法院依法向全国人民代表大会常务委员会书面提出进行审查的要求。

⑤法官审理行政案件，如发现地方性法规与国家法律相抵触，可以公民的名义向全国人民代表大会常务委员会书面提出进行审查的建议。

⑥律师潘某认为《母婴保健法》与《婚姻登记条例》关于婚前检查的规定存在冲突，遂向全国人大常委会书面提出了进行审查的建议。全国人大相关专门委员会和常务委员会工作机构需向潘某反馈审查研究情况。

⑦全国人大常委会只有在相关主体提出对某规范性文件进行审查的要求或建议时才启动审查程序。

⑧全国人大宪法和法律委员会经审查认为地方性法规同宪法相抵触而制定机关不予修改的，应向委员长会议提出予以撤销的议案或者建议。

3. 规范性法文件的改变与撤销

领导关系	人大——常委会	改变或撤销
	人民政府——工作部门	
	上级政府——下级政府	
监督关系	人大常委会——政府	只能撤销， 不能改变
	上级人大常委会——下级人大及其常委会	
	授权机关——被授权机关	

【规律总结】

（1）常委会都是撤销；政府都是改变或撤销；

（2）自治条例和单行条例都是撤销；

（3）上级政府无权审查下级人大及其常委会。

【躲坑大练习】（判断题）[2]

①全国人民代表大会有权改变或者撤销全国人民代表大会常务委员会批准的违背《宪法》

---

[1]①正确；②错误；③正确；④正确；⑤正确；⑥正确；⑦错误；⑧正确。
[2]①错误；②正确；③正确；④正确；⑤正确；⑥正确；⑦错误；⑧错误；⑨错误。

和《立法法》相关规定的自治条例和单行条例。

②全国人民代表大会常务委员会有权撤销国务院制定的同宪法、法律相抵触的行政法规。

③省、自治区、直辖市的人民代表大会有权改变或者撤销其常务委员会制定的和批准的不适当的地方性法规。

④某市人大常委会有权撤销本市人民政府的一项不适当的决议。

⑤某市人大常委会有权撤销本市某区人民代表大会的一项不适当的决议。

⑥全国人大有权改变或撤销全国人大常委会不适当的决定。

⑦全国人大常委会有权改变或撤销省人大制定的同宪法、法律和行政法规相抵触的地方性法规和决议。

⑧省人大常委会有权改变或撤销省政府的不适当的决定和命令。

⑨律师潘某认为《母婴保健法》与《婚姻登记条例》关于婚前检查的规定存在冲突,遂向全国人大常委会书面提出了进行审查的建议。如全国人大常委会审查后认定存在冲突,则有权改变或撤销《婚姻登记条例》。

第二章 基本制度论

第一节 政治制度

1. 我国的国家性质（国体）是人民民主专政的社会主义国家。社会主义制度是中华人民共和国的 根本制度 ； 中国共产党领导是中国特色社会主义最本质的特征 。工人阶级掌握国家政权、成为领导力量是人民民主专政的**根本标志**，工农联盟是其阶级基础。
【注意】人民依法通过各种途径和形式，管理国家 事务 ，管理经济和文化 事业 ，管理社会 事务 。

2. 我国的政权组织形式（政体）是人民代表大会制度，这是我国的 根本政治制度 。

3. 我国不采三权分立，而是实行议行合一的制度：人民选举代表组成人大，授予其全部国家权力，故人大被称为国家权力机关；人大再产生行政机关、 监察机关 、审判机关、检察机关，后者由人大产生，对其负责，受其监督。
【注意】在我国，人大和一府一委两院之间地位并不平等，而是监督与被监督关系，法院无权审查人大的立法，也没有违宪审查权。
【注意】全国人大是最高国家权力机关，代表全国人民统一行使国家权力，受人民监督，但不受任何其他国家机关监督。
【注意】上下两级人大之间没有负责关系，只是监督。

4. 在长期的革命、建设、改革过程中，已经结成由中国共产党领导的，由各民主党派和各人民团体参加的，包括全体社会主义劳动者、 社会主义事业的建设者 、拥护社会主义的爱国者、拥护祖国统一和 致力于中华民族伟大复兴的爱国者 的广泛的爱国统一战线。

5. 中共是社会主义事业的领导核心，是执政党；各民主党派是接受领导的、同中共通力合作、共同致力于社会主义事业的亲密友党，是参政党。
【注意】各民主党派不是反对党、在野党。

6. 中国人民政治协商会议
（1）政协是中国共产党领导的多党合作和政治协商制度的重要机构，是爱国统一战线组织；
（2）从本质上讲，政协不是国家机关，没有立法权，也不能审议政府工作报告，但是，政协也不同于一般的人民团体；
（3）政协由党派团体和界别代表组成，政协委员不是由选举产生，而是由各党派团体协商产生；
（4）政协设全国委员会和地方委员会，上下级是指导关系，下级委员会对上级委员会的决议都有遵守和履行的义务；
（5）我国已经形成了两会同期召开大会、政协委员被邀请列席人大全体会议的惯例；
【注意】人大开会时，政协委员可以列席或参加讨论，但不能投票表决。
（6）政协履行三大政治职能：政治协商、民主监督和参政议政。

【躲坑大练习】（判断题）[1]

①国家的一切权力属于人民，这是人民代表大会制度的核心内容和根本准则。

②各级人大都由民主选举产生，对人民负责，受人民监督。

③"一府两院"都由人大产生，对它负责，受它监督。

④人民代表大会制度是实现社会主义民主的唯一形式。

⑤中国人民政治协商会议是我国统一战线的组织形式。

⑥中国人民政治协商会议是我国国家机构体系的重要组成部分。

⑦中国人民政治协商会议有权审议政府工作报告。

⑧国体是政体的内容，政体是国体的形式，国家本质通过政权组织形式表现出来。因此，国体决定政体，政体反映并服务于国体。

⑨中国人民政治协商会议是具有广泛代表性的统一战线组织。

⑩法院可在判决中撤销《危险化学品安全管理条例》中与上位法相抵触的条款。

【补充考点】《国家安全法》

1. 全人常通过，属于非基本法律。
2. 国家安全是指国家政权、主权、统一和领土完整、人民福祉、经济社会可持续发展和国家其他重大利益相对处于没有危险和不受内外威胁的状态，以及保障持续安全状态的能力。
3. 每年4月15日为全民国家安全教育日。
4. 国家安全涉及到经济安全、金融安全、能源安全、粮食安全，文化安全、科技安全、网络与信息安全，维护民族团结、反对民族分裂，宗教事务，打击恐怖主义，公共安全，生态环境安全，核安全，外层空间、国际海底区域和极地的安全，海外中国公民、组织和机构的安全，等等。同时，维护国家安全任务也需要不断完善。
5. 国家安全机关、公安机关依法搜集涉及国家安全的情报信息，在国家安全工作中依法行使侦查、拘留、预审和执行逮捕以及法律规定的其他职权。
6. 对可能即将发生或者已经发生的危害国家安全的事件，县级以上地方人民政府及其有关主管部门应当立即按照规定向上一级人民政府及其有关主管部门报告，必要时可以越级上报。
7. 国家建立国家安全审查和监管的制度和机制，对影响或者可能影响国家安全的外商投资、特定物项和关键技术、网络信息技术产品和服务、涉及国家安全事项的建设项目，以及其他重大事项和活动，进行国家安全审查，有效预防和化解国家安全风险。
8. 国家加强国家安全新闻宣传和舆论引导，通过多种形式开展国家安全宣传教育活动，将国家安全教育纳入国民教育体系和公务员教育培训体系，增强全民国家安全意识。
9. 公民和组织因支持、协助国家安全工作，本人或者其近亲属的人身安全面临危险的，可以向公安机关、国家安全机关请求予以保护。公安机关、国家安全机关应当会同有关部门依法采取保护措施。
10. 公民和组织因支持、协助国家安全工作导致财产损失的，按照国家有关规定给予补偿；造成人身伤害或者死亡的，按照国家有关规定给予抚恤优待。

---

[1] ①正确；②正确；③正确；④错误；⑤正确；⑥错误；⑦错误；⑧正确；⑨正确；⑩错误。

第二节　经济制度

1. 所有制结构	以公有制为主体，多种所有制经济平等竞争，共同发展的基本经济制度，**是中国特色社会主义制度重要支柱，也是社会主义市场经济体制的根基。**
2. 社会主义公有制：包括全民所有制经济（国有经济）和集体所有制经济（城乡合作经济）	（1）**国有经济** ➤ 国民经济的主导力量； ➤ 其主要部分是国有企业、国有自然资源；全民单位的财产是其重要组成部分； ➤ 国家政策：保障其巩固和发展。
	（2）**集体经济** ➤ 国民经济的基础力量； ➤ 国家政策：保护合法权益，鼓励、指导和帮助其发展； ➤ 农村集体经济组织实行家庭承包经营为基础、统分结合的双层经营体制。农村中的生产、供销、信用、消费等各种形式的合作经济，是社会主义劳动群众集体所有制经济。参加农村集体经济组织的劳动者，有权在法律规定的范围内经营自留地、自留山、家庭副业和饲养自留畜； ➤ 城镇中的手工业、工业、建筑业、运输业、商业、服务业等行业的各种形式的合作经济，都是社会主义劳动群众集体所有制经济。
3. 自然资源	（1）矿藏、水流、城市的土地专属于国家所有； （2）宅基地、自留地、自留山专属于集体所有； （3）森林、山岭、草原、荒地、滩涂属于国家所有，但法律规定属于集体所有的除外； （4）农村和城市郊区的土地，除由法律规定属于国家所有的以外，属于集体所有。
4. 非公有制经济	➤ **地位**：在法律规定范围内的个体经济、私营经济等非公有制经济，是社会主义市场经济的重要组成部分； ➤ **国家政策**：保护合法的权利和利益；鼓励、支持、引导、监督和管理。
5. 分配制度	➤ 在分配制度上，实行以按劳分配为主体，多种分配方式并存； ➤ 效率优先、兼顾公平。 【注意】初次分配和再分配都要兼顾效率和公平，**初次分配要注重效率，再分配要更加注重公平。**
6. 财产	（1）**社会主义公共财产**神圣不可侵犯； （2）公民的合法的私有财产不受侵犯。国家依照法律规定保护公民的私有财产权和继承权。国家为了公共利益的需要，可以依照法律的规定对公民的私有财产实行征收或者征用并给予补偿。

【常见易错点提醒】

1. 国有企业在法定的范围内有权自主经营；国有企业依照法律规定，通过职工代表大会和其他形式，实行民主管理。

2. 集体经济组织在遵守有关法律的前提下，有独立进行经济活动的自主权。集体经济组织实行民主管理，依照法律规定选举和罢免管理人员，决定经营管理的重大问题。

3. 只有农村集体经济组织才实行家庭联产承包经营为基础、统分结合的双层经营体制。

4. 可以依法转让的是土地的使用权，而不是所有权；同时，可以依据法律的规定转让，不能依据法规规章的规定转让。

5. 征收征用土地和公民的私有财产的三个条件：①为了公共利益需要；②法律保留，只能依照法律的规定，不能依据法规、规章；③要给予补偿，不能是无偿的，也不是赔偿。

【躲坑大练习】（判断题）[1]

①我国宪法修正案第十六条规定，法律范围内的非公有制经济是社会主义市场经济的重要组成部分。

②私有财产神圣不可侵犯是我国宪法的一项基本原则。

③城市的土地属于国家所有。

④农村和城市郊区的土地都属于集体所有。

⑤国营经济是社会主义全民所有制经济，是国民经济中的主导力量。

⑥根据我国宪法修正案的规定，任何组织或者个人不得侵占、买卖或者以其他形式非法转让土地，但土地的使用权可以依照法律的规定转让。

⑦国家实行社会主义市场经济。

⑧国有企业在法律规定范围内和政府统一安排下，开展管理经营。

⑨集体经济组织实行家庭承包经营为基础、统分结合的双层经营体制。

⑩土地的使用权可以依照法律法规的规定转让。

第三节 基本文化制度

一、文化制度

1919 年德国魏玛宪法不仅详尽地规定了公民的文化权利，而且还明确地规定了国家的基本文化政策。这部宪法**第一次比较全面系统地规定了文化制度**。

早期社会主义宪法一般都宣布社会主义文化是大众文化，并重视对公民受教育权和国家教育制度的规定。二战之后，世界各国宪法关于文化制度的规定更加丰富和完善，大体包括了三个类型：资本主义文化制度、社会主义文化制度和民族民主主义的文化制度。

---

[1] ①正确；②错误；③正确；④错误；⑤错误；⑥正确；⑦正确；⑧错误；⑨错误；⑩错误。

二、我国宪法关于基本文化制度的规定

（一）教科文体	1. 国家举办各种学校，**普及初等义务教育，发展中等教育、职业教育和高等教育并且发展学前教育**；国家发展各种教育设施，扫除文盲，对劳动者进行政治、文化、科学、技术、业务的教育，鼓励自学成才；国家推广全国通用的普通话。
	2. 国家发展自然科学和社会科学事业。
	3. 国家发展为人民服务、为社会主义服务的各种文化事业，开展群众性的文化活动；国家保护名胜古迹、珍贵文物和其他重要历史文化遗产。
	4. 国家发展体育事业，开展群众性的体育活动，增强人民体质。
（二）四有五爱	1. 国家通过普及理想教育、道德教育、文化教育、纪律和法制教育，通过在城乡不同范围的群众中制定和执行各种守则、公约，加强社会主义精神文明的建设。
	2. 国家 倡导社会主义核心价值观 ，提倡爱祖国、爱人民、爱劳动、爱科学、爱社会主义的公德，在人民中进行爱国主义、集体主义和国际主义、共产主义的教育，**进行辩证唯物主义和历史唯物主义的教育**，反对资本主义的、封建主义的和其他的腐朽思想。

【躲坑大练习】（判断题）[1]

①我国《宪法》所规定的文化制度包含了爱国统一战线的内容。

②国家鼓励自学成才，鼓励社会力量依照法律规定举办各种教育事业。

③1787 年美国宪法规定了公民广泛的文化权利和国家的文化政策。

④1919 年德国《魏玛宪法》规定了公民的文化权利。

⑤宪法规定的文化制度是基本文化制度。

⑥《魏玛宪法》第一次比较全面系统规定了文化制度。

⑦我国现行《宪法》对文化制度的原则、内容等做了比较全面的规定。

⑧公民的文化教育权、国家机关的文化教育管理职权和文化政策，是宪法文化制度的主要内容。

⑨是否较为系统地规定文化制度，是社会主义宪法区别于资本主义宪法的重要标志之一。

⑩公民道德教育的目的在于培养有理想、有道德、有文化、有纪律的社会主义公民。

---

［1］　①错误；②正确；③错误；④正确；⑤正确；⑥正确；⑦正确；⑧正确；⑨错误；⑩正确。

第四节　我国宪法关于基本社会制度的规定

1. 社会保障制度 （狭义的社会制度）	（1）国家建立健全同经济发展水平相适应的社会保障制度。
	（2）公民在年老、疾病或者丧失劳动能力的情况下，有从国家和社会获得物质帮助的权利。国家发展为公民享受这些权利所需要的社会保险、社会救济和医疗卫生事业。
	（3）国家和社会保障残废军人的生活，抚恤烈士家属，优待军人家属。
	（4）国家和社会帮助安排盲、聋、哑和其他有残疾的公民的劳动、生活和教育。
	（5）妇女在政治的、经济的、文化的、社会的和家庭的生活等各方面享有同男子平等的权利；国家保护妇女的权利和利益，实行男女同工同酬，培养和选拔妇女干部。
	（6）婚姻、家庭、母亲和儿童受国家的保护。
2. 医疗卫生事业	国家发展医疗卫生事业，发展现代医药和我国传统医药，鼓励和支持农村集体经济组织、国家企业事业组织和街道组织举办各种医疗卫生设施，开展群众性的卫生活动，保护人民健康。
3. 劳动保障制度	（1）国家通过各种途径，创造劳动就业条件，加强劳动保护，改善劳动条件，并在发展生产的基础上，提高劳动报酬和福利待遇。
	（2）国家提倡社会主义劳动竞赛，奖励劳动模范和先进工作者。国家提倡公民从事义务劳动。
	（3）国家对就业前的公民进行必要的劳动就业训练。
4. 社会人才培养制度	国家培养为社会主义服务的各种专业人才，扩大知识分子的队伍，创造条件，充分发挥他们在社会主义现代化建设中的作用。
5. 计划生育制度	国家推行计划生育，使人口的增长同经济和社会发展计划相适应。
6. 社会秩序及安全维护制度	（1）国家维护社会秩序，镇压叛国和其他危害国家安全的犯罪活动，制裁危害社会治安、破坏社会主义经济和其他犯罪的活动，惩办和改造犯罪分子。
	（2）武装力量属于人民。它的任务是巩固国防，抵抗侵略，保卫祖国，保卫人民的和平劳动，参加国家建设事业，努力为人民服务。

【躲坑大练习】（判断题）[1]

①我国的基本社会制度是国家的根本制度。

②社会保障制度是我国基本社会制度的核心内容。

③职工的工作时间和休假制度是我国基本社会制度的重要内容。

④加强社会法的实施是发展与完善我国基本社会制度的重要途径。

⑤国家基本社会制度包括发展社会科学事业的内容。

⑥社会人才培养制度是我国的基本社会制度之一。

[1]　①错误；②正确；③正确；④正确；⑤错误；⑥正确；⑦错误；⑧错误。

⑦关于社会弱势群体和特殊群体的社会保障的规定是对平等原则的突破。

⑧我国《宪法》明文规定，建立健全同我国政治、经济、文化和生态建设水平相适应的社会保障制度。

第五节　国家结构形式

一、我国是单一制的国家结构形式。

（1）在法律制度方面，只有一部宪法、只有一套以宪法为基础的法律体系，维护宪法的权威和法制的统一是国家的基本国策；

（2）在国家机构方面，只有一套中央国家机关体系；

（3）在中央与地方的关系方面，各种地方都是中央政府领导下的地方行政区域，不得脱离中央而独立；

（4）在对外关系方面，中华人民共和国是一个统一的国际法主体，公民具有统一的国籍。

【注意】我国有三种地方制度（行政区划）：普通地方制度、民族区域自治制度、特别行政区制度。

二、行政区域变更的法律程序

审批主体	审批权限
1. 全国人大	（1）省、自治区和直辖市的建置（设立、撤销和更名）；
	（2）特别行政区的设立及其制度。
2. 国务院	（1）省、自治区、直辖市的区域划分（行政区域界限变更），人民政府驻地的迁移，简称、排列顺序的变更；
	（2）自治州、县、自治县、市、市辖区的建置（设立、撤销、更名）和隶属关系的变更以及自治州、自治县、设区的市人民政府驻地的迁移；
	（3）自治州、自治县的行政区域界线的变更，县、市、市辖区的行政区域界线的重大变更；
	（4）凡涉及海岸线、海岛、边疆要地、湖泊、重要资源地区及特殊情况地区的隶属关系或者行政区域界线的变更。
3. 省级人民政府	（1）乡、民族乡、镇的建置和区域划分（设立、撤销、更名，行政区域界线的变更，人民政府驻地的迁移）；
	（2）根据国务院的授权，审批县、市、市辖区的部分行政区域界线的变更；批准变更时，同时报送国务院备案；
	（3）根据国务院的授权，审批县、不设区的市、市辖区人民政府驻地的迁移；批准变更时，同时报送国务院备案。

【常见易错点提醒】

1. 对于行政区划问题，宪法和法律中均有规定，属于一国内政；

2. 各毗邻行政区域的政府对行政区域界限发生争议，民政部门是处理争议的主管部门。首先双方协商，协商不成的，报上一级政府处理。

【躲坑大练习】（判断题）[1]

①甲县欲更名，须报该县所属的省级政府审批。

②乙省行政区域界线的变更，应由全国人大审议决定。

③丙镇与邻近的一个镇合并，须报两镇所属的县级政府审批。

④丁市部分行政区域界线的变更，由国务院授权丁市所属的省级政府审批。

⑤省、直辖市、地级市的人民政府决定乡、民族乡、镇的建置和区域划分。

⑥全国人大有权决定特别行政区的设立与建置。

⑦县、市、市辖区部分行政区域界线的变更由省、自治区、直辖市政府审批。

⑧有权进行行政区划的部门，也就是行政区域边界争议的主管部门。

⑨主管行政区域边界争议的部门，也有权处理行政区划问题。

⑩主管行政区域边界争议的部门，也是行政区域边界争议的处理决定机关。

三、民族区域自治制度

1. 民族区域自治必须以少数民族聚居区为基础，是**民族自治与区域自治的结合**。

2. 民族自治地方包括**自治区、自治州和自治县（旗）**；自治机关是自治区、自治州和自治县的**人民代表大会和人民政府**。

3. 民族自治地方的人大常委会中应当由实行区域自治的民族的公民担任**主任或副主任**。**自治区主席、自治州州长、自治县县长由实行区域自治的民族的公民担任**。

【常见易错点提醒】

（1）民族乡不是民族自治地方，其人大可以依法定权限采取一些适合本民族特点的具体措施；民族乡的乡长必须由建立民族乡的少数民族的公民担任。

（2）民族自治机关不包括法院和检察院，也不包括人大常委会。

4. 民族自治地方的自治权

（1）制定自治条例和单行条例

（2）**根据当地民族的实际情况，贯彻执行国家的法律和政策**。如上级机关的决议、命令等有不适合民族自治地方实际情况的，自治机关可以报经该上级国家机关批准，变通执行或者停止执行；该上级国家机关应当在收到报告之日起60日内给予答复。

（3）**财政的自治权**：国家财政体制下属于民族自治地方的财政收入，由自治机关自主地安排使用；通过国家实行的规范的财政转移支付制度，享受上级财政的照顾；民族自治地方的财政预算支出，按国家规定设机动资金，预备费在预算中所占比例**高于**一般地区；自行安排使用收入的超收和支出的节余；对本地的各项开支标准、定员、定额，可以制定补充规定和具体办法（自治区制定的，**报国务院备案**；自治州、自治县制定的，须报省级**政府批准**）；自治州、

---

[1] ①错误；②错误；③错误；④正确；⑤错误；⑥错误；⑦错误；⑧错误；⑨错误；⑩错误。

自治县决定减税或者免税，须报省或者自治区政府批准。

（4）开展对外经济贸易活动，经国务院批准可以开辟对外贸易口岸；与外国接壤的民族自治地方经国务院批准，可以开展边境贸易。

（5）**自治区、自治州的自治机关**依照国家规定，可以和国外进行教育、科技、文艺、卫生、体育等方面的交流。

（6）**经国务院批准**，组织维护社会治安的公安部队。

（7）民族自治地方的自治机构有权自主地管理隶属于本地方的企业、事业组织。

（8）民族自治地方的自治机关根据法律的规定和国家的统一规划，对可以由本地方开发的自然资源，优先开发利用。

（9）自治机关在执行职务的时候，使用当地通用的一种或者几种语言文字，**必要时，可以以实行区域自治的民族的语言文字为主**。

【常见易错点提醒】

1. 民族自治地方实行计划生育和优生优育；

2. 上级国家机关非经民族自治地方的自治机关同意，不得改变民族自治地方所属企业的隶属关系。

【躲坑大练习】（判断题）[1]

①民族区域自治以少数民族聚居区为基础，实行民族自治。

②在我国，民族自治地方的自治机关具有两重性：一方面，它作为一级地方国家机关受中央和上级国家机关的领导，行使宪法赋予一般地方国家机关的职权；另一方面，它作为民族自治地方的自治机关，享有宪法赋予的自治权。

③自治地方的自治机关依照国家规定，可以和外国进行教育、科技、文化等方面的交流。

④民族自治地方的财政预算支出，按国家规定设机动资金，但预备费在预算中不得高于一般地区。

⑤自治机关对本地方的各项开支标准、定员、定额，按照国家规定的原则，结合本地方的实际情况，可以制定补充规定和具体办法，并须分别报国务院、省、自治区、直辖市批准。

⑥民族自治地方自主决定本地区人口政策，不实行计划生育。

⑦民族自治地方的自治机关依照国家军事制度和当地的实际需要，经中央军委批准，可以组织本地方维护社会治安的公安部队。

⑧自治州人民政府可以制定政府规章对国务院部门规章的规定进行变通。

⑨自治条例可以依照当地民族的特点对宪法、法律和行政法规的规定进行变通。

⑩自治县制定的单行条例须报省级人大常委会批准后生效，并报全国人大常委会备案。

---

[1] ①错误；②正确；③错误；④错误；⑤错误；⑥错误；⑦错误，国务院批准；⑧错误，只有"自治性"的规范性法律文件才能变通，如自治条例和单行条例；⑨错误，宪法不能变通；⑩正确。

三、特别行政区制度

（一）中央与特别行政区的关系

1. 涉外事务

中央	（1）中央政府负责管理与特区有关的**外交事务**；外交部在特区设立机构处理外交事务； （2）外国在特别行政区设立领事机构或其他官方、半官方机构，须经中央人民政府批准。
特别行政区	中央政府授权特区依照基本法自行处理有关的**对外事务**：签发护照和其他旅行证件；实行出入境管制；参与和特区有关的外交谈判；对国际协议是否适用于特区发表意见；以中国香港、中国澳门的名义参加不以国家为单位的国际组织和国际会议；在非政治领域以"中国香港""中国澳门"的名义，单独同世界各国、各地区及有关国际组织保持和发展关系，签订和履行有关协议。

2. 武装力量

中央	中央政府负责管理特区的**防务**；驻军费用由中央政府负担。
特别行政区	特区政府负责维持特区的**社会治安**。

【注意】驻军不干预特别行政区的地方事务；特别行政区政府在必要时，可向中央人民政府请求驻军协助维持社会治安和救助灾害。驻军人员除须遵守全国性的法律外，还须遵守特区的法律。

3. 人事任免

中央	1. 任命行政长官和行政机关的主要官员（正副司长、廉政专员、审计署长、警务处长、海关关长，香港还包括各局局长、入境处长）； 2. 澳门检察长由澳门永久性居民中的中国公民担任，由行政长官提名，报中央人民政府任命。 【口诀】行政加一长，中央任命。
特别行政区	1. 所有法官都要根据当地法官和法律界及其他方面知名人士组成的独立委员会推荐，由行政长官任命。符合标准的外籍法官也可聘用。 2. 香港**终审法院法官**和**高等法院首席法官**的任免，还须行政长官征得立法会同意，并报全国人大常委会备案。 3. 澳门终审法院法官的免职由行政长官根据立法会议员组成的审议委员会建议决定；终审法院法官的任免须报全国人大常委会备案。 4. 澳门的检察官经检察长提名，由行政长官任命。 【口诀】长官任命法官检察官。

4. 立法

中央	全国人大常委会**决定宣布战争状态**或因特别行政区内发生特区政府不能控制的危及国家统一或安全的动乱而决定特别行政区**进入紧急状态**，中央政府可发布命令将有关全国性法律在特别行政区实施。

续表

特别行政区	（1）特区立法机关制定的法律须报全国人大常委会备案。备案不影响该法律的生效。 （2）全国人大常委会在征询其所属的相应基本法委员会的意见后，如认为特区立法机关制定的任何法律不符合基本法关于中央管理的事务及中央和特别行政区关系的条款，**可将有关法律发回，但不作修改。** （3）经全国人大常委会**发回的法律立即失效**。该法律的失效，除特别行政区的法律另有规定外，**无溯及力。** 【口诀】特区立法要报备，不改不撤只发回；一经发回去，立即失效不溯及。

5. 司法权

中央	特别行政区法院**对国防、外交等国家行为无管辖权**。在审理案件中遇到有涉及国防、外交等国家行为的事实问题，应取得行政长官就该等问题发出的证明文件，上述文件对法院有约束力。行政长官在发出证明文件前，须取得中央政府的证明书。
特别行政区	1. **独立的司法权和终审权（案件不需要上诉到最高人民法院）。** 2. 特别行政区可与全国其他地区的司法机关通过协商依法进行司法方面的联系和相互提供协助。

6. 基本法解释

中央	全国人大常委会**解释基本法**；解释前，征询其所属的特别行政区基本法委员会的意见。
特别行政区	1. 全国人大常委会授权特区法院在审理案件时对基本法关于特区自治范围内的条款自行解释。 2. **法院在审理案件时对基本法的其他条款也可解释。**但如需对基本法关于中央政府管理的事务或中央和特别行政区关系的条款进行解释，而该条款的解释又影响到案件的判决，在对该案件作出不可上诉的**终局判决**前，应由特区终审法院提请全国人大常委会对有关条款作出解释。如全国人大常委会作出解释，特区法院在引用该条款时，应以该解释为准。但此前作出的判决不受影响。 【口诀】中央条款很麻烦：终局判决前，终审法院提，常委会来解。

【特别考点】全国人大常委会解释香港基本法

1. **解释对象：**

《基本法》第104条："香港特别行政区行政长官、主要官员、行政会议成员、立法会议员、各级法院法官和其他司法人员在就职时必须依法宣誓拥护中华人民共和国香港特别行政区基本法，效忠中华人民共和国香港特别行政区。"

2. **解释内容：**

（1）"拥护中华人民共和国香港特别行政区基本法，效忠中华人民共和国香港特别行政区"，既是该条规定的宣誓必须包含的法定内容，也是参选或者出任该条所列公职的法定要求和条件。

（2）宣誓是上列公职人员就职的法定条件和必经程序；未进行合法有效宣誓或者拒绝宣誓，不得就任相应公职，不得行使相应职权和享受相应待遇。

（3）宣誓必须符合法定的形式和内容要求。宣誓人必须真诚、庄重地进行宣誓，必须准确、完整、庄重地宣读法定誓言。

（4）宣誓人拒绝宣誓，即丧失就任该条所列相应公职的资格。

（5）宣誓人故意宣读与法定誓言不一致的誓言或者以任何不真诚、不庄重的方式宣誓，也属于拒绝宣誓，所作宣誓无效，宣誓人即丧失就任该条所列相应公职的资格。

（6）宣誓必须在法律规定的监誓人面前进行，监誓人负有确保宣誓合法进行的责任，对不符合本解释和香港特别行政区法律规定的宣誓，应确定为无效宣誓，并不得重新安排宣誓。

【特别注意】澳门特区公职人员就职宣誓

①澳门的检察官也必须宣誓。

②澳门行政长官、主要官员、立法会主席、终审法院院长、检察长在就职时，还必须宣誓效忠中华人民共和国。

7. 基本法修改

中央	1. 全国人大有权修改基本法。 2. 修改提案权属于全国人大常委会、国务院和特别行政区。 3. 修改议案在列入全国人大的议程前，先由特别行政区基本法委员会研究并提出意见。 4. 任何修改，均不得同国家对特别行政区既定的基本方针政策相抵触。
特别行政区	特区修改提案权的行使：修改议案须经特区的全国人大代表2/3多数、特区立法会全体议员2/3多数和特区行政长官同意后，交由特区出席全国人大的代表团向全国人大提出。 【口诀】特区提案不容易：代表议员三二数，长官同意后，代表团提出。

8. 财政

特别行政区	特别行政区通用自己的货币，财政独立，收入全部用于自身需要，不上缴中央政府。
	单独的关税地区，一般不征收关税。
	不实行外汇管制。

【躲坑大练习】（判断题）[1]

①全国人民代表大会常务委员会在征询其所属的特别行政区基本法委员会的意见后，如认为特别行政区立法机关制定的法律不符合基本法关于中央管理的事务及中央和特别行政区关系的条款，可以将该法律发回，但不作修改。

②行政长官就法院在审理案件中涉及的国防、外交等国家行为的事实问题发出的证明文件，对法院无约束力。

③澳门特别行政区立法机关制定的法律须报全国人大常委会批准后生效。

④经全国人民代表大会常务委员会发回的特别行政区的法律一律具有溯及力。

⑤特别行政区行政长官依照法定程序任免各级法院法官、任免检察官。

⑥不服特别行政区法院的判决，可以上诉至我国最高人民法院。

⑦特别行政区可以自主决定外交、经济、财政等事项。

⑧中央人民政府可授权特别行政区依照基本法自行处理有关对外事务。

⑨货币发行权是香港特别行政区依法享有的高度自治权之一。

⑩澳门特别行政区可以"中国澳门"的名义参加不以国家为单位参加的国际组织和国际会议。

---

[1] ①正确；②错误；③错误；④错误；⑤错误；⑥错误；⑦错误；⑧正确；⑨正确；⑩正确。

（二）任职条件

1. 必须是永久性居民，方才有资格做立法会议员。

2. 选举权和被选举权只能由特别行政区永久性居民依法享有，其他基本权利均可由全体居民（包括永久性居民和非永久性居民）享有。

3. 只有香港终审法院和高等法院的首席法官要求由在外国无居留权的永久性居民中的中国公民担任；其他法官没有任职条件要求。

（三）行政长官

地位	特区的首长，代表特区；
	也是特区政府（行政机关）的首长。
任职条件	➤ 年满 40 周岁；
	➤ 在特区通常居住连续满 20 年；
	➤ 在外国无居留权（香港）；在任期内不得具有外国居留权（澳门）；
	➤ 特别行政区永久性居民；
	➤ 中国公民。
产生	在当地通过选举或**协商**产生，由中央政府任命；
	【目标】行政长官的产生办法根据香港特别行政区的实际情况和**循序渐进的原则**而规定，最终达至**由一个有广泛代表性的提名委员会按民主程序提名**后**普选**产生的目标。
任期	5 年，可连任一次。
财产申报	就任时向终审法院的首席法官（院长）申报财产，记录在案。
职权	➤ 签署并公布法律；
	➤ 任免公职人员、法官；
	➤ 决定政府官员或其他政府公职人员是否向立法会或其下属委员会作证或提交证据；
	➤ 批准向立法会提出的有关财政收入或支出的动议。
职务代理	短期不能履职，由政务司长、财政司长、律政司长依次临时代理。

【常见易错点提醒】

1. 香港特别行政区设立廉政公署、审计署，独立工作，对行政长官负责。

2. 澳门设立廉政公署、审计署，独立工作。廉政专员和审计长对行政长官负责。

（四）行政会议

1. 香港行政会议（澳门行政会）是协助行政长官决策的机构。

2. 香港行政会议的成员由行政长官从行政机关的主要官员、立法会议员和社会人士中委任，其任免由行政长官决定。行政会议成员的任期应不超过委任他的行政长官的任期。

3. 香港特别行政区行政会议成员由在外国无居留权的香港特别行政区永久性居中的中国公民担任。在就职时必须依法宣誓拥护中华人民共和国香港特别行政区基本法，效忠中华人民共和国香港特别行政区。

4. 行政长官在作出重要决策、向立法会提交法案、制定附属法规和解散立法会前，须征询行政会议的意见，但人事任免、纪律制裁和紧急情况下采取的措施除外。

5. 香港特别行政区行政会议：

（1）由行政长官主持；

（2）行政长官认为必要时可邀请有关人士列席会议；

（3）行政长官如不采纳行政会议多数成员的意见，应将具体理由记录在案。

【躲坑大练习】（判断题）[1]

①香港特别行政区行政长官任职须年满四十五周岁。

②香港特别行政区廉政公署独立工作，对香港特别行政区立法会负责。

③行政长官仅从行政机关的主要官员和社会人士中委任行政会议的成员。

（五）司法机关

1. 香港的司法机关只有法院，没有检察院；律政司主管刑事检察工作。

2. 澳门包括法院和检察院。澳门法院分三级：终审法院、中级法院、初级法院、行政法院。行政法院地位等同于初级法院，是管辖行政诉讼和税务诉讼的法院；不服行政法院裁决者，可向中级法院上诉。

3. **香港特别行政区各级法院法官的任免：**

（1）香港特别行政区法院的法官，根据当地法官和法律界及其他方面知名人士组成的独立委员会推荐，由行政长官任命。

（2）行政长官依照法定程序任免。

（3）法官只有在无力履行职责或行为不检的情况下，行政长官才可根据终审法院首席法官任命的不少于三名当地法官组成的审议庭的建议，予以免职。

（4）终审法院的首席法官只有在无力履行职责或行为不检的情况下，行政长官才可任命不少于五名当地法官组成的审议庭进行审议，并可根据其建议，依照本法规定的程序，予以免职。

（5）对于终审法院法官和高等法院首席法官的任免，立法会有同意权。

（6）终审法院和高等法院的首席法官，应由在外国无居留权的香港特别行政区永久性居民中的中国公民担任。

（7）终审法院的法官和高等法院首席法官的任命或免职，行政长官在征得立法会同意后，还需要报全国人民代表大会常务委员会备案。

（8）法官和其他司法人员，应根据其本人的司法和专业才能选用，并可从其他普通法适用地区聘用。

【躲坑大练习】（判断题）[2]

①香港特别行政区终审法院和高等法院的法官，应由在外国无居留权的香港特别行政区永久性居民中的中国公民担任。

②香港特别行政区的法官，根据当地法官和法律界及其他方面知名人士组成的独立委员会推荐，由行政长官征得立法会同意后任命，并报全国人民代表大会常务委员会备案。

③澳门特别行政区检察长由澳门特别行政区永久性居民中的中国公民担任，由行政长官提名，报中央人民政府任命。

---

[1] ①错误；②错误；③错误。

[2] ①错误，只有高终的首席法官需要满足上述要求；②错误，行政长官任命即可；③正确；④错误，向中级法院上诉；⑤正确；⑥错误。

④澳门特别行政区设立行政法院。行政法院是管辖行政诉讼和税务诉讼的法院。不服行政法院裁决者，可向终审法院上诉。

⑤澳门特别行政区各级法院的法官，根据当地法官、律师和知名人士组成的独立委员会的推荐，由行政长官任命。

⑥香港特别行政区司法机关由其法院和检察院组成。

（六）立法会

1. 立法会制定的法律须由行政长官签署、公布方有法律效力，并须报全国人大常委会备案；通过的财政预算案须由行政长官签署并由行政长官报送中央人民政府备案。

2. 立法会举行会议的法定人数为不少于全体议员的1/2。

3. 议员提出法律草案，凡不涉及公共开支或政治体制或政府运作者，可由立法会议员个别或联名提出；凡涉及政府政策者，在提出前必须得到行政长官的书面同意。

4. 特区政府向立法会**负责**并定期作施政报告，同时答复质询。

5. 丧失议员资格（立法会主席宣告）

（1）因严重疾病或其他情况无力履行职务；
（2）未得到立法会主席的同意，多次不出席会议而无合理解释者（香港是连续三个月；澳门是连续5次或间断15次缺席）；
（3）**角色冲突**：接受政府的委任而出任公务人员；
（4）**违法行为**：被判犯有刑事罪行，判处监禁一个月（澳门30日）以上；违反誓言；行为不检
（5）丧失或放弃特别行政区永久性居民的身份；
（6）破产或经法庭裁定偿还债务而不履行。

【常见易错点提醒】

在存在违法行为导致丧失议员资格的情况下，香港还要求经立法会出席会议的议员2/3通过谴责或解除其职务。

（七）行政长官和立法会之间的关系

【注意】行政长官在解散立法会前，须征询行政会议的意见。**行政长官在其一任任期内只能解散立法会一次**。被解散后，须于三个月内（澳门90日内）重选。

1. 行政长官对立法会通过的法案的制约

（1）立法会通过的法案须经行政长官的签署、公布，方能生效；
（2）行政长官如认为立法会通过的法案不符合特别行政区的整体利益，可在三个月内（澳门是90日内）将法案发回立法会重议；
（3）立法会如以不少于全体议员三分之二多数再次通过原案，行政长官必须在一个月（澳门30日）内签署公布或解散立法会；
（4）解散立法会后，重选的立法会仍以全体议员2/3多数通过所争议的原案，而行政长官仍拒绝签署，则行政长官必须辞职。

2. 立法会对于政府提出的财政预算案或其他重要法案的制约

（1）政府提出财政预算案或其他重要法案，立法会拒绝通过，经协商仍不能取得一致意见，行政长官在征询行政会议的意见之后可解散立法会。
（2）解散立法会后，重选的立法会继续拒绝通过所争议的原案，**行政长官必须辞职**。

> **【常见易错点提醒】**
> 除上述两大原因外，因严重疾病或其他原因无力履行职务，行政长官也必须辞职。

3. 立法会对行政长官的弹劾

（1）**动议**：立法会全体议员的四分之一联合动议（澳门是 1/3 联合动议），指控行政长官有严重违法或渎职行为而不辞职，立法会通过进行调查；
（2）**调查**：立法会可委托**终审法院首席法官**负责组成独立的调查委员会，并担任主席；调查委员会负责进行调查，并向立法会提出报告；
（3）**弹劾**：如该调查委员会认为有足够证据构成上述指控，立法会以全体议员 2/3 多数通过，可提出弹劾案；
（4）**决定**：报请中央人民政府决定。

【躲坑大练习】（判断题）[1]

①香港特别行政区立法会议员因行为不检或违反誓言而经出席会议的议员三分之二通过谴责，由立法会主席宣告其丧失立法会议员资格。

②澳门特别行政区立法会举行会议的法定人数为不少于全体议员的三分之二。

③非中国籍的香港特别行政区永久性居民不得当选为香港特别行政区立法会议员。

④行政长官对立法会以不少于全体议员 2/3 多数再次通过的原法案，必须在 1 个月内签署公布。

⑤香港特别行政区行政长官如认为立法会通过的法案不符合香港特别行政区的整体利益，可在 3 个月内将法案发回立法会重议。

⑥如果立法会拒绝通过政府提出的财政预算案或其他重要法案，香港特别行政区行政长官在征询行政会议的意见之后可解散立法会。

⑦因立法会拒绝通过财政预算案或其他重要法案而解散立法会，重选的立法会继续拒绝通过所争议的原案，香港特别行政区行政长官必须辞职。

⑧香港特别行政区行政长官因两次拒绝签署立法会通过的法案而解散立法会后，重选的立法会仍通过原法案，行政长官与立法会协商不成的，行政长官有权再次解散立法会。

（八）特别行政区的法律制度

1. 特别行政区基本法：

（1）由全国人大制定，属于社会主义性质；

（2）体现的是包括港澳同胞在内的全国人民的意志；

（3）既是我国社会主义法律体系的组成部分（地位仅低于宪法），也是特别行政区法律体系的组成部分（处于最高的法律地位，特区立法机关制定的任何法律，均不得同该基本法律相

---

[1] ①正确；②错误；③错误；④错误；⑤正确；⑥正确；⑦正确；⑧错误。

抵触）；

2. 予以保留的原有法律

（1）香港原有法律，即普通法、衡平法、条例、附属立法和习惯法，除同本法相抵触或经香港特别行政区的立法机关作出修改者外，予以保留。

（2）凡属殖民统治性质或带有殖民主义色彩、有损我国主权的法律，都应废止或者修改。

3. 特区立法机关制定的法律

4. 适用于特区的全国性法律

（1）全国性法律一般不在特区实施；

（2）有些体现国家主权和统一的全国性法律有必要在特区实施：《关于中华人民共和国国都、纪年、国歌、国旗的决议》《关于中华人民共和国国庆日的决议》《国歌法》《国旗法》《国徽法》《国籍法》《外交特权与豁免条例》《领事特权与豁免条例》《特别行政区驻军法》《专属经济区和大陆架法》《领海及毗连区法》《中华人民共和国政府关于领海的声明》《外国中央银行财产司法强制措施豁免法》《香港特别行政区维护国家安全法》。

【注意】《中华人民共和国政府关于领海的声明》不适用于澳门。

【注意】附件三所列法律限于国防、外交和其他依基本法规定不属于特区自治范围的法律。全国人大常委会在征询其所属的特区基本法委员会和特区政府的意见后，可对附件三的法律作出增减。

（九）《全国人大关于完善香港特别行政区选举制度的决定》

1. 《中华人民共和国宪法》和《中华人民共和国香港特别行政区基本法》共同构成香港特别行政区的宪制基础。

2. 香港特别行政区实行的选举制度，包括行政长官和立法会的产生办法，是香港特别行政区政治体制的重要组成部分。

3. 选举委员会

（1）香港特别行政区设立一个具有广泛代表性、符合香港特别行政区实际情况、体现社会整体利益的选举委员会。

（2）选举委员会负责选举行政长官候任人、立法会部分议员，以及提名行政长官候选人、立法会议员候选人等事宜。

（3）选举委员会由工商、金融界，专业界，基层、劳工和宗教等界，立法会议员、地区组织代表等界，香港特别行政区全国人大代表、香港特别行政区全国政协委员和有关全国性团体香港成员的代表界等五个界别共 1500 名委员组成。

4. 设立香港特别行政区候选人资格审查委员会，负责审查并确认选举委员会委员候选人、行政长官候选人和立法会议员候选人的资格。

5. 授权全国人民代表大会常务委员会根据本决定修改《中华人民共和国香港特别行政区基本法》附件一《香港特别行政区行政长官的产生办法》和附件二《香港特别行政区立法会的产生办法和表决程序》。

（十）香港基本法附件一：《香港特区行政长官的产生办法》

1. 香港特别行政区行政长官由选举委员会选出，由中央人民政府任命。

2. 选举委员会的组成：五个界别各 300 人；委员必须由永久性居民担任；每届任期五年。

3. 香港全国人大代表、全国政协委员、香基委中的香港委员、立法会议员、大学校长或学校董事会或校务委员会的主席，本人直接就是选举委员会委员。

【注意】香港全国人大代表、全国政协委员可以在其他界别分组登记为委员；一旦登记，该界别相应名额减少，且在任期内维持不变。

4. 选举委员会设召集人制度，负责必要时召集选举委员会会议，办理有关事宜。总召集人由担任国家领导职务的选举委员会委员担任，总召集人在选举委员会每个界别各指定若干名召集人。

5. 行政长官候选人须获得选举委员会不少于 188 名委员联合提名，且上述五个界别中每个界别参与提名的委员不少于 15 名。

6. 选举委员会根据提名的名单，经一人一票无记名投票选出行政长官候任人，行政长官候任人须获得超过 750 票。

7. 资格审查：

（1）候选人资格审查委员会既负责审查并确认行政长官候选人的资格，也审查选举委员会委员候选人资格。

（2）香港维护国安委根据警务处维护国安部门的审查情况，就上述候选人是否符合法定要求和条件作出判断，并就不符合上述法定要求和条件者向候选人资格审查委员会出具审查意见书；

（3）对候选人资格审查委员会作出的候选人资格确认的决定，不得提起诉讼。

8. 全国人民代表大会常务委员会依法行使本办法的修改权。

（十一）其余重点

1. 香港境内的土地和自然资源属于国家所有，由特别行政区政府负责管理、使用、开发、出租或批给个人、法人或团体使用或开发，其收入全归香港特别行政区政府支配。

2. 澳门境内的土地和自然资源，除在澳门特别行政区成立前已依法确认的私有土地外，属于国家所有，由澳门特别行政区政府负责管理、使用、开发、出租或批给个人、法人使用或开发，其收入全部归澳门特别行政区政府支配。

【躲坑大练习】（判断题）[1]

①全国性法律一般情况下是澳门特别行政区的法律渊源。

②《澳门基本法》在澳门特别行政区的法律体系中处于最高地位，反映的是澳门特别行政区同胞的意志。

【特别增补专题】《香港维护国家安全法》

一、概论

1. 中央人民政府对香港有关的国家安全事务负有根本责任。

2. 行政长官应当就香港维护国家安全事务向中央人民政府负责，并就香港特别行政区履行维护国家安全职责的情况提交年度报告。如中央人民政府提出要求，行政长官应当就维护国家安全特定事项及时提交报告。

3. 经行政长官批准，香港特别行政区政府财政司长应当从政府一般收入中拨出专门款项支付关于维护国家安全的开支并核准所涉及的人员编制，不受香港特别行政区现行有关法律规定的限制。财政司长须每年就该款项的控制和管理向立法会提交报告。

---

[1] ①错误；②错误。

4. 本法的解释权属于全国人民代表大会常务委员会。

二、维护国家安全委员会

（1）负责香港特别行政区维护国家安全事务，承担维护国家安全的主要责任，并接受中央人民政府的监督和问责。

（2）由行政长官担任主席，成员包括政务司长、财政司长、律政司长、保安局局长、警务处处长、警务处维护国家安全部门的负责人、入境事务处处长、海关关长和行政长官办公室主任。

（3）下设秘书处，由秘书长领导。秘书长由行政长官提名，报中央人民政府任命。

（4）职责：

> ➤ 分析研判香港特别行政区维护国家安全形势，规划有关工作，制定香港特别行政区维护国家安全政策；
>
> ➤ 推进香港特别行政区维护国家安全的法律制度和执行机制建设；
>
> ➤ 协调香港特别行政区维护国家安全的重点工作和重大行动。

（5）工作不受香港任何其他机构、组织和个人的干涉，工作信息不予公开。作出的决定不受司法复核。

（6）设立国家安全事务顾问，由中央人民政府指派，就维护国家安全委员会履行职责相关事务提供意见，有权列席委员会会议。

三、警务处维护国家安全的部门

（1）负责人由行政长官任命，行政长官任命前须书面征求维护国家安全公署的意见。负责人在就职时应当宣誓拥护中华人民共和国香港特别行政区基本法，效忠中华人民共和国香港特别行政区，遵守法律，保守秘密。

（2）可以从香港特别行政区以外聘请合格的专门人员和技术人员，协助执行维护国家安全相关任务。

（3）职责：

> ➤ 收集分析涉及国家安全的情报信息；
>
> ➤ 部署、协调、推进维护国家安全的措施和行动；
>
> ➤ 调查危害国家安全犯罪案件；
>
> ➤ 进行反干预调查和开展国家安全审查；
>
> ➤ 承办香港特别行政区维护国家安全委员会交办的维护国家安全工作。

四、律政司国家安全犯罪案件检控部门

（1）负责危害国家安全犯罪案件的检控工作和其他相关法律事务。

（2）检控官由律政司长征得维护国家安全委员会同意后任命。

（3）负责人由行政长官任命，行政长官任命前须书面征求维护国家安全公署的意见。负责人在就职时应当宣誓拥护中华人民共和国香港特别行政区基本法，效忠中华人民共和国香港

特别行政区，遵守法律，保守秘密。

（4）香港管辖危害国家安全犯罪案件的立案侦查、检控、审判和刑罚的执行等诉讼程序事宜，适用《香港维护国家安全法》和香港特别行政区本地法律；未经律政司长书面同意，任何人不得就危害国家安全犯罪案件提出检控，但该规定不影响就有关犯罪依法逮捕犯罪嫌疑人并将其羁押，也不影响该等犯罪嫌疑人申请保释。

五、指定法官

行政长官应当从裁判官、区域法院法官、高等法院原讼法庭法官、上诉法庭法官以及终审法院法官中指定若干名法官，也可从暂委或者特委法官中指定若干名法官，负责处理危害国家安全犯罪案件。行政长官在指定法官前可征询维护国家安全委员会和终审法院首席法官的意见。

（1）指定法官任期一年。

（2）凡有危害国家安全言行的，不得被指定为审理危害国家安全犯罪案件的法官。在获任指定法官期间，如有危害国家安全言行的，终止其指定法官资格。

（3）在裁判法院、区域法院、高等法院和终审法院就危害国家安全犯罪案件提起的刑事检控程序应当分别由各该法院的指定法官处理。

六、审理和定罪

1. 对犯罪嫌疑人、被告人，除非法官有充足理由相信其不会继续实施危害国家安全行为的，不得准予保释。

2. 对高等法院原讼法庭进行的就危害国家安全犯罪案件提起的刑事检控程序，律政司长可基于保护国家秘密、案件具有涉外因素或者保障陪审员及其家人的人身安全等理由，发出证书指示相关诉讼毋须在有陪审团的情况下进行审理。凡律政司长发出上述证书，高等法院原讼法庭应当在没有陪审团的情况下进行审理，并由三名法官组成审判庭。

3. 审判应当公开进行。因为涉及国家秘密、公共秩序等情形不宜公开审理的，禁止新闻界和公众旁听全部或者一部分审理程序，但判决结果应当一律公开宣布。

4. 罪行和处罚

（1）分裂国家罪；

（2）颠覆国家政权罪；

（3）恐怖活动罪；

（4）勾结外国或者境外势力危害国家安全罪。

第二十九条 为外国或者境外机构、组织、人员窃取、刺探、收买、非法提供涉及国家安全的国家秘密或者情报的；请求外国或者境外机构、组织、人员实施，与外国或者境外机构、组织、人员串谋实施，或者直接或者间接接受外国或者境外机构、组织、人员的指使、控制、资助或者其他形式的支援实施以下行为之一的，均属犯罪：

（一）对中华人民共和国发动战争，或者以武力或者武力相威胁，对中华人民共和国主权、统一和领土完整造成严重危害；

（二）对香港特别行政区政府或者中央人民政府制定和执行法律、政策进行严重阻挠并可能造成严重后果；

（三）对香港特别行政区选举进行操控、破坏并可能造成严重后果；

（四）对香港特别行政区或者中华人民共和国进行制裁、封锁或者采取其他敌对行动；

（五）通过各种非法方式引发香港特别行政区居民对中央人民政府或者香港特别行政区政府的憎恨并可能造成严重后果。

犯前款罪，处三年以上十年以下有期徒刑；罪行重大的，处无期徒刑或者十年以上有期徒刑。

本条第一款规定涉及的境外机构、组织、人员，按共同犯罪定罪处刑。

七、中央人民政府驻香港特别行政区维护国家安全公署

（1）人员由中央人民政府维护国家安全的有关机关联合派出。

（2）职责：

➤ 分析研判香港特别行政区维护国家安全形势，就维护国家安全重大战略和重要政策提出意见和建议；
➤ 监督、指导、协调、支持香港特别行政区履行维护国家安全的职责；
➤ 收集分析国家安全情报信息；
➤ 依法办理危害国家安全犯罪案件。

（3）人员除须遵守全国性法律外，还应当遵守香港特别行政区法律。

（4）人员依法接受国家监察机关的监督。

（5）经费由中央财政保障。

（6）驻香港特别行政区维护国家安全公署及其人员执行职务的行为，不受香港特别行政区管辖；持有驻香港特别行政区维护国家安全公署制发的证件或者证明文件的人员和车辆等在执行职务时不受香港特别行政区执法人员检查、搜查和扣押。

八、维护国家安全公署行使管辖权

（1）有以下情形之一的，经香港特别行政区政府或者驻香港特别行政区维护国家安全公署提出，并报中央人民政府批准，由驻香港特别行政区维护国家安全公署对本法规定的危害国家安全犯罪案件行使管辖权：

➤ 案件涉及外国或者境外势力介入的复杂情况，香港特别行政区管辖确有困难的；
➤ 出现香港特别行政区政府无法有效执行本法的严重情况的；
➤ 出现国家安全面临重大现实威胁的情况的。

（2）此类案件，由驻香港特别行政区维护国家安全公署负责立案侦查，最高人民检察院指定有关检察机关行使检察权，最高人民法院指定有关法院行使审判权。

（3）诉讼程序事宜，适用《中华人民共和国刑事诉讼法》等相关法律的规定。

（4）犯罪嫌疑人自被驻香港特别行政区维护国家安全公署第一次讯问或者采取强制措施之日起，有权委托律师作为辩护人。

第三章　基本权利论

第一节　公　民

【常见易错点提醒】

1. 凡具有中华人民共和国国籍的人都是中华人民共和国公民，因此判断一个人是否为中华人民共和国公民的标准是他是否具有中华人民共和国的国籍。

2. 关于国籍的出生取得，我国采取出生地主义和血统主义相结合的原则。

3. 《国籍法》规定："外国人或无国籍人，愿意遵守中国宪法和法律，并具有下列条件之一的，可经申请批准加入中国国籍：（1）中国人的近亲属；（2）定居在中国的；（3）有其他正当理由。"一旦申请被批准，则不再保留外国国籍。

4. 侨居国外的华侨仍具有我国国籍，身份上是我国公民，受到我国宪法的保护。

5. 为了减少和解决女职工在劳动中因生理特点造成的特殊困难，保护其健康，我国对女职工实施特殊劳动保护。

6. 我国现行宪法没有明文规定生命权、沉默权、营业自由、罢工自由、迁徙自由、传教自由、隐私权、罢免权、知识产权、环境权。

7. 我国宪法第125条明文规定，被告人有权获得辩护。

8. 外国人的受庇护权。

| ◇ 必须是外国人； |
| ◇ 必须外国人向我国提出避难申请； |
| ◇ 必须基于政治原因； |
| ◇ 我国政府可以同意，也可以不同意； |
| ◇ 一经同意，就不得引渡或驱逐。 |

【躲坑大练习】（判断题）[1]

①对于因出生取得国籍的确定，我国采取出生地主义和血统主义相结合的原则。

②侨居在国外的华侨受中国宪法保护。

③我国宪法界定公民资格的依据是出生地主义和血统主义相结合的原则。

④保护知识产权是我国宪法规定的基本文化权利。

⑤罢免权是我国宪法规定的公民的基本权利。

---

[1]　①正确；②正确；③错误，是国籍；④错误；⑤错误。

第二节 基本权利

人权，是指人生而就有且普遍享有的权利，**是一种应然权利、道德权利**。当人权进入宪法和法律的保障范围后，**人权就由一种应然权利、道德权利转变为一种法定权利、实然权利**，可以说，**人权是基本权利的来源，基本权利是人权宪法化的具体表现**。

【躲坑大练习】（判断题）[1]

①人权是基本权利的来源，基本权利是人权宪法化的具体表现。

②基本权利的主体主要是公民，在我国法人也可以作为基本权利的主体。

③我国公民在行使自由和权利的时候，不得损害国家的、社会的、集体的利益和其他公民的合法的自由和利益。

④权利和义务的平等性是我国公民基本权利和义务的重要特点。

⑤苏某和熊某毗邻而居。熊某在其居住楼顶为 50 只鸽子搭建了一座鸽舍。苏某以养鸽行为严重影响居住环境为由，将熊某诉至法院，要求熊某拆除鸽棚，赔礼道歉。法院判定原告诉求不成立。从案情看，苏某的安居权属于宪法所规定的文化生活权利。

一、基本权利的分类

1. **消极（受益）权**：公民不能主动提出请求，而是强调权利行使免于国家干涉。
2. **积极（受益）权**：公民可主动向国家提出请求。
3. **相同点**：二者都是从国家获取收益的权利，即国家有义务提供条件，帮助权利实现。

【常见易错点提醒】

除财产权和继承权外，社会经济权利和文化教育权利都属于公民的积极受益权，公民可积极主动地向国家提出请求，国家也应积极加以保障。

二、基本权利的类型

【常见易错点提醒】

除私有财产权和继承权位于现行宪法第一章总纲部分之外，其余基本权利都位于第二章公民的基本权利与义务的部分。

类型	内容
（一）平等权	1. 正面界定：公民在法律面前一律平等。任何公民享有宪法和法律规定的权利，同时必须履行宪法和法律规定的义务。 2. 反面界定：反对歧视；反对特权。 【注意】平等并不意味着禁止一切差别对待，只是禁止不合理的差别对待。

[1] ①正确；②错误；③正确；④正确；⑤错误。

类型		内容
（二）政治权利和自由	选举权和被选举权	1. 年满十八周岁； 2. 公民； 3. 未依法被剥夺政治权利。 【合理差别事由】年龄、国籍、政治权利。
	政治自由（言论、出版、集会、结社、游行、示威）	1. **言论自由**：表现形式多样，既包括口头形式，也包括书面形式，还包括利用广播电视互联网等传播媒介。 2. 出版自由： （1）包括著作自由和出版单位的设立和管理制度； （2）世界出版物管理有两种制度：事前审查制和追惩制。 【注意】我国《出版管理条例》采二者结合。 3. **结社自由**： （1）若干公民集合起来方能行使； （2）宪法上的结社自由主要指组织政治性团体的自由； （3）我国的社会团体的成立实行**核准登记制度**； （4）我国的社会团体**不得从事营利性的经营活动**； （5）我国要加快**政社分开**，逐步推进行业协会商会与行政机关脱钩，强化行业自律；**探索一业多会，引入竞争机制**。 4. 集会、游行、示威的自由： （1）**集合性权利**：多个公民共同行使。 （2）应当**和平进行**，不得携带武器、管制刀具和爆炸物，不得使用暴力或煽动使用暴力。 （3）**公民不得在其居住地以外的城市发动、组织、参加当地公民的集会、游行、示威。** （4）国家机关工作人员**不得组织或者参加违背有关法律、法规规定的国家机关工作人员职责、义务的集会、游行、示威。**
（三）宗教信仰自由		1. **不得强制**公民信仰宗教或不信仰宗教，**不得歧视**信仰宗教的公民和不信仰宗教的公民； 2. 不得利用宗教进行破坏社会秩序、损害公民身体健康、妨碍国家教育制度的活动； 【注意】我国宪法没有规定传教自由。 3. 宗教团体和宗教事务不受外国势力的支配：自主、自办、自传。

类型		内容
（四）广义的人身自由	生命权	宪法没有明文规定；基于人的尊严性，"人"只能作为主体而存在，任何时候不能成为客体与工具。无论出于何种目的，把基因技术用在人类身上，通过筛选基因方式检测新技术，都有悖于人的尊严。
	人身自由（狭义的）	1. 禁止**非法拘禁**和以其他方式限制公民人身自由，禁止**非法搜查**公民的身体； 2. **非经检察院批准或者决定或者法院决定**，并由**公安机关执行**，不受逮捕。 【注意】此处的公安机关是广义的公安机关。
	人格尊严	1. 中华人民共和国公民的人格尊严不受侵犯。禁止对公民进行**侮辱、诽谤和诬告陷害**； 【注意】这是我国宪法第一次写入人格尊严的内容。 2. 法律表现是公民的人格权，包括姓名权、肖像权、名誉权、荣誉权、隐私权。
	住宅自由	1. 禁止**非法搜查**或者非法侵入公民的住宅； 2. 属于消极受益权； 3. 区别于对于房屋的财产权； 4. 广义的住宅：包括了学生的宿舍、外出旅行期间的宾馆房间、渔民的渔船。
	通信自由和通信秘密	1. 广义的通信； 2. 隐匿和毁弃通信侵害了通信自由；拆阅、窃听通信内容侵害了通信秘密； 3. 因国家安全或追查刑事犯罪的需要，**公安或检察机关**可依法对公民的通信进行检查；公安机关或检察机关批准，可通知邮电机关将有关邮件、电报检交扣押； 【注意】人民法院、检察院没收国内邮件时，必须出具法律文书，在相关县级以上邮政企业、邮电管理局办理手续； 4. 公安机关包括了国家安全机关、海关等。 【注意】没收进出口国际邮递物品应当由海关作出决定，办理手续；
（五）监督权和获得国家赔偿权	监督权	1. 批评建议权：对任何国家机关或者国家工作人员，提出**批评和建议**； 2. 申诉权、控告检举权：对任何国家机关或者国家工作人员的违法失职行为，提出**申诉、控告、检举**，**有关国家机关**必须查清事实，负责处理，不得压制和打击报复。
	获得赔偿权	1. 由于国家机关和国家工作人员侵犯公民权利而受到损失的人，有依照法律规定取得赔偿的权利； 2. 修改后的《国家赔偿法》首次明确，致人精神损害、造成严重后果的，赔偿义务机关应当支付**"精神损害抚慰金"**。

续表

类型		内容
（六）社会经济权利（积极受益权）	劳动权	1. 公民有**劳动**的**权利和义务**。 2. 国家通过各种途径，创造劳动就业条件，加强劳动保护，改善劳动条件，并在发展生产的基础上，提高劳动报酬和福利待遇。 3. 国家对**就业前的公民**进行必要的劳动就业训练。
	休息权	1. **劳动者**有休息的权利。 2. 国家发展劳动者休息和休养的设施，规定职工的工作时间和休假制度。
	获得物质帮助权	**年老、疾病或者丧失劳动能力**
	社会保障权	1. 企业事业组织的职工、国家机关工作人员的退休生活受国家和社会的保障。国家发展为公民享受这些权利所需要的**社会保险、社会救济和医疗卫生事业**。 2. 国家和社会保障残废军人的生活，抚恤烈士家属，优待军人家属。国家和社会帮助安排盲、聋、哑和其他有残疾的公民的**劳动、生活和教育**。
（七）文化教育权利（积极受益权）	受教育权	1. 公民有受教育的**权利和义务**。 2. 国家培养青年、少年、儿童在品德、智力、体质等方面全面发展。
	文化自由	1. 公民有进行科学研究、文学艺术创作和其他文化活动的自由。 2. 国家对于从事教育、科学、技术、文学、艺术和其他文化事业的公民的有益于人民的创造性工作，给以鼓励和帮助。
（八）特定人的权利		1. 妇女在政治的、经济的、文化的、社会的和家庭的生活等各方面享有同男子平等的权利。国家保护妇女的权利和利益，实行男女同工同酬，培养和选拔妇女干部。婚姻、家庭、母亲和儿童受国家的保护。禁止破坏婚姻自由，**禁止虐待老人、妇女和儿童**。 2. 父母有抚养教育**未成年子女**的义务；**成年子女**有赡养扶助父母的义务。 3. 中华人民共和国保护**华侨**的正当的权利和利益，保护归侨和侨眷的合法的权利和利益。

第四章 村民委员会

一、村民委员会

	村委会
组织	设立、撤销、范围调整，由**乡级政府提出**，经村民会议讨论同意后，报**县级政府批准**。
与基层政权的关系	受乡级政府指导、支持和帮助，但后者不应干预自治范围内的事项。 村委会协助乡级政府开展工作。
组成	由主任、副主任和委员共 3 ~ 7 人组成。应有妇女成员、人数较少民族的成员。
产生	由年满 18 周岁**未被剥夺政治权利**的村民直接选举产生。
选举过程	1. **村民选举委员会**主持选举工作。 2. 村民委员会换届选举前，应当对下列人员进行登记，列入参加选举的村民名单：**(1) 户籍在本村并且在本村居住的村民；(2) 户籍在本村，不在本村居住，本人表示参加选举的村民；(3) 户籍不在本村，在本村居住一年以上，本人申请参加选举，并且经村民会议或者村民代表会议同意参加选举的公民。** 【注意】已在户籍所在村或者居住村登记参加选举的村民，不得再参加其他地方村民委员会的选举。 3. 选举日 20 日前公布参选村民名单，公布之日起 5 日内异议申诉；收到申诉之日起 3 日内处理决定。 4. 登记参加选举的村民直接提名候选人。 5. **"双过半制"**：有登记参加选举的村民过半数投票，选举有效；候选人获得参加投票的村民过半数的选票，当选。
任期	**任期 5 年，可连选连任。**
罢免	1. 本村 1/5 以上有选举权的村民或者 1/3 以上的村民代表联名，可以提出罢免村民委员会成员的要求，并说明要求罢免的理由。被提出罢免的成员有权提出申辩意见。 2. 双过半制：须有登记参加选举的村民过半数投票，并须经投票的村民过半数通过。
职权	**实行少数服从多数的民主决策机制，而非主任负责制。**

二、下属委员会

1. **村民委员会根据需要设**人民调解、治安保卫、公共卫生与计划生育等委员会。村民委员会成员**可以兼任**下属委员会的成员。

2. **人口少的村的村民委员会可以不设下属委员会，由村民委员会成员分工负责人民调解、治安保卫、公共卫生与计划生育等工作。**

【注意】村民委员会可以根据村民居住状况、集体土地所有权关系等分设若干**村民小组**。组长由村民小组会议推选。

三、民主评议与经济责任审计

（1）村民委员会成员以及由村民或者村集体承担误工补贴的聘用人员，应当接受村民会议或者村民代表会议对其履行职责情况的民主评议。民主评议每年至少进行一次，由村务监督机构主持。村民委员会成员连续两次被评议不称职的，其职务终止。

【类比记忆】村民委员会成员丧失行为能力或者被判处刑罚的，其职务自行终止。

（2）村民委员会成员实行**任期和离任经济责任审计**，由县级政府农业部门、财政部门或者乡级政府负责组织，审计结果应公布，其中离任审计结果应当在下一届村委会选举之前公布。

四、村务公开（很频繁）

一般事项至少每季度公布一次；集体财务往来较多的，财务收支情况应当每月公布一次。涉及村民利益的重大事项应当随时公布。

【躲坑大练习】（判断题）[1]

①村民委员会的范围调整由村民委员会主任提出，经村民会议讨论同意后，报乡级人民代表大会批准。

②杨某与户籍在甲村的村民王某登记结婚后，与甲村村委会签订了"不享受本村村民待遇"的"入户协议"。此后，杨某将户籍迁入甲村，但与王某长期在外务工。甲村村委会任期届满进行换届选举，杨某和王某要求参加选举。根据法律，杨某经甲村村民会议或村民代表会议同意之后方可参加选举。

③社区网格与村民委员会、居民委员会的法律地位一样，属于基层群众性自治组织。

④村民委员会每届任期3年，村民委员会成员连续任职不得超过2届。

⑤罢免村民委员会成员，须经投票的村民过半数通过。

⑥村民委员会选举由乡镇政府主持。

⑦村民委员会决定问题，采取村民委员会主任负责制。

⑧村民委员会由主任、副主任和村民小组长若干人组成。

⑨为了提高村民委员会整体素质，某市政府抽调一批应届高校毕业生担任村民委员会主任或副主任。

⑩村民委员会实行村务公开制度，涉及财务的事项至少每年公布一次。

---

〔1〕 ①错误；②错误；③错误；④错误，任期5年，没有届数限制；⑤错误，不够全面，投票的村民必须也过半数；⑥错误，村民选举委员会主持选举工作；⑦错误，少数服从多数；⑧错误；⑨错误，应由选举产生，不得委派；⑩错误。

五、村民会议和村民代表会议

	村民会议	村民代表会议
组织	村民自治的最高组织形式	人数较多或者居住分散的村，可以设立村民代表会议
关系	村民委员会向村民会议、村民代表会议负责并报告工作。	
组成	由本村18周岁以上的村民组成	由村民委员会成员和村民代表组成，村民代表应当占村民代表会议组成人员的五分之四以上，妇女村民代表应当占村民代表会议组成人员的三分之一以上。
职权	1. 涉及全村村民利益的问题，村民委员会必须提请村民会议讨论决定； 2. 村民会议可以制定和修改村民自治章程、村规民约，并报乡、民族乡、镇的人民政府备案。	讨论决定村民会议授权的事项。

【躲坑大练习】（判断题）[1]

①村规民约由村民委员会制定，报乡、民族乡、镇的人民政府备案。

②村民会议由本村18周岁以上，没有被剥夺政治权利的村民组成。

③某村村委会未经村民会议讨论，制定了土地承包经营方案，侵害了村民的合法权益，引发了村民的强烈不满。村民会议有权撤销该方案。

④某村村委会未经村民会议讨论，制定了土地承包经营方案，侵害了村民的合法权益，引发了村民的强烈不满。由该村所在地的乡镇级政府责令改正。

⑤村委会的年度工作报告由乡政府审议。

⑥对登记参加选举的村民名单有异议并提出申诉的，由乡政府作出处理并公布处理结果。

⑦村委会组成人员违法犯罪不能继续任职的，由乡政府任命新的成员暂时代理至本届村委会任期届满。

⑧某村村委会未经村民会议讨论，制定了土地承包经营方案，侵害了村民的合法权益，引发了村民的强烈不满。受侵害的村民可以申请法院予以撤销。

⑨某村村委会未经村民会议讨论，制定了土地承包经营方案，侵害了村民的合法权益，引发了村民的强烈不满。村民代表可以就此联名提出罢免村委会成员的要求。

⑩有关征地补偿费用的使用和分配方案，经村民会议讨论通过后，报乡镇政府批准。

六、居委会

	居委会
组织	设立、撤销、规模调整，由不设区的市、市辖区的人民政府决定。
和基层政权的关系	不设区的市、市辖区的政府或者它的派出机关对居民委员会的工作给予指导、支持和帮助
组成	主任、副主任、委员5~9人

---

[1] ①错误；②错误；③正确；④正确；⑤错误；⑥错误；⑦错误；⑧正确；⑨正确；⑩错误。

续表

自治公约	居民公约由居民会议讨论制定，报不设区的市、市辖区的人民政府或者它的派出机关备案，由居民委员会监督执行。
内部关系	向居民会议负责并报告工作
任期	每届的任期为5年，其成员可以连选连任

【躲坑大练习】（判断题）[1]

①居民公约由居民会议讨论通过后，报不设区的市、市辖区或者它的派出机关批准。

②居民委员会的设立、撤销，由不设区的市、市辖区政府提出，报市政府批准。

---

[1] ①错误；②错误，报不设区的市、市辖区的人民政府决定。

第五章 选举制度

【注意】在我国，全国人大和地方各级人大的选举经费，列入财政预算，由国库开支。

【特别考点】公民参加各级人大代表的选举，不得直接或者间接接受境外机构、组织、个人提供的与选举有关的任何形式的资助。否则，不列入代表候选人名单；已经列入代表候选人名单的，从名单中除名；已经当选的，其当选无效。

一、我国选举制度的基本原则

（一）普遍性

1. 基本条件

（1）公民；
（2）年满18周岁；
（3）未被剥夺政治权利。

2. 不能行使选举权的情况

（1）精神病患者不能行使选举权利的，经选举委员会确认，不列入选民名单；
（2）因犯危害国家安全罪或其他严重刑事犯罪被羁押、正在受侦查、起诉、审判的人，经法院或检察院决定，在被羁押期间停止行使选举权利。

（二）平等性

◆ 除法定的当选条件外，选民平等地享有选举权和被选举权；
◆ 每一选民在一次选举中只有一个投票权；
◆ 每一代表所代表的选民人数相同；2010年选举法修正，城乡按照相同人口比例选举人大代表；
◆ 一切代表在代表机关具有平等的法律地位；
◆ 各行政区域不论人口多少，都应有相同的基本名额数，都能选举一定数量的代表；
◆ 对选举中的弱者选民进行特殊保护，也是平等的体现；我国对特定主体（残疾人、旅居国外的中国公民、少数民族）的选举权加以特别保护。人口再少的民族，也要有一名代表，体现民族平等。

（三）直接间接并用

1. 直接选举：不设区的市、市辖区、县、自治县、乡、民族乡、镇的人大代表，选民直选；
2. 间接选举：全国人大、省级人大、设区的市、自治州的人大代表由下一级人大选出。

（四）秘密投票

◆ 各级人大代表的选举，一律采用无记名投票的方法；选举时设秘密写票处

◆ 在选票上不标识身份

◆ 投票时不显露选举意向

（五）广泛的代表性

➤ 全国人大和地方各级人大的代表应当有适当数量的基层代表，特别是工人、农民和知识分子代表；

➤ 全国人大和地方各级人大的代表应当有适当数量的妇女代表，并逐步提高妇女代表的比例；

➤ 全国人大和**归侨人数较多地区**的地方人大，应当有适当名额的归侨代表；

➤ 旅居国外的中国公民**在县级以下人大代表选举期间**在国内的，**可以**参加**原籍地**或者**出国前居住地**的选举。

二、人大代表名额及其分配

（一）地方各级人大代表名额【新修改】

地方各级人大的代表总名额是代表名额基数与按人口数增加的代表数相加之和。

1. 省、自治区、直辖市的代表名额基数为 350 名，省、自治区每十五万人可以增加一名代表，直辖市每二万五千人可以增加一名代表；但是，代表总名额不得超过一千名；**自治区、聚居的少数民族多的省，经全国人大常委会决定，代表名额可以另加百分之五。**

【注意】省、自治区、直辖市的人民代表大会代表的具体名额，由全国人大常委会依法确定。

2. 设区的市、自治州的代表名额基数为 240 名，每二万五千人可以增加一名代表；人口超过一千万的，代表总名额不得超过 650 名。

3. 不设区的市、市辖区、县、自治县的代表名额基数为 140 名，每五千人可以增加一名代表；人口超过一百五十五万的，代表总名额不得超过 450 名；人口不足五万的，代表总名额可以少于 140 名；**聚居的少数民族多或者人口居住分散的县、自治县，经省、自治区、直辖市的人大常委会决定，代表名额可以另加百分之五。**

【注意】设区的市、自治州和县级的人民代表大会代表的具体名额，由省、自治区、直辖市的人民代表大会常务委员会依照本法确定，报全国人大常委会备案。

4. 乡、民族乡、镇的代表名额基数为 45 名，每一千五百人可以增加一名代表；但是，代表总名额不得超过 160 名；人口不足二千的，代表总名额可以少于 45 名。**聚居的少数民族多或者人口居住分散的乡、民族乡，经省、自治区、直辖市的人大常委会决定，代表名额可以另加百分之五。**

【注意】乡级的人民代表大会代表的具体名额，由县级的人民代表大会常务委员会依照本法确定，报上一级人民代表大会常务委员会备案。

【注意】地方各级人大的代表总名额经确定后，不再变动。如果由于行政区划变动或者由于重大工程建设等原因造成人口较大变动的，该级人大的代表总名额依法重新确定。重新确定代表名额后，省、自治区、直辖市的人大常委会应当在三十日内将重新确定代表名额的情况报全国人大常委会备案。

（二）全国人大代表名额

1. 全国人大的代表，由省、自治区、直辖市的人民代表大会和人民解放军选举产生。

2. 全国人大代表的名额不超过三千人。

3. 香港特别行政区、澳门特别行政区应选全国人大代表的名额和代表产生办法，由全国人大另行规定。

（三）代表名额的分配

1. **全国人大代表名额的分配**

（1）全国人大代表名额，由全国人大常委会根据各省、自治区、直辖市的人口数，按照每一代表所代表的城乡人口数相同的原则，以及保证各地区、各民族、各方面都有适当数量代表的要求进行分配。

（2）省、自治区、直辖市应选全国人大代表名额，由根据人口数计算确定的名额数、相同的地区基本名额数和其他应选名额数构成。

（3）全国人大代表名额的具体分配，由全国人大常委会决定。

（4）全国少数民族应选全国人大代表，由全国人大常委会参照各少数民族的人口数和分布等情况，分配给各省、自治区、直辖市的人民代表大会选出。人口特少的民族，至少应有代表一人。

2. **地方各级人大代表名额的分配**

（1）地方各级人民代表大会代表名额，由本级人民代表大会常务委员会或者本级选举委员会根据本行政区域所辖的下一级各行政区域或者各选区的人口数，按照每一代表所代表的城乡人口数相同的原则，以及保证各地区、各民族、各方面都有适当数量代表的要求进行分配。

（2）在县、自治县的人民代表大会中，人口特少的乡、民族乡、镇，至少应有代表一人。

（3）地方各级人民代表大会代表名额的分配办法，由省、自治区、直辖市人民代表大会常务委员会参照全国人大代表名额分配的办法，结合本地区的具体情况规定。

三、少数民族的选举

1. 有少数民族聚居的地方，每一聚居的少数民族都应有代表参加当地的人民代表大会。
2. 聚居境内同一少数民族的总人口数占境内总人口数百分之三十以上的，每一代表所代表的人口数应相当于当地人民代表大会每一代表所代表的人口数。
3. 聚居境内同一少数民族的总人口数不足境内总人口数百分之十五的，每一代表所代表的人口数可以适当少于当地人民代表大会每一代表所代表的人口数，但不得少于二分之一；实行区域自治的民族人口特少的自治县，经省、自治区的人民代表大会常务委员会决定，可以少于二分之一。人口特少的其他聚居民族，至少应有代表一人。
4. 聚居境内同一少数民族的总人口数占境内总人口数百分之十五以上、不足百分之三十的，每一代表所代表的人口数，可以适当少于当地人民代表大会每一代表所代表的人口数，但分配给该少数民族的应选代表名额不得超过代表总名额的百分之三十。
5. 散居的少数民族应选当地人民代表大会的代表，每一代表所代表的人口数可以少于当地人民代表大会每一代表所代表的人口数。
6. 有少数民族聚居的不设区的市、市辖区、县、乡、民族乡、镇的人民代表大会代表的产生，按照当地的民族关系和居住状况，各少数民族选民可以单独选举或者联合选举。

续表

7. 自治区、自治州、自治县制定或者公布的选举文件、选民名单、选民证、代表候选人名单、代表当选证书和选举委员会的印章等，都应当同时使用当地通用的民族文字。

四、直接选举的组织和程序

（一）主持机构

1. 选举委员会（主任、副主任和委员）

2. 选举委员会**受县级人大常委会任命和领导**、受省、市两级人大常委会的指导。

【注意】选委会组成人员为候选人的，应辞去选委会职务。

（二）划分选区

1. 选区可以按居住状况划分，也可以按生产单位、事业单位、工作单位划分。

2. 选区的大小，按照每一选区选一名至三名代表划分。

3. 县乡两级人大的代表名额分配到选区，按选区进行选举。

4. 本行政区域内各选区每一代表所代表的人口数应**大体**相等。

（三）选民登记

1. 原则：一次登记，长期有效。
2. 凡年满 18 周岁没有被剥夺政治权利的我国公民都应列入选民名单。
3. 选民登记按选区进行，经登记确认的选民资格长期有效。每次选举前对上次登记后新满 18 周岁的、恢复政治权利的、迁入本选区的选民，予以登记；对迁出本选区、死亡的和依法被剥夺政治权利的，除名。
4. 选民名单应在选举日的 20 日以前公布，实行凭选民证参加投票的，应当发给选民证。
5. 对公布的选民名单有不同意见的，可以在名单公布之日起 5 日内向选举委员会提出申诉。选举委员会对申诉意见，应在 3 日内作出处理决定。
6. 申诉人如果不服，可以在选举日的 5 日以前向人民法院起诉；人民法院应由审判员组成合议庭进行审理；在选举日以前作出判决；人民法院的判决为最后决定。

（四）提出候选人

1. 推荐候选人：

（1）各政党、各人民团体可以联合或单独推荐；
（2）选民 10 人以上联名推荐。

【注意】每一推荐者推荐的代表候选人人数不得超过本选区应选代表名额。

2. 各级人大代表实行差额选举，代表候选人的人数应多于应选代表的名额，差额为应选人数的 1/3 到 1 倍；

3. 直接选举候选人名单的公布：

（1）选举委员会汇总后，在选举日的 15 日以前公布，并交各该选区的选民小组讨论、协商，确定正式代表候选人名单；

（2）如超过差额比例的，由选举委员会交各该选区的各选民小组讨论、协商，根据多数选民的意见，确定正式代表候选人名单；不能形成一致意见的，进行预选，根据预选时得票多少的顺序，确定正式候选人名单；
（3）正式代表候选人名单及基本情况应当在选举日的 7 日以前公布。

4. 介绍候选人：

（1）选举委员会应当向选民介绍代表候选人的情况。
（2）推荐代表候选人的政党、人民团体和选民可以在选民小组会议上介绍所推荐的代表候选人的情况。
（3）选举委员会根据选民的要求，应当组织代表候选人与选民见面，由代表候选人介绍本人的情况，回答选民的问题。

【注意】在选举日必须停止代表候选人的介绍。

（五）投票

1. 选举委员会应当根据各选区选民分布状况，按照方便选民投票的原则**设立投票站**，进行选举。选民居住比较集中的，可以**召开选举大会**，进行选举；因患有疾病等原因行动不便或者居住分散并且交通不便的选民，可以**在流动票箱投票**。
2. 委托代写：选民如果是文盲或者因残疾不能写选票的，可以委托他信任的人**代写**。
3. 委托投票：选民如果在选举期间外出，经选举委员会同意，可以书面**委托其他选民代为投票**。每一选民接受的委托不得超过三人，并应当按照委托人的意愿代为投票。
4. 选举人对于代表候选人可以投赞成票，可以投反对票，可以另选其他任何选民，也可以弃权。
5. 工作人员应统计并宣布出席人数，当众检查票箱，组织选民推选监票、计票人员。代表候选人的近亲属不得担任监票人、计票人。
6. 选区全体选民过半数参加投票，选举有效；不足半数，改期选举。

（六）计票

1. 投票结束后，由选民推选的监票、计票人员和选举委员会的人员将投票人数和票数加以核对，作出记录，并由监票人签字。
2. **选举无效**：每次选举所投的票数，多于投票人数的无效，等于或者少于投票人数的有效。
3. **选票作废**：每一选票所选的人数，多于规定应选代表人数的作废，等于或者少于规定应选代表人数的有效。

（七）当选

1. **一般条件：双过半**

全体选民过半数参加投票、代表候选人获得投票选民的过半数选票

2. 特殊条件

（1）得票过半数者超过应选代表名额

①得票多的当选；
②票数相等，无法确定胜选人的，就相等者再投票，得票多的当选。

（2）得票过半数者少于应选代表名额

①不足的名额另行选举，根据上次得票多少按差额比例确定候选人（只补 1 人的，候选人应为 2 人）；
②另选后，得票多者当选，但不得少于选票 1/3。

（十）确认和宣布

1. 当选代表名单由选举委员会予以公布；
2. 公民**不得同时担任两个无隶属关系的行政区域的人大代表**。

五、间接选举的特殊规定

（一）主持机构

1. 本级人大常委会主持本级人大代表的选举；
2. 县级以上地方人大在选举上一级人大代表时，由各该级人大主席团主持。

（二）提出候选人

1. 推荐候选人：

（1）各政党、各人民团体可以联合或单独推荐；
（2）代表 10 人以上联名推荐。

【注意1】每一推荐者推荐的代表候选人人数不得超过本选区或选举单位应选代表名额。

【注意2】县级以上的地方各级人大在选举上一级人大代表时，代表候选人不限于各该级人大的代表。

2. 实行差额选举，正式代表候选人的人数应多于应选代表的名额：差额为应选人数的 1/5 到 1/2 倍；

3. 间接选举候选人名单的公布：

（1）提名、酝酿候选人的时间不得少于 2 天。
（2）各该级人大主席团将依法提出的代表候选人名单及其基本情况印发全体代表，由全体代表酝酿、讨论。
（3）如果所提代表候选人的人数符合规定的差额比例，直接进行投票选举。
（4）如果所提代表候选人的人数超过法定的最高差额比例，进行预选，根据预选时得票多少的顺序，再按照法定的具体差额比例，确定正式代表候选人名单，进行投票选举。

4. 介绍候选人：

| （1）人大主席团应当向代表介绍代表候选人的情况。 |
| （2）推荐代表候选人的政党、人民团体和代表可以在代表小组会议上介绍所推荐的代表候选人的情况。 |

【注意】 在选举日必须停止代表候选人的介绍。

（三）计票

| 1. 投票结束后，由代表推选的监票、计票人员和人民代表大会主席团的人员将投票人数和票数加以核对，作出记录，并由监票人签字。 |
| 2. **选举无效**：每次选举所投的票数，多于投票人数的无效，等于或者少于投票人数的有效。 |
| 3. **选票作废**：每一选票所选的人数，多于规定应选代表人数的作废，等于或者少于规定应选代表人数的有效。 |

（四）当选

1. **一般条件：单过半**

候选人获得全体代表的过半数选票。

2. **特殊条件**

（1）得票过半数者超过应选代表名额

| ①得票多的当选； |
| ②票数相等，无法确定胜选人的，就相等者再投票，得票多的当选。 |

（2）得票过半数者少于应选代表名额

| ①不足的名额另行选举，根据上次得票多少按差额比例确定候选人（只补1人的，候选人应为2人）； |
| ②另选后，得票多者当选，但必须获得全体代表过半数选票。 |

（五）确认和宣布

当选代表名单由人民代表大会主席团予以公布。

六、各级人大代表资格的审查

1. **代表资格审查委员会只负责审查并提出意见，最终确认当选或者确定当选无效的权力**归于县级以上的各级人大常委会或者乡、民族乡、镇的人大主席团。

2. 对补选产生的代表，依法进行代表资格审查。

七、各级代表的罢免

| 直选 | 1. **提出主体**：对县级代表，原选区选民50人以上联名；对乡级代表，原选区选民30人以上联名。
2. **提出对象**：向县级人大常委会书面提出罢免要求，并写明罢免理由；被提出罢免的代表有权在选民会议上提出申辩意见，也可以书面提出申辩意见。
3. **罢免条件**：须经原选区过半数选民通过。 |

间选	1. 提出主体：选举他的人大会议期间，主席团或1/10以上代表联名；在人大闭会期间，常委会主任会议或1/5以上人员联名，可提出对该级人大选出的上一级人大代表的罢免案。罢免案应当写明罢免理由。 2. 申辩：被提出罢免的代表有权在主席团会议和大会全体会议上提出申辩意见，或者书面提出申辩意见。 3. 罢免条件：经选举他的人大过半数代表或者常委会组成人员的过半数（人大闭会期间）通过。 4. 罢免决议报送上一级人大常委会备案、公告。

【注意】辞职的附随后果：全国人大常委会组成人员、专门委员会成员的人大代表职务被原选举单位罢免的，其常委会组成人员、专门委员会成员的职务相应撤销，由主席团或者全国人大常委会予以公告。

八、各级代表的辞职

1. 县级代表可向本级人大常委会书面辞职；县级人大常委会经组成人员的过半数通过；应公告。
2. 乡镇代表可向本级人大书面辞职；乡级人大经代表的过半数通过；应公告。
3. 间接选举的代表，可向选举他的人大的常委会书面提出辞职；该常委会经其组成人员的过半数通过，并将决议报送上一级人大常委会备案、公告。

【注意】辞职的附随后果：各级人大常委会组成人员、专门委员会成员，辞去人大代表职务的请求被接受的，其常委会组成人员、专门委员会成员的职务相应终止，由其所在的常委会予以公告。

九、特别行政区全国人大代表的选举

1. 首先在特区成立全国人大代表选举会议。选举会议名单由全国人大常委会公布。
2. 选举会议的第一次会议由全国人大常委会主持。
3. 会议选举会议成员组成主席团；主席团主持特区全国人大代表的选举。
4. 代表候选人由选举会议成员十人以上提名；联名提名不得超过应选人数；候选人应多于应选名额，进行差额选举。
5. 参选人在参选人登记表中应当声明拥护中华人民共和国宪法和香港特别行政区基本法，拥护"一国两制"方针政策，效忠中华人民共和国和香港特别行政区；应当声明未直接或者间接接受外国机构、组织、个人提供的与选举有关的任何形式的资助。
6. 选举采用无记名投票方式；每一选票所选的人数，等于应选代表名额的有效，多于或者少于应选代表名额的作废；代表候选人获得参加投票的选举会议成员过半数的选票时，始得当选。
7. 选举结果由主席团依法宣布，报全国人大常委会代表资格审查委员会进行资格确认后，公布代表名单。

十、各级代表的补选

1. 代表在任期内出缺，由原选区或者原选举单位补选。
2. 代表在任期内调离或者迁出本行政区域的，其代表资格自行终止，缺额另行补选。
3. 间接选举的代表，在人大闭会期间，可由本级人大常委会补选上一级人大代表。
4. 补选出缺的代表时，代表候选人的人数可以多于应选代表的名额，也可以同应选代表的名额相等。

第六章　国家机构论

一、全国人大组织法

1. 全国人大制定，属于基本法律。

2. 全国人大代表团：

（1）只有全国人大有代表团；

（2）代表按照选举单位组成代表团；

（3）团长、副团长是各代表团分别推选产生；

（4）代表团的工作：会议前讨论常委会提出的准备事项；会议期间，审议议案；团长或推选的代表可以代表代表团对议案发表意见。

3. 常务主席和执行主席：

（1）人大会议由主席团主持；

（2）主席团常务主席：

主席团第一次会议推选若干人担任；
召集并主持主席团会议；【注意】主席团第一次会议由委员长召集并主持；
主席团常务主席就拟提请主席团审议事项，听取秘书处和有关专门委员会的报告，向主席团提出建议；
主席团常务主席可以对会议日程作必要的调整；
常务主席可以召开代表团团长会议；可以召集代表团推选的有关代表讨论重大的专门性问题，国务院有关部门负责人必须参加会议。

（3）执行主席：

主席团第一次会议推选主席团成员若干人分别担任每次大会全体会议的执行主席；
主席团指定其中一人担任会议主持人。

4. 全国人大会议设秘书处：

（1）包括秘书长和副秘书长若干人；

（2）主席团决定副秘书长；

（3）受秘书长领导，办理主席团交付的事项，处理会议日常事务工作。

5. 主席团的职权：

（1）根据会议议程决定会议日程；
（2）决定会议期间代表提出议案的截止时间；
（3）听取和审议关于议案处理意见的报告，决定会议期间提出的议案是否列入会议议程；

（4）听取和审议秘书处和有关专门委员会关于各项议案和报告审议、审查情况的报告，决定是否将议案和决定草案、决议草案提请会议表决；
（5）听取主席团常务主席关于国家机构组成人员人选名单的说明，提名由会议选举的国家机构组成人员的人选，依照法定程序确定正式候选人名单；
（6）提出会议选举和决定任命的办法草案；
（7）组织由会议选举或者决定任命的国家机构组成人员的宪法宣誓；
（8）主席团可以召开大会全体会议进行大会发言，就议案和有关报告发表意见。

6. 全国人大常委会委员长：

（1）主持会议与主持工作；

（2）因为健康不能工作或缺位时，常委会在副委员长中推选一人代理。

7. 委员长会议：

（1）一正一副，外加秘书；

（2）委员长会议的职权：

决定常务委员会每次会议的会期，拟订会议议程草案，必要时提出调整会议议程的建议；
对向常务委员会提出的议案和质询案，决定交由有关的专门委员会审议或者提请常务委员会全体会议审议；
决定是否将议案和决定草案、决议草案交付常务委员会全体会议表决，对暂不交付表决的，提出下一步处理意见；
通过常务委员会年度工作要点、立法工作计划、监督工作计划、代表工作计划、专项工作规划和工作规范性文件等；
指导和协调各专门委员会的日常工作；
处理常务委员会其他重要日常工作。

8. 代表资格审查委员会：

（1）常委会设立；

（2）有主任委员、副主任委员和委员；

（3）从常委会组成人员中提名，委员长会议提请常委会通过。

9. 全国人大常委会办公厅和副秘书长：

（1）办公厅在秘书长领导下工作；

（2）常委会设副秘书长若干人，由委员长提请常务委员会任免。

10. 全国人大常委会工作委员会：

（1）根据需要设立；

（2）由主任、副主任和委员组成，委员长提请常委会任免；

（3）由常委会领导。

11. 全国人大常委会的撤职权：

（1）必须是人大闭会期间；

（2）国务院人员的撤职决定是根据委员长会议、总理提请；中央军委人员的撤职决定是根据军委主席提请；

（3）无权决定撤职总理和军委主席。

【注意】国务院、中央军委除了总理、军委主席外，其他人员在人大闭会期间都可以撤职。

二、人事选任

（一）中央国家机关人员的选举和决定

	全国人大	全国人大常委会
全国人大常委会	主席团提名，选举产生。	
国家主席和副主席		
国务院	总理：主席提名，人大决定。	
	其他组成人员：总理提名，人大决定；闭会时，常委会决定。	
中央军委	军委主席：主席团提名，选举产生。	
	其他组成人员：军委主席提名，人大决定；闭会时，常委会决定。	
国家监察委员会	主任：主席团提名，人大选举。	副主任、委员：主任提请常委会任免。
最高法、最高检	院长、检察长：主席团提名，选举产生。	任免其他组成人员。

（二）全国人大选举

1. **选举对象**：委员长、副委员长、秘书长、委员；国家主席、副主席；中央军委主席；国家监察委员会主任；最高法院院长和最高检察院检察长。

2. **候选人**：由主席团提名，经各代表团酝酿协商后，再由主席团根据多数代表的意见，确定正式候选人名单。

【注意】候选人的提名人应当向会议介绍候选人的基本情况，并对代表提出的问题作必要的说明。

3. **选举程序**：

（1）全国人民代表大会会议选举或者决定任命，采用无记名投票方式。

（2）得票数超过全体代表的半数的，始得当选或者通过。

（3）大会全体会议选举或者表决任命案的时候，设秘密写票处。

（4）选举或者表决结果，由会议主持人当场宣布；候选人的得票数，应当公布。

（三）地方人大的人事任免权

1. 提名

（1）提名主体

职位	提名主体
县级以上人大常委会组成人员，政府的正、副首长，监察委员会主任，人民法院院长，人民检察院检察长的候选人。	本级人大主席团；人大代表联名（省级人大代表30人以上书面联名，设区的市和自治州的人大代表20人以上书面联名，县级人大代表10人以上书面联名）。
乡镇人大主席、副主席，政府的正、副首长的候选人。	人大主席团；代表10人以上书面联名。

【注意】不同选区或者选举单位选出的代表可以酝酿、联合提出候选人。

（2）主席团提名的候选人人数，每一代表与其他代表联合提名的候选人人数，均不得超过应选名额。

（3）提名人应当如实介绍所提名的候选人的情况。

2. 候选人

（1）差额选举

①人大常委会主任、秘书长，乡镇人大的主席，政府正职领导，监察委员会主任，法院院长，检察院检察长的候选人数可以多一人，进行差额选举；如果提名的候选人只有一人，也可以等额选举。

②人大常委会副主任，乡镇人大的副主席，政府副职领导的候选人数应比应选人数多一人至三人，人大常委会委员的候选人数应比应选人数多十分之一至五分之一，由本级人大根据应选人数在选举办法中规定具体差额数，进行差额选举。

【注意】正职首长可以差额，也可以等额；而副职首长只能差额。

（2）确定正式候选人

①如果提名的候选人数符合选举办法规定的差额数，由主席团提交代表酝酿、讨论后，进行选举。

②如果提名的候选人数超过选举办法规定的差额数，由主席团提交代表酝酿、讨论后，进行预选，根据在预选中得票多少的顺序，按照选举办法规定的差额数，确定正式候选人名单，进行选举。

【注意】县级以上的地方各级人大换届选举本级国家机关领导人员时，提名、酝酿候选人的时间不得少于两天。

3. 选举程序

（1）选举采用无记名投票方式。

（2）代表对于确定的候选人，可以投赞成票，可以投反对票，可以另选其他任何代表或者选民，也可以弃权。

4. 当选

（1）地方各级人大选举本级国家机关领导人员，获得过半数选票的候选人人数超过应选名额时，以得票多的当选。如遇票数相等不能确定当选人时，应当就票数相等的人再次投票，以得票多的当选。

（2）获得过半数选票的当选人数少于应选名额时，不足的名额另行选举。

①另行选举时，可以根据在第一次投票时得票多少的顺序确定候选人，也可以依照本法规定的程序另行提名、确定候选人。

②经本级人大决定，不足的名额的另行选举可以在本次人大会议上进行，也可以在下一次人大会议上进行。

③另行选举人大常委会副主任、委员，乡镇人大副主席，政府副职领导人员时，依照法定的差额比例，确定差额数，进行差额选举。

（四）县级以上人大常委会的人事任免权

1. 在本级人大闭会期间，决定政府副职首长的个别任免；

2. 在政府正职首长和监察委员会主任、法院院长、检察院检察长因故不能担任职务的时候，根据主任会议的提名，从副职领导人员中决定代理的人选；

【注意】决定代理检察长，须报上一级人民检察院和人大常委会备案。

3. 根据政府正职首长的提名，决定本级政府秘书长、厅长、局长、委员会主任、科长的任免，报上一级政府备案；

4. 根据监察委员会主任的提名，任免监察委员会副主任、委员；

5. 按照法院组织法和检察院组织法的规定，任免法院副院长、庭长、副庭长、审判委员会委员、审判员，任免检察院副检察长、检察委员会委员、检察员，批准任免下一级检察院检察长；省级人大常委会根据主任会议的提名，决定在省、自治区内按地区设立的和在直辖市内设立的中级法院院长的任免，根据省级检察院检察长的提名，决定检察院分院检察长的任免；

6. 在本级人大闭会期间，决定撤销个别政府副职首长的职务；决定撤销由它任命的本级政府其他组成人员和监察委员会副主任、委员，法院副院长、庭长、副庭长、审判委员会委员、审判员，检察院副检察长、检察委员会委员、检察员，中级法院院长，检察院分院检察长的职务；

7. 在本级人大闭会期间，补选上一级人大出缺的代表和罢免个别代表。

【常见易错点提醒】

1. 县级以上地方人大常委会组成人员、政府正副首长、监察委主任、法检两长的候选人提名：人大主席团或者一定数目的代表书面联名（省级：30名以上；地级：20名以上；县乡级：10名以上）。

2. 县级以上的地方各级常委会组成人员和政府领导人员，法院院长，检察院检察长，可以向本级人大提出辞职，由大会决定是否接受辞职；大会闭会期间，可以向本级人大常委会提出辞职，由常委会决定是否接受辞职。常委会决定接受辞职后，报本级人大备案。检察院检察长的辞职，须报经上一级检察院检察长提请该级人大常委会批准。

【躲坑大练习】（判断题）[1]

①全国人大有权选举国家主席、副主席。
②全国人大有权选举国务院总理、副总理。
③全国人大选举最高人民法院院长、最高人民检察院检察长。
④王某被人民代表大会选举为县长后，提名张某为副县长候选人。
⑤某县为了大力发展科技，请市政府选派1名博士来挂职担任科技副县长。有人提出，副县长应通过人大选举。市长答复：县长需要通过选举产生，而副县长可以由上级委派。
⑥中央军委副主席由全国人大选举产生。

（五）宪法宣誓制度

1. 需要进行宪法宣誓的主体：既包括人大、人大常委会选举或者决定任命的人；也包括各级政府、监察委员会、法院、检察院任命的人。

2. 宣誓的组织：
（1）全国人大搞出来的人均由**全国人大主席团**组织宣誓仪式；
（2）全国人大常委会搞出来的人原则上均由**全国人大常委会委员长会议**组织宣誓仪式，但有四个例外：

---

[1] ①正确；②错误；③正确；④错误，主席团或10个代表联名；⑤错误；⑥错误。

| ①最高法院除院长外，其他组成人员由最高院自己组织宣誓； |
| ②最高检除检察长外，其他组成人员由最高检自己组织宣誓； |
| ③驻外全权代表由外交部组织宣誓； |
| ④国家监察委员会除主任外，其他组成人员由国家监察委员会自己组织宣誓。 |

3. 宣誓仪式：

（1）公开；

（2）就职时；

（3）可以采取单独宣誓或者集体宣誓的形式：

| 单独宣誓时，宣誓人应当左手抚按《中华人民共和国宪法》，右手举拳，诵读誓词； |
| 集体宣誓时，由一人领誓，领誓人左手抚按《中华人民共和国宪法》，右手举拳，领诵誓词；其他宣誓人整齐排列，右手举拳，跟诵誓词。 |

（4）宣誓场所应当庄重、严肃，悬挂中华人民共和国国旗或者国徽；

（5）应当奏唱国歌。

（六）辞职

1. **全国人大会议期间的辞职**

（1）**提出辞职的主体**：常委会组成人员，国家主席、副主席，国务院组成人员，中央军委组成人员，国家监察委员会主任，最高法院院长，最高检察院检察长，全国人大专门委员会成员；

（2）**处理程序**：由主席团将其辞职请求交各代表团审议后，提请大会全体会议决定。

2. **全国人大闭会期间的辞职**

（1）**处理程序**：由委员长会议将其辞职请求提请全国人大常委会审议决定。

（2）**特殊附加程序要求**：

①【报请人大确认】全国人大常委会接受委员长、副委员长、秘书长，国家主席、副主席，国务院总理、副总理、国务委员，中央军委主席，国家监察委员会主任，最高法院院长，最高检察院检察长辞职的，**应当报请全国人大下次会议确认**；

②【报告义务】全国人大常委会接受常委会委员辞职的，应当**向全国人大下次会议报告**；

③【决定代理人】全国人大闭会期间，总理、中央军委主席、国家监察委员会主任、最高法院院长、最高检察院检察长缺位的，全国人大常委会可以分别在副总理、中央军委副主席、国家监察委员会副主任、最高法副院长、最高检副检察长中决定代理人选。

【规律总结】辞职程序：

（1）开会期间由主席团交各代表团审议后提请大会决定；

（2）闭会期间由委员长会议提请常委会会议审议决定；其中，接受领导人员的辞职，应报请人大下次会议确认；接受常委会委员的辞职，应当向人大下次会议报告；接受国务院正副总理以外的组成人员辞职，不需要报请全国人大下次会议确认；

（3）人大闭会期间，总理、军委主席、国监委主任、最高法院长、最高检检察长缺位，常委会有权在副职中决定代理人选。

3. **县级以上地方国家机关领导人的辞职**

县级以上的地方人大常委会组成人员、专门委员会组成人员、政府领导人员，监察委员会主任，法院院长，检察院检察长：

（1）可以向本级人大提出辞职，由大会决定是否接受辞职；

（2）大会闭会期间，可以向本级人大常委会提出辞职，由常务委员会决定是否接受辞职。**常委会决定接受辞职后，报本级人民代表大会备案。**

【注意】检察院检察长的辞职，须报经上一级检察长提请该级人大常委会批准。

4. **乡镇领导的辞职**

乡镇人大主席、副主席，政府的正副首长，可以向本级人大提出辞职，由大会决定是否接受辞职。

【常见易错点提醒】

1. 国家副主席和国家主席一样，主席团提名，人大选举；

2. 常委会都是选举产生，国务院均是决定；

3. 驻外全权代表的任免由全国人大常委会决定，国家主席宣布；

4. 一个人不能身兼权力机关（常委会）与执行机关双重职务：（1）各级人大常委会的委员不得担任国家行政机关、监察机关、审判机关和检察机关的职务；（2）乡镇人大的主席、副主席不得担任国家行政机关的职务。

〔七〕 **全国人大罢免**

1. **罢免对象**：产生谁，罢免谁。

2. **提案**：

（1）提案主体：主席团、三个以上的代表团或者十分之一以上的代表；

（2）罢免案应当写明罢免理由，并提供有关的材料。

3. **申辩**：罢免案提请大会全体会议表决前，被提出罢免的人员有权在主席团会议和大会全体会议上提出申辩意见，或者书面提出申辩意见，由主席团印发会议。

4. **处理程序**：（1）由主席团交各代表团审议后，提请大会全体会议表决；或者（2）由主席团提议，经大会全体会议决定，组织调查委员会，由全国人大下次会议根据调查委员会的报告审议决定。

【附表】各级人大罢免程序对比图

	全国人大	县级以上地方人大	乡级人大
对象	其具有选任权的主体		
提案	主席团、三个以上的代表团或1/10以上的全国人大代表	主席团、常务委员会或者1/10以上代表联名	主席团或1/5以上代表联名
决定程序	主席团提请大会审议，并经全体代表过半数同意通过	全体代表过半数通过	

【注意】罢免检察长，须报经上一级检察长报请该级人大常委会批准。

【躲坑大练习】（判断题）[1]

①全国人大三个以上的代表团可以提出对于全国人大常委会的组成人员，国家主席、副主席，国务院和中央军事委员会的组成人员，最高人民法院院长和最高人民检察院检察长的罢免案。

---

[1] ①正确；②正确；③错误。

②县级以上各级人大罢免本级人民检察院检察长，须报上级人民检察院检察长提请该级人大常委会批准。

③某直辖市人大常委会依法罢免该市某一失职的中级法院院长。

三、询问和质询：一府一委两院

（一）询问

1. 各代表团审议议案和有关报告的时候，有关部门应当派负责人员到会，听取意见，回答代表提出的询问。

2. 各代表团全体会议审议政府工作报告，审查国民经济和社会发展计划、预算草案，审议最高人民法院工作报告、最高人民检察院工作报告的时候，国务院以及国务院各部门负责人，最高人民法院、最高人民检察院负责人或者其委派的人员应当分别参加会议，听取意见，回答询问。

3. 主席团和专门委员会对议案和有关报告进行审议的时候，国务院或者有关机关负责人应当到会，听取意见，回答询问，并可以对议案或者有关报告作补充说明。

（二）质询：一府一委两院

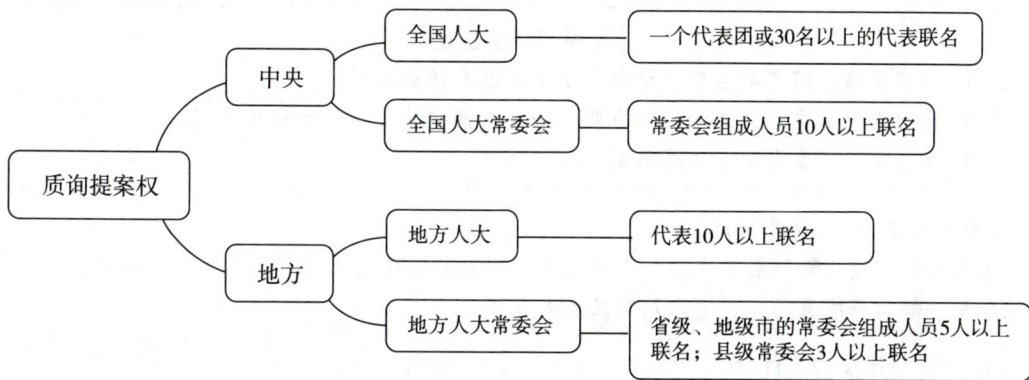

【注意】

1. 质询案必须写明质询对象、质询的问题和内容。

2. 质询案按照主席团的决定由受质询机关的负责人在主席团会议、有关的专门委员会会议或者有关的代表团会议上口头答复，或者由受质询机关书面答复。

（1）口头答复的，提质询案的代表团团长或者代表有权列席会议，发表意见；有关的专门委员会或者代表团应当将答复质询案的情况向主席团报告；

（2）以书面答复的，受质询机关的负责人应当签署，由主席团决定印发会议。

3. 提质询案的代表或者代表团对答复质询不满意的，可以提出要求，经主席团决定，由受质询机关再作答复。

【躲坑大练习】（判断题）[1]

①一个代表团和三十名以上的代表可以联合提出对国务院及其各部、各委员会的质询案。

②全国人大常委会组成人员10人以上联名有权提出对国务院的质询案。

③全国人大常委会会议期间，常委会组成人员十人以上可书面提出对国务院各委员会的质

---

[1] ①错误，是"或"；②正确；③正确；④正确；⑤正确；⑥错误；⑦正确；⑧正确，口头答复，由受质询机关的负责人到会答复。

询案。

④全国人大会议期间，一个代表团可书面提出对国务院的质询案。

⑤全国人大会议期间，三十名以上代表联名可书面提出对国务院各部的质询案。

⑥全国人大常委会会议期间，委员长会议可书面提出对国务院的质询案。

⑦全国人大代表在全国人民代表大会开会期间，有权提出对国务院或者国务院各部、各委员会的质询案。

⑧质询案以书面答复的，由受质询的机关的负责人签署。

四、连续任职不超过两届

◆ 全国人大常委会正副委员长；
◆ 国务院总理、副总理和国务委员；
◆ 国家监察委员会主任；最高院院长；最高检检察长；
◆ 特别行政区行政长官。

【常见易错点提醒】

1. 国家主席、国家副主席、中央军委主席没有任届限制；

2. 地方人大常委会、地方的政府监委法院检察院的领导没有任届限制；

3. 村委会、居委会没有任届限制。

【躲坑大练习】（判断题）[1]

①李某被人民代表联名提名为县长候选人，但大会主席团认为李某已连任两届县长，不能再担任新一届政府的县长，决定取消其候选人资格。

五、负责并报告工作

1. 既负责，也报告工作	◇ 人大常委会对人大；
	◇ 政府对本级人大及其常委会；
	◇ 下级政府对上级政府；
	◇ 法院、检察院对人大及其常委会；
	◇ 村委会对村民会议或村民代表会议。
2. 例外	• 国家主席不负责，也不报告；
	• 监察委对本级人大及其常委会负责，但未规定报告工作；《监察法》规定了对常委会作专项工作报告；
	• 军委主席只负责，不报告工作；
	• 下级人大对上级人大不负责，也不报告（因为没有隶属关系）。

[1]　①错误。

续表

3. 双重负责制	➤ 地方政府既对本级人大及其常委会，也对上一级政府负责并报告工作；
	➤ 地方监察委员会既对产生他的国家权力机关负责，也对上一级监察机关负责；
	➤ 审计机关既对本级政府，又对上一级审计机关负责；
	➤ 检察院对本级人大及其常委会负责，也对上级检察机关负责；
	➤ 特别行政区的行政长官既对中央政府，又对特别行政区负责，香港特别行政区政府对立法会负责。

六、县级以上各级人大会议的召集和召开

1. 召集	• 第一次会议由上届人大常委会召集。
	• 其他正式会议由本届人大常委会召集。
2. 预备会议	◇ 第一次会议的预备会议，由上届人大常委会主持。
	◇ 以后会议的预备会议，由本届人大常委会主持。
3. 预备会议的工作	选举主席团和秘书长，通过大会议程；①常委会提出草案；②各代表团参与审议提出意见。
4. 正式会议	➤ **正式会议一定由主席团主持；**
	➤ 第一次会议选举产生本届常委会。

【常见易错点提醒】

1. 常委会在人大会议举行前，进行下列准备工作：

（1）提出会议议程草案；

（2）提出主席团和秘书长名单草案；

（3）决定列席会议人员名单；

（4）在人大会议举行的一个月前，将开会日期和建议会议讨论的主要事项通知代表，并将准备提请会议审议的法律草案发给代表；

（5）可以组织代表研读讨论有关法律草案，征求代表的意见，并通报会议拟讨论的主要事项的有关情况。

2. 全国人大代表团：

（1）全国人大代表到会之后，按照选举单位组成代表团；

（2）各团分别推选团长和副团长；

（3）团长召集并主持代表团全体会议；

（4）可以分设代表小组。

3.【兼职禁止】常委会的组成人员不得担任行政机关、监察机关、司法机关的职务。

4. 乡级人大：（1）不设委员会；（2）不召开预备会议；（3）会议的召集和主持都由主席团负责；（4）主席和副主席是主席团天然的成员，无需另行选举。

【躲坑大练习】（判断题）[1]

①县级以上的地方各级人民代表大会会议由本级人民代表大会常务委员会召集并主持。

②全国人民代表大会每次会议举行预备会议，选举本次会议的主席团和秘书长，通过本次会议的议程和其他准备事项的决定。

③地方各级人民代表大会每次会议举行预备会议，预备会议由本级人民代表大会常委会主持。

④乡、民族乡、镇的人民代表大会举行会议时，选举主席团。乡、民族乡、镇的人民代表大会的主席、副主席为主席团成员。

⑤地方各级人民代表大会每届第一次会议，由上届本级人民代表大会常务委员会或者乡、民族乡、镇的上届人民代表大会主席团主持。

⑥地方各级人民代表大会会议每年至少举行一次。

⑦乡镇人大主席、副主席主持乡镇人大会议。

⑧全国人大各代表团团长、副团长由各代表团全体成员选举产生。

七、会议制度

（一）全国人大及其常委会的会议制度

国家机关	主要会议制度	次要会议制度	备注
全国人大	**常规会议：** 1. 一年一次，于每年第一季度举行，会议召开的日期由全国人大常委会决定并予以公布。遇有特殊情况，全国人大常委会可以决定适当提前或者推迟召开会议。提前或者推迟召开会议的日期未能在当次会议上决定的，全国人大常委会可以另行决定或者授权委员长会议决定，并予以公布。 2. 开会时选举主席团主持会议。	**临时会议：**常委会认为必要，或者1/5以上代表提议，可以临时召集全国人大会议。 **【注意】主席团常务主席召集并主持主席团会议。主席团第一次会议由全国人民代表大会常务委员会委员长召集并主持，会议推选主席团常务主席后，由主席团常务主席主持。**	1. 会议需有三分之二以上的代表出席，始得进行。 2. 全国人民代表大会在必要的时候，可以举行秘密会议。举行秘密会议，经主席团征求各代表团的意见后，由有各代表团团长参加的主席团会议决定。
全国人大常委会	**全体会议：**一般是两个月举行一次，由委员长召集和主持。议案由常委会全体组成人员的过半数通过。	**委员长会议：**由委员长、副委员长和秘书长组成，处理常委会的重要日常工作。 委员长主持常委会工作，召集常委会会议。	应当在常委会会议后将法律草案及其起草、修改的说明等向社会公布，征求意见，但是经委员长会议决定不公布的除外。

（二）县级以上地方人大会议【新修考点】

1. 每年至少举行一次。会议召开的日期由本级人大常委会决定，并予以公布。

2. 遇有特殊情况，县级以上的地方各级人大常委会可以决定适当提前或者推迟召开会议。

---

[1]　①错误，召集是常委会，主持是主席团；②正确；③错误，乡级人大不开预备会议；④正确；⑤错误，第一次会议的召集是上届，召集来之后主持第一次预备会议；⑥正确；⑦错误；⑧错误，推选产生。

提前或者推迟召开会议的日期未能在当次会议上决定的，常务委员会或者其授权的主任会议可以另行决定，并予以公布。

3. 会议的召集：

（1）县级以上地方人大每届的第一次会议，在本届人大代表选举完成后的两个月内，由上届本级人大常委会召集；

（2）除第一次会议以外的各次会议，由本级人大常委会召集；

（3）县级以上的地方各级人大常委会认为必要，或者经过五分之一以上代表提议，可以临时召集本级人大会议。

4. 地方各级人大会议有三分之二以上的代表出席，始得举行。★★★

5. 地方各级人大举行会议，应当合理安排会期和会议日程，提高议事质量和效率。

6. 每次会议举行预备会议：

（1）预备会议由本级人大常委会主持。每届人大第一次会议的预备会议，由上届本级人大常委会主持；

（2）工作：选举本次会议的主席团和秘书长，通过本次会议的议程和其他准备事项的决定。

7. 各级人大举行会议的时候，由主席团主持会议。

【注意】县级以上的地方各级人大会议设副秘书长若干人；副秘书长的人选由主席团决定。

8. 县级以上各级人民政府组成人员和监察委员会主任、人民法院院长、人民检察院检察长列席本级人大会议；县级以上的其他有关机关、团体负责人，经本级人大常委会决定，可以列席本级人大会议。

（三）乡镇人大会议【新修考点】

1. 一般每年举行两次。会议召开的日期由乡镇的人大主席团决定，并予以公布。★★

2. 遇有特殊情况，乡镇人大主席团可以决定适当提前或者推迟召开会议。提前或者推迟召开会议的日期未能在当次会议上决定的，主席团可以另行决定，并予以公布。

3. 有三分之二以上的代表出席，始得举行会议。

4. 地方各级人大举行会议，应当合理安排会期和会议日程，提高议事质量和效率。

5. 会议的召集：

（1）乡镇人大每届第一次会议，在本届人大代表选举完成后的两个月内，由乡、民族乡、镇的上次人大主席团召集。

（2）除第一次会议以外的各次会议，由本届人大的主席团召集；

（3）乡、民族乡、镇的人大主席团认为必要，或者经过五分之一以上代表提议，可以临时召集本级人大会议。

6. 乡镇人大的主席和副主席

（1）乡、民族乡、镇的人大设主席，并可以设副主席一人至二人。主席、副主席由本级人大从代表中选出，任期同本级人大每届任期相同；

（2）主席、副主席不得担任国家行政机关的职务；如果担任国家行政机关的职务，必须向本级人大辞去主席、副主席的职务；

（3）主席、副主席在本级人大闭会期间负责联系本级人大代表，根据主席团的安排组织代表开展活动，反映代表和群众对本级人民政府工作的建议、批评和意见，并负责处理主席团的日常工作。

7. 乡镇人大主席团

（1）乡、民族乡、镇的人大举行会议的时候，选举主席团。乡、民族乡、镇的人大主席、副主席为主席团的成员；

（2）主席团主持会议，并负责召集下一次的本级人大会议；

（3）主席团在本级人大闭会期间，每年选择若干关系本地区群众切身利益和社会普遍关注的问题，有计划地安排代表听取和讨论本级人民政府的专项工作报告，对法律、法规实施情况进行检查，开展视察、调研等活动；听取和反映代表和群众对本级人民政府工作的建议、批评和意见。

【注意】主席团在闭会期间的工作，向本级人大报告。

8. 乡级的政府领导人员，列席本级人大会议。

（四）地方各级人大会议的提案程序【新修考点】

1. 地方各级人大举行会议的时候，主席团、常委会、各专门委员会、本级政府，可以向本级人大提出**属于本级人大职权范围内的**议案，由主席团决定提交人大会议审议，或者交有关的专门委员会审议、提出报告，再由主席团审议决定提交大会表决。

2. 县级以上的地方各级人大代表十人以上联名，乡镇人大代表五人以上联名，可以向本级人大提出属于本级人大职权范围内的议案，由主席团决定是否列入大会议程，或者先交有关的专门委员会审议，提出是否列入大会议程的意见，再由主席团决定是否列入大会议程。

3. 列入会议议程的议案，在交付大会表决前，提案人要求撤回的，经主席团同意，会议对该项议案的审议即行终止。

县级以上地方人大（5个）	乡镇人大（3个）
主席团、常委会、各专门委员会、本级人民政府、代表10人以上联名	主席团、乡镇政府，代表5人以上联名

4. 地方各级人大进行选举和通过决议，以全体代表的过半数通过。

（五）县级以上常委会的名额【新修考点】★★★

1. 省、自治区、直辖市四十五人至七十五人，人口超过八千万的省不超过九十五人；具体名额由省级人大确定。

2. 设区的市、自治州二十九人至五十一人，人口超过八百万的设区的市不超过六十一人；具体名额由省级人大常委会确定。

3. 县、自治县、不设区的市、市辖区十五人至三十五人，人口超过一百万的县、自治县、不设区的市、市辖区不超过四十五人；具体名额由省级人大常委会确定。

【注意】每届人大常委会组成人员的名额经确定后，在本届人大的任期内不再变动。

（六）县级以上地方人大常委会会议【新修考点】★★★

1. 常务委员会会议**由主任召集并主持**，每两个月至少举行一次。遇有特殊需要时，可以临时召集常务委员会会议。主任可以委托副主任主持会议。

2. 县级以上的地方各级政府、监察委员会、法院、检察院的负责人，列席本级人大常委会会议。

3. 常务委员会会议有常务委员会全体组成人员过半数出席，始得举行。

4. 一般议案的提案：

（1）县级以上的地方各级人大常委会主任会议可以向本级人大常委会提出属于常委会职权范围内的议案，由常委会会议审议；

（2）县级以上的地方各级人民政府、人大各专门委员会，可以向本级人大常委会提出属于常委会职权范围内的议案，由主任会议决定提请常委会会议审议，或者先交有关的专门委员会审议、提出报告，再提请常委会会议审议；

（3）省级、地级市的人大常委会组成人员五人以上联名，县级的人大常委会组成人员三人以上联名，可以向本级常委会提出属于常委会职权范围内的议案，由主任会议决定是否提请常委会会议审议，或者先交有关的专门委员会审议、提出报告，再决定是否提请常委会会议审议。

5. 决议：

常务委员会的决议，由常务委员会以全体组成人员的过半数通过。

6. 主任会议：

（1）**组成**：省级、地级市的人大常委会主任、副主任和秘书长组成主任会议；县级人大常委会主任、副主任组成主任会议；

【注意】常委会主任因为健康情况不能工作或者缺位的时候，由常委会在副主任中推选一人代理主任的职务，直到主任恢复健康或者人大选出新的主任为止。

（2）**职权**：

主任会议处理常务委员会的重要日常工作：

①决定常务委员会每次会议的会期，拟订会议议程草案，必要时提出调整会议议程的建议；
②对向常务委员会提出的议案和质询案，决定交由有关的专门委员会审议或者提请常务委员会全体会议审议；
③决定是否将议案和决定草案、决议草案提请常务委员会全体会议表决，对暂不交付表决的，提出下一步处理意见；
④通过常务委员会年度工作计划等；
⑤指导和协调专门委员会的日常工作；
⑥其他重要日常工作。

（七）各级政府会议

国务院	全体会议：全体成员（总理、副总理若干人、国务委员若干人、各部部长、各委员会主任、央行行长、审计长、秘书长）组成，一般半年一次。	常务会议：总理、副总理、国务委员、秘书长组成，一般每周一次
地方政府	全体会议：政府全体成员参加，由正职首长召集和主持。 1. 省、市：正副首长、秘书长、厅长、局长和委员会主任等。 2. 县级：正副首长、局长、科长等。 3. 乡级：正副首长。	常务会议：由正职首长召集和主持。 1. 省、地级（正副首长、秘书长）。 2. 县级（正副首长）。 **【注意】**政府工作中的重大问题，须经政府常务会议或者全体会议讨论决定。

【常见易错点提醒】

1. 开会是人大最重要的工作方式；

2. 每届人大的第一次会议，由上一届常委会召集；

3. 人大全体会议的主持人一定是主席团；但每次会议举行预备会议，由常委会主持；

4. 每一届常委会行使职权至下一届常委会选出为止；

5. 执行主席轮流主持人大会，常务主席召集并主持主席团会议；

6. 县级人大常委会和县乡两级政府均没有秘书长；

7. 国务院的组成人员，中央军委的组成人员，国监会主任，最高法院长和最高检检察长，列席全国人大会议；其他有关机关、团体的负责人，经全国人大常委会决定，可以列席全国人大会议；

8. 全国人大全体会议设旁听席；举行会议的时候，秘书处和有关的代表团应当为少数民族代表准备必要的翻译。

【躲坑大练习】（判断题）[1]

①国务院常务会议由总理、副总理、国务委员、秘书长组成。

②全国人大会议主席团设常务主席若干人，轮流担任会议执行主席。

③全国人民代表大会会议公开举行；在必要的时候，经主席团和常委会决定，可以举行秘密会议。

④有五分之一以上的全国人大代表提议，可以临时召集全国人民代表大会会议。

⑤某县共有人大代表500名，经其中的101名代表提议，临时召集本级人民代表大会会议。

八、专门委员会

设立	除乡级外，各级人大 根据需要，可以 设法制委员会、财政经济委员会等专门委员会。
任期	常设性
组成	主任委员、副主任委员、委员由主席团 在代表中 提名，大会通过。 1. 主任委员主持委员会的会议和工作。 2. 人大闭会期间，常委会可以补充任命专门委员会个别的副主任委员和委员，由委员长会议或主任会议提名，常委会会议通过。 3. 各专门委员会每届任期同本级人大每届任期相同，履行职责到下届人大产生新的专门委员会为止。
顾问	各专门委员会可以根据工作需要，任命专家若干人为顾问；顾问可以列席专门委员会会议，发表意见。顾问由人大常委会任免。

---

[1] ①正确；②错误；③错误；④正确；⑤正确。

续表

工作	研究、审议、拟订有关议案，特别是审议人大主席团或者人大常委交会交付的议案、质询案。 1. 专门委员会审议议案和有关报告，涉及专门性问题的时候，可以邀请有关方面的代表和专家列席会议，发表意见。 2. 专门委员会可以决定举行秘密会议。 3. 全国人大民族委员会还可以对加强民族团结问题进行调查研究，提出建议；可以审议自治区由全国人大常委会批准的自治条例和单行条例，向全国人大常委会提出报告。 4. 全国人大宪法和法律委员会： （1）承担推动宪法实施、开展宪法解释、推进合宪性审查、加强宪法监督、配合宪法宣传等工作职责； （2）统一审议法律草案，其他专委会向其提出意见。 5. 专门委员会之间对法律草案的重要问题意见不一致时，应当向委员长会议报告。
关系	受全国人大及其常委会的领导。

【常见陷阱】

1. 乡级人大不设常委会、专门委员会。

2. 专门委员会的主任委员只能由全国人大通过；调查委员会的所有成员都能由全国人大常委会通过。

九、调查委员会

设立	1. 县级以上各级人大和人大常委会均可设立。 2. 主席团、3个以上的代表团或者1/10以上的代表联名，可以向全国人大提议组织关于特定问题的调查委员会，由主席团提请大会全体会议决定。 3. 县级以上地方各级人大主席团或者1/10以上的代表书面联名，可以向本级人大提议组织关于特定问题调查委员会，由主席团提请全体会议决定。 4. 常委会设立时的提议主体：（1）委员长会议或者主任会议；（2）五分之一以上常委会组成人员书面联名。
任期	临时性，无固定任期。
组成	调查委员会由主任委员、副主任委员和委员组成，由主席团（常委会组织时是由委员长会议或者主任会议）在本级人大代表中提名，提请大会全体会议（常委会会议）审议通过。 调查委员会向组织者（人大或常委会）提出调查报告，人大或常委会根据其报告，可以作出相应的决议。
顾问	调查委员会可以聘请有关专家参加调查工作，但专家不属于调查委员会的组成人员。
工作	开展调查：有关的国家机关、社会团体、企业事业组织和公民都有义务向其提供必要的材料。提供材料的公民要求对材料来源保密的，调查委员会应当予以保密。 调查委员会在调查过程中，可以不公布调查的情况和材料。
关系	向人大或常委会（经授权）提出调查报告。【注意】不需要向专门委员会报告。

【躲坑大练习】（判断题）[1]

①县级以上的地方各级人民代表大会常务委员会根据需要，可以设法制（政法）委员会等专门委员会。

②全国人民代表大会专门委员会是最高国家权力机关的非常设机关。

③全国人民代表大会专门委员会只能审议全国人民代表大会主席团交付的议案。

④各专门委员会在其职权范围内所作决议，具有全国人大及其常委会所作决定的效力。

⑤各专门委员会的主任委员、副主任委员由全国人大及其常委会任命。

⑥关于特定问题的调查委员会的任期与全国人大及其常委会的任期相同。

⑦经五分之一以上常务委员会组成人员书面联名提议或有关专门委员会提议，可以组织关于特定问题的调查委员会。

⑧经调查委员会聘请，有关专家可以作为调查委员会的委员参加调查工作。

⑨调查委员会在调查过程中，可以不公布调查的情况和材料。

⑩调查委员会应当向有关专门委员会提出调查报告。

十、财政权力

国民经济和社会发展计划和国家预算	政府编制
	对于上一年度执行情况与本年度草案的初步方案：1. 开会前45天，国务院有关主管部门向全国人大财经委和有关专门委员会汇报；2. 财经委初步审查；3. 应当邀请全国人大代表参加
	开会时提出报告：1. 政府提出；2. 代表团、财经委和有关专门委员会审查
	人大有权审查和批准：大会全体会议表决
	政府执行；在执行过程中，建议部分调整
	人大常委会有权审批（地方是"决定"）在执行过程中所必须作的**部分调整方案（部分变更）**
	政府应在每年六月至九月期间，向常委会报告本年度上一阶段执行情况
	常委会审批
	人大审批全年执行情况的报告
决算	国务院每年6月（地方是6-9月），将上一年度的决算草案提请常委会审批
	常委会审批

【常见易错点提醒】

1. 政府的全部收入和支出都应当纳入预算。

2. 严格控制不同预算科目之间的资金调整。预算安排的农业、教育、科技、文化、卫生、社会保障等资金需要调减的，国务院和县级以上政府应当提请本级常委会审批。

---

[1] ①错误，人大下设，不是常委会下设；②错误；③错误；④错误；⑤错误；⑥错误；⑦错误；⑧错误；⑨正确；⑩错误。

```
                                    ┌─ 国务院每年6月
                    ┌─ 提请常委会审批上 ─┤
                    │  一年度决算草案   └─ 县级以上政府每年6~9月
         财政权力 ─┤
                    │  向常委会报告本年度上一 ┌─ 国务院每年6~9月
                    └─ 阶段国民经济和社会发展 ─┤
                       计划、预算的执行情况    └─ 县级以上地方政府每年6~9月
```

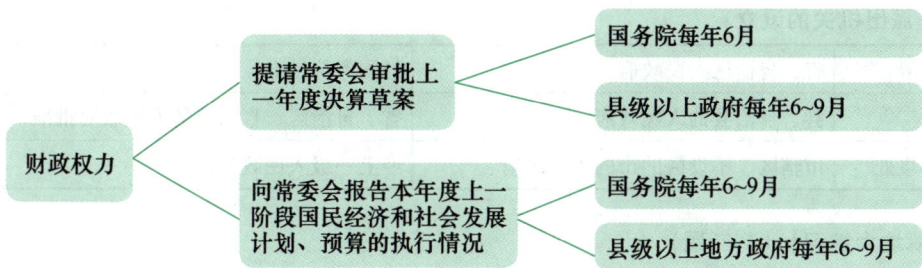

【躲坑大练习】（判断题）[1]

①政府的全部收入和支出都应当纳入预算。

②经批准的预算，未经法定程序，不得调整。

③国务院有权编制和执行国民经济和社会发展计划、国家预算。

④全国人大常委会有权审查和批准国家的预算和预算执行情况的报告。

⑤根据经济发展的需要，县人民代表大会通过决议，授权新一届县政府决定本县预算的变更。

⑥全国人大常委会有权审批国民经济和社会发展计划以及国家预算部分调整方案。

⑦县级以上地方各级人民政府应当在每年六月至九月期间，将上一年度的本级决算草案提请本级人大常委会审查和批准。

⑧国务院应当在每年六月至九月期间向全国人大常委会报告本年度上一阶段预算的执行情况。

⑨预算安排的农业、教育、科技、文化、卫生、社会保障等资金需要调减的，国务院和县级以上地方各级人民政府应当提请本级人大常委会审查和批准。

⑩上级财政补助资金的安排和使用情况，是地方各级人大常委会对决算草案和预算执行情况重点审查的内容之一。

十一、政府部门的设、撤、并

1. 国务院各部委的设立、撤销或者合并，经总理提出，由全国人大决定；在全国人大闭会期间，由全国人大常委会决定。

2. 地方政府的厅、局、科等工作部门的设立、增加、减少或者合并，依据法定程序报经批准，报本级人大常委会备案。

3. 审计机关：

（1）县级以上地方各级政府设立审计机关，依法独立行使审计监督权，对本级人民政府和上一级审计机关负责；

（2）审计机关对国务院各部门和地方各级人民政府的财政收支，对国家的财政金融机构和企事业组织的财务收支，实行审计监督。

---

[1] ①正确；②正确；③正确；④错误；⑤错误；⑥正确；⑦正确；⑧正确；⑨正确；⑩正确。

4. 派出机关的设立：

行政公署	省、自治区人民政府	经国务院批准
区公所	县、自治县的人民政府	省、自治区、直辖市的人民政府批准
街道办事处	市辖区、不设区的市的人民政府	经上一级人民政府批准

【躲坑大练习】（判断题）[1]

①县人民代表大会决定，根据本县经济不发达的实际情况，不设立交通局、商业局和审计局。

②某县地域宽广，为了便于经济建设和行政管理，县政府请示市政府：拟设立5个区公所，分别管辖所属的30余个乡镇。市长答复：此事经县人大通过即可。

③全国人民代表大会无权决定设立国务院各部、各委员会。

④自治区人民代表大会有权决定民族乡的设立。

⑤全国人大常委会有权批准省、自治区、直辖市的建置。

⑥地方各级审计机关对本级人大常委会和上一级审计机关负责。

⑦县政府工作部门的设立、增加、减少或者合并由县人大批准，并报上一级人民政府备案。

⑧县政府在必要时，经上级人民政府批准，可以设立若干区公所作为派出机关。

⑨地方各级审计机关依照法律规定独立行使审计监督权，不对同级人民政府负责。

十二、其他职权

1. 战争和紧急状态

战争状态	全国人大决定战争和平问题。
	在全国人大闭会期间，如果遇到国家遭受武装侵犯或者必须履行国家间共同防止侵略的条约的情况，全国人大常委会决定战争状态的宣布；由国家主席根据上述决定来宣布战争状态。
动员	全国总动员和局部动员均由全国人大常委会决定；国家主席据此发布动员令。
紧急状态	全国人大常委会决定全国或者个别省、自治区和直辖市进入紧急状态；国家主席根据全国人大常委会的决定，宣布进入紧急状态等。
	国务院决定省、自治区、直辖市的范围内部分地区进入紧急状态。

【常见易错点提醒】
特别行政区的战争和紧急状态均由全国人大常委会决定。

---

[1] ①错误；②错误；③错误；④错误；⑤错误；⑥错误；⑦错误；⑧错误，省政府批准；⑨错误。

2. 条约

（1）国务院管理对外事务，同外国缔结条约和协定。
（2）全国人大常委会决定同外国缔结的条约和重要协定的批准或废除。
（3）国家主席根据常委会的决定，宣布批准或废除条约和重要协定。

3. 特赦

（1）赦免包括大赦和特赦：**一般来说，大赦既赦其刑也赦其罪，特赦只赦其刑不赦其罪。**
（2）我国1954年宪法曾规定大赦与特赦两种赦免形式，但从未有过大赦的实践。
（3）1975年宪法没有规定赦免。
（4）1978年宪法和1982年宪法均只规定了特赦。 ①全国人大常委会决定特赦； ②国家主席根据上述决定，发布特赦令。

4. 国家勋章和荣誉称号

（1）性质	**国家最高荣誉。**
（2）类型	①国家勋章有"共和国勋章"和"友谊勋章"之分，其中友谊勋章只能授予外国人。
	②国家荣誉称号：授予在各领域各行业作出重大贡献、享有崇高声誉的杰出人士。
（3）针对对象	①活人。 ②生前作出突出贡献符合法定授予条件的人士，《国家勋章和荣誉称号法》施行后去世的，可以向其追授。
（4）一般程序	①提案：全国人大常委会委员长会议（根据各方面的建议）、国务院、中央军委。
	②决定：全国人大常委会。
	③授予：国家主席向获得者授予奖章，签发证书。
	④颁授时间：在国庆日或者其他重大节日、纪念日，举行颁授仪式；必要时，也可以在其他时间举行颁授仪式。
（5）特别程序	国家主席进行国事活动，可以直接授予外国政要、国际友人等人士"友谊勋章"。
（6）权利	①国家功勋簿上记载姓名及其功绩；获得国家和社会多种形式的宣传。
	②应当受到国家和社会的尊重，享有受邀参加国家庆典和其他重大活动等崇高礼遇和国家规定的待遇。
	③除非依法被撤销，国家勋章和国家荣誉称号为其获得者终身享有。
（7）义务	①按照规定佩带奖章，妥善保管勋章、奖章及证书。
	②奖章及证书不得出售、出租或者用于从事其他营利性活动。
（8）延续	获得者去世的，其获得的勋章、奖章及证书由其继承人或者指定的人保存；没有继承人或者被指定人的，可以由国家收存。
（9）撤销	获得者因犯罪被依法判处刑罚或者有其他严重违法、违纪等行为，继续享有将会严重损害国家最高荣誉的声誉，全国人大常委会决定撤销并予以公告。

十三、人大代表

1. 任期从第一次开会到下届人大第一次开会。

2. 代表应当出席会议；因病或者其他特殊原因不能出席的，应当向会议秘书处书面请假。秘书处应当向主席团报告代表出席会议的情况和缺席的原因。

3. 代表可以列席原选举单位的人大会议。

4. **人身受特别保护权**：在全国人大开会期间，未经主席团的许可；在全国人大闭会期间，未经常委会的许可，全国人大代表不受逮捕或者刑事审判。如果因为全国人大代表是现行犯而被拘留的，执行拘留的公安机关必须立即向全国人大主席团或者立即向全国人大常委会报告。

> **【常见易错点提醒】**
> 县级以上人大代表与此相同，唯独乡级人大代表，如果被逮捕、受刑事审判，或者被采取法律规定的其他限制人身自由的措施，执行机关应当立即报告乡、民族乡、镇的人民代表大会。

5. **代表的发言权**

(1) 代表在全国人民代表大会各种会议上发言，应当围绕会议确定的议题进行。
(2) 代表在大会全体会议上发言的，每人可以发言两次，第一次不超过十分钟，第二次不超过五分钟。
(3) 要求在大会全体会议上发言的，应当在会前向秘书处报名，由大会执行主席安排发言顺序；在大会全体会议上临时要求发言的，经大会执行主席许可，始得发言。
(4) 主席团成员和代表团团长或者代表团推选的代表在主席团每次会议上发言的，每人可以就同一议题发言两次，第一次不超过十五分钟，第二次不超过十分钟。经会议主持人许可，发言时间可以适当延长。
(5) "言论免责"权：在人大各种会议上发言和表决不受法律追究。

6. 代表向人大提出的对各方面工作的建议、批评和意见，由常委会办事机构交由有关机关、组织研究办理，并负责在交办之日起三个月内，至迟不超过六个月，予以答复。代表对答复不满意的，可以提出意见，由常委会办事机构交由有关机关、组织或者其上级机关、组织再作研究办理，并负责答复。

7. **代表资格的终止与暂停**

终止的情形	地方各级人民代表大会代表迁出或者调离本行政区域的
	辞职被接受的
	被罢免的
	丧失中华人民共和国国籍的
	依照法律被剥夺政治权利的
	丧失行为能力的
	未经批准两次不出席本级人民代表大会会议的

续表

暂停执行代表职务	因刑事案件被羁押正在受侦查、起诉、审判的
	被依法判处管制、拘役或者有期徒刑而没有附加剥夺政治权利，正在服刑的
	上述情形在代表任期内消失后，恢复其执行代表职务，但代表资格终止者除外

十四、国家主席

1. 任职资格：年满 45 周岁；公民；未被剥夺政治权利；
2. 进行国事活动、接受外国使节属于国家主席固有职权，不需要常委会决定；
3. 主席缺位时，由副主席继任；副主席缺位，由全国人大补选；
4. 正副主席都缺位时，由全国人大补选；在补选之前，由全国人大常委会委员长暂时代理主席职位。

【注意】国家主席特别专一，体现在三个方面：一、只公布法律；二、只提名总理；三、只宣布任免国务院的组成人员。

十五、国务院

1. 统一领导地方各级政府和各部委的工作，并且领导不属于各部委的全国性的行政工作；
2. 组成人员：总理、副总理、国务委员、各部部长、各委员会主任、央行行长、审计长、秘书长；
3. 组成部门：21 个部；3 个委员会（卫生健康委员会、发改委和民族事务委员会）、审计署、中国人民银行；
4. 总理负责制；总理召集和主持召开常务会议和全体会议，并拥有最终决定权。

十六、监察委员会

（一）职权

1. 廉政教育；

2. 对公职人员秉公用权进行监督检查；

3. 调查职务违法和职务犯罪行为；

4. 对违法的公职人员作出政务处分决定，如警告、记过、记大过、降级、撤职、开除；

5. 按照管理权限，对履行职责不力、失职失责的领导人员进行问责；或者向有权问责的机关提出问责建议；

6. 对涉嫌职务犯罪的，将调查结果移送检察院审查公诉；

7. 向监察对象所在单位就廉政建设和履行职责存在的问题提出监察建议。务必注意，监察建议不同于一般的工作建议，而是具有法律效力的，被建议的有关单位无正当理由必须履行建议要求的义务，否则就要承担相应的法律责任。

（二）组成和任期

1. 由主任、副主任若干人、委员若干人组成，主任由人大选举，副主任、委员由主任提请人大常委会任免；

2. 主任每届任期 5 年；特别注意，国家监察委员会主任连续任职不得超过两届。

（三）监察机关有权监察的人员

1. 公务员，以及参照公务员管理的人员；
2. 法律、法规授权或者受国家机关依法委托管理公共事务的组织中从事公务的人员；
3. 国有企业管理人员；
4. 公办的教育、科研、文化、医疗卫生、体育等单位中从事管理的人员；
5. 基层群众性自治组织中从事管理的人员；
6. 其他依法履行公职的人员。

（四）监察权限

1. 对证人叫询问；对可能发生职务违法的监察对象，可以直接或者委托有关机关、人员进行谈话或者要求说明情况；对涉嫌职务违法的被调查人，叫要求其作出陈述，必要时向被调查人出具书面通知；对涉嫌贪污贿赂、失职渎职等职务犯罪的被调查人，叫讯问。

2. 职务违法和职务犯罪均适用的调查措施：

（1）**调取、查封、扣押**：针对能够证明被调查人涉嫌违法犯罪的财物、文件和电子数据等信息。

①应当收集原物原件，会同持有人或者保管人、见证人，当面逐一拍照、登记、编号，开列清单，由在场人员当场核对、签名，并将清单副本交财物、文件的持有人或者保管人。
②应当设立专用账户、专门场所，确定专门人员妥善保管，严格履行交接、调取手续，定期对账核实，不得毁损或者用于其他目的。对价值不明物品应当及时鉴定，专门封存保管。
③查明与案件无关的，应当在查明后三日内解除查封、扣押，予以退还。

（2）**勘验检察**：可以直接或者指派、聘请具有专门知识、资格的人员在调查人员主持下进行勘验检查。应当制作笔录，由参加勘验检查的人员和见证人签名或者盖章。

（3）**鉴定**：对于案件中的专门性问题，可以指派、聘请有专门知识的人进行鉴定。鉴定后，鉴定人应当出具鉴定意见，并且签名。

（4）**限制出境措施**：为防止被调查人及相关人员逃匿境外，经省级以上监察机关批准，可以对被调查人及相关人员采取限制出境措施，由公安机关依法执行。

【注意】对于不需要继续采取限制出境措施的，应当及时解除。

3. 严重职务违法或者职务犯罪案件：

（1）对涉案单位和个人的存款、汇款、债券、股票、基金份额等财产，可以查询、冻结；对于冻结，查明无关，三日解除。

（2）留置。

【专题考点】留置
1. 行使留置权的条件：
（1）被调查人涉嫌贪污贿赂、失职渎职等严重职务违法或者职务犯罪；
（2）监察机关已经掌握其部分违法犯罪事实及证据，仍有重要问题需要进一步调查；
（3）重大复杂、逃跑自杀、串供伪证或者妨碍调查；
（4）经监察机关依法审批。
2. 涉嫌行贿犯罪或者共同职务犯罪的涉案人员也可留置。

3. 留置程序：

(1) 监察机关领导人员集体研究决定。

(2) 批准备案：市县监察委决定采取的，报上一级监察委批准；省级监察委决定采取的，报国家监察委备案。

(3) 留置一般不超过三个月；可以延长一次，不超过 3 个月。地方监察委采取留置措施的延长，报上一级监察委批准。

(4) 采取留置措施后，应当在二十四小时以内，通知被留置人员所在单位和家属，但有可能毁灭、伪造证据，干扰证人作证或者串供等有碍调查情形的除外。

4. 留置的注意事项：

(1) 应当保障被留置人员的饮食、休息和安全，提供医疗服务。

(2) 讯问笔录由被讯问人阅看后签名。

(3) 依法应当留置的被调查人如果在逃，监察机关可以决定在本行政区域内通缉，由公安机关发布通缉令，追捕归案。通缉范围超出本行政区域的，应当报请有权决定的上级监察机关决定。

(4) 被留置人员被判处管制、拘役和有期徒刑的，留置一日折抵管制二日，折抵拘役、有期徒刑一日。

4. 涉嫌职务犯罪的案件：

(1) 讯问。

(2) 搜查：针对被调查人以及可能隐藏被调查人或者犯罪证据的人的身体、物品、住处和其他有关地方。

①在搜查时，应当出示搜查证，并有被搜查人或者其家属等见证人在场。
②搜查女性身体，应当由女性工作人员进行。
③监察机关进行搜查时，可以根据工作需要提请公安机关配合。公安机关应当依法予以协助。

(3) 技术调查措施：根据需要，经过严格的批准手续，可以采取，并按照规定交有关机关执行。

①批准决定应当明确采取技术调查措施的种类和适用对象，自签发之日起三个月以内有效。
②对于复杂、疑难案件，期限届满仍有必要继续采取技术调查措施的，经过批准，有效期可以延长，每次不得超过三个月。
③对于不需要继续采取技术调查措施的，应当及时解除。

(五) 监察程序

1. 监察机关对于报案或者举报，应当接受并按照有关规定处理。对监察对象的问题线索，应当按照有关规定提出处置意见，履行审批手续，进行分类办理。对于不属于本机关管辖的，应当移送主管机关处理。

2. 初步核实和分类处理

(1) 需要采取初步核实方式处置问题线索的，监察机关应当依法履行审批程序，成立核查组。
(2) 初步核实工作结束后，核查组应当撰写初步核实情况报告，提出处理建议。
(3) 承办部门应当提出分类处理意见。

续表

（4）初步核实情况报告和分类处理意见报监察机关主要负责人审批。

3. 立案

（1）经过初步核实，对监察对象涉嫌职务违法犯罪，需要追究法律责任的，监察机关应当按照规定的权限和程序办理立案手续。
（2）监察机关主要负责人依法批准立案后，应当主持召开专题会议，研究确定调查方案，决定需要采取的调查措施。
（3）立案调查决定应当向被调查人宣布，并通报相关组织。涉嫌严重职务违法或者职务犯罪的，应当通知被调查人家属，并向社会公开发布。

4. 调查

（1）调查人员采取讯问、询问、留置、搜查、调取、查封、扣押、勘验检查等调查措施，均应当依照规定出示证件，出具书面通知，由二人以上进行，形成笔录、报告等书面材料，并由相关人员签名、盖章。
（2）调查人员进行讯问以及搜查、查封、扣押等重要取证工作，应当对全过程进行录音录像，留存备查。
（3）调查人员应当严格执行调查方案，不得随意扩大调查范围、变更调查对象和事项。
（4）对调查过程中的重要事项，应当集体研究后按程序请示报告。

5. 监督、调查之后的处置

（1）监察机关在调查贪污贿赂、失职渎职等职务犯罪案件过程中，被调查人逃匿或者死亡，有必要继续调查的，经省级以上监察机关批准，应当继续调查并作出结论。被调查人逃匿，在通缉一年后不能到案，或者死亡的，由监察机关提请人民检察院依照法定程序，向人民法院提出没收违法所得的申请。
（2）监察机关经调查，对没有证据证明被调查人存在违法犯罪行为的，应当撤销案件，并通知被调查人所在单位。
（3）对有职务违法行为但情节较轻的公职人员，按照管理权限，直接或者委托有关机关、人员，进行谈话提醒、批评教育、责令检查，或者予以诫勉。
（4）对违法的公职人员依照法定程序作出警告、记过、记大过、降级、撤职、开除等政务处分决定。
（5）对不履行或者不正确履行职责负有责任的领导人员，按照管理权限对其直接作出问责决定，或者向有权作出问责决定的机关提出问责建议。
（6）对涉嫌职务犯罪的，监察机关经调查认为犯罪事实清楚，证据确实、充分的，制作起诉意见书，连同案卷材料、证据一并移送人民检察院依法审查、提起公诉。
（7）对监察对象所在单位廉政建设和履行职责存在的问题等提出监察建议。
（8）监察机关经调查，对违法取得的财物，依法予以没收、追缴或者责令退赔；对涉嫌犯罪取得的财物，应当随案移送人民检察院。

6. 复审与复核

（1）监察对象对监察机关作出的涉及本人的处理决定不服的，可以在收到处理决定之日起一个月内，向作出决定的监察机关申请复审，复审机关应当在一个月内作出复审决定。

（2）监察对象对复审决定仍不服的，可以在收到复审决定之日起一个月内，向上一级监察机关申请复核，复核机关应当在二个月内作出复核决定。复审、复核期间，不停止原处理决定的执行。复核机关经审查，认定处理决定有错误的，原处理机关应当及时予以纠正。

7. 建议从宽处罚

（1）涉嫌职务犯罪的被调查人主动认罪认罚，有下列情形之一的，监察机关经领导人员集体研究，并报上一级监察机关批准，可以在移送人民检察院时提出从宽处罚的建议：

➤ 自动投案，真诚悔罪悔过的；
➤ 积极配合调查工作，如实供述监察机关还未掌握的违法犯罪行为的；
➤ 积极退赃，减少损失的；
➤ 具有重大立功表现或者案件涉及国家重大利益等情形的。

（2）职务违法犯罪的涉案人员揭发有关被调查人职务违法犯罪行为，查证属实的，或者提供重要线索，有助于调查其他案件的，监察机关经领导人员集体研究，并报上一级监察机关批准，可以在移送人民检察院时提出从宽处罚的建议。

8. 检察院的处置

（1）对监察机关移送的案件，人民检察院依照《刑事诉讼法》对被调查人采取强制措施。
（2）对监察机关移送的案件，检察院认为犯罪事实已经查清，证据确实、充分，依法应当追究刑事责任的，应当作出起诉决定。
（3）检察院经审查后，认为需要补充核实的，应当退回监察机关补充调查，必要时可以自行补充侦查。对于补充调查的案件，应当在一个月内补充调查完毕。补充调查以二次为限。
（4）检察院对于有刑事诉讼法规定的不起诉的情形的，经上一级检察院批准，依法作出不起诉的决定。监察机关认为不起诉的决定有错误的，可以向上一级人民检察院提请复议。

（六）其他重点

1. 各级人民代表大会常务委员会听取和审议本级监察委员会的专项工作报告，组织执法检查。

2. 县级以上各级人民代表大会及其常务委员会举行会议时，人民代表大会代表或者常务委员会组成人员可以依照法律规定的程序，就监察工作中的有关问题提出询问或者质询。

3. 回避制度

办理监察事项的监察人员有下列情形之一的，应当自行回避，监察对象、检举人及其他有关人员也有权要求其回避：

（1）是监察对象或者检举人的近亲属的；
（2）担任过本案的证人的；
（3）本人或者其近亲属与办理的监察事项有利害关系的；
（4）有可能影响监察事项公正处理的其他情形的。

4. 离岗离职之后的纪律

（1）监察机关涉密人员离岗离职后，应当遵守脱密期管理规定，严格履行保密义务，不得泄露相关秘密。

（2）监察人员辞职、退休三年内，不得从事与监察和司法工作相关联且可能发生利益冲突的职业。

5. 被调查人及其近亲属的监督

（1）监察机关及其工作人员有下列行为之一的，被调查人及其近亲属有权向该机关申诉：

➤ 留置法定期限届满，不予以解除的；
➤ 查封、扣押、冻结与案件无关的财物的；
➤ 应当解除查封、扣押、冻结措施而不解除的；
➤ 贪污、挪用、私分、调换以及违反规定使用查封、扣押、冻结的财物的；
➤ 其他违反法律法规、侵害被调查人合法权益的行为。

（2）受理申诉的监察机关应当在受理申诉之日起一个月内作出处理决定。

（3）申诉人对处理决定不服的，可以在收到处理决定之日起一个月内向上一级监察机关申请复查。

（4）上一级监察机关应当在收到复查申请之日起二个月内作出处理决定，情况属实的，及时予以纠正。

第七章　国家标志

国歌、国旗、国徽均是中华人民共和国的象征和标志。

第一节　国歌法

一、应当奏唱国歌的场合

1. 宪法宣誓仪式；国家公祭仪式。
2. 升国旗仪式。 【注意】升国旗未必奏唱国歌。
3. 两会开幕闭幕；各政党、各人民团体的各级代表大会等；各级机关举行或者组织的重大庆典、表彰、纪念仪式等。
4. 重大外交活动；重大体育赛事。

二、对奏唱国歌的要求

1. 奏唱国歌时，应当肃立，举止庄重；不得采取有损国歌尊严的奏唱形式。

2. 国歌不得用于或者变相用于商标、商业广告，不得在私人丧事活动等不适宜的场合使用，不得作为公共场所的背景音乐等。

3. 在公共场合，故意侮辱国歌的，由公安机关处以警告或者十五日以下拘留；构成犯罪的，依法追究刑事责任。

三、其他重点

1. 国歌标准曲谱、官方录音版本在中国人大网和中国政府网上发布。
2. 中央和省级广播电台、电视台在重要节日、纪念日播放国歌的义务。

第二节　国旗法

一、对升挂国旗的要求

1. 国旗的通用尺度为国旗制法说明中所列明的五种尺度。特殊情况使用其他尺度的国旗，应当按照通用尺度成比例适当放大或者缩小。国旗、旗杆的尺度比例应当适当，并与使用目的、周围建筑、周边环境相适应；

2. 升挂国旗是每日早晨升、傍晚降;
3. 恶劣天气,可以不升挂;
4. 升挂国旗时,可以举行升旗仪式,也可以不举行;
5. 举行升旗仪式,应当奏唱国歌;
6. 天安门广场每日举行升旗仪式。

二、应当每日升挂国旗的场所或者机构所在地

1. 北京天安门广场、新华门;
2. 中共中央,全国人大常委会,国务院,中央军委,中纪委、国家监察委员会,最高法,最高检;全国政协;
3. 外交部;
4. 出境入境的机场、港口、火车站和其他边境口岸,边防海防哨所。

三、应当在工作日升挂国旗的机构所在地

1. 中共中央各部门和地方各级委员会;
2. 国务院各部门;
3. 地方各级人大常委会;
4. 地方各级政府;
5. 中共地方各级纪委、地方各级监察委员会;
6. 地方各级法院和专门法院、检察院和专门检察院;
7. 地方政协;
8. 各民主党派、各人民团体;
9. 中央政府驻香港、澳门有关机构。

【注意】

1. 学校除寒假、暑假和休息日外,应当每日升挂国旗,每周搞一次仪式。

2. 公共文化体育设施应当在开放日升挂、悬挂国旗。

3. 重要节日、纪念日,公共活动场所应当升挂国旗;企事业组织、村委会、居委会、居民区有条件的应当升挂。

4. 宪法宣誓仪式应当悬挂。

5. 重大活动、大型活动,可以升挂。

四、逝世后下半旗致哀的人士、事件、场所

1. 国家主席、全国人大常委会委员长、总理、中央军委主席;

2. 全国政协主席;

3. 对中国作出杰出贡献的人（由国务院有关部门或者省级政府报国务院决定）；

4. 对世界和平或者人类进步事业作出杰出贡献的人（由国务院有关部门或者省级政府报国务院决定）。

【注意】

1. 举行国家公祭仪式或者发生严重自然灾害、突发公共卫生事件以及其他不幸事件造成特别重大伤亡的，可以在全国范围内下半旗志哀，也可以在部分地区或者特定场所下半旗志哀；具体由国务院有关部门或者省级政府报国务院决定。

2. 下半旗的日期和场所，由国家成立的治丧机构或者国务院决定。

五、哀悼仪式时可以覆盖国旗的人士

1. 国家主席、全国人大常委会委员长、总理、中央军委主席；
2. 全国政协主席；
3. 对中国作出杰出贡献的人；
4. 烈士。

【注意】国旗不触地，结束要收回。

六、国旗的地位

1. 升挂国旗，应当将国旗置于显著的位置。
2. 列队举持国旗和其他旗帜行进时，国旗应当在其他旗帜之前。
3. 国旗与其他旗帜同时升挂时，应当将国旗置于中心、较高或者突出的位置。
4. 在外事活动中同时升挂两个以上国家的国旗时，应当按照外交部的规定或者国际惯例升挂。
5. 国旗及其图案不得用作商标、授予专利权的外观设计和商业广告，不得用于私人丧事活动等不适宜的情形。

七、升降国旗的方法和要求

1. 在直立的旗杆上升降国旗，应当徐徐升降。升起时，必须将国旗升至杆顶；降下时，不得使国旗落地。
2. 下半旗时，应当先将国旗升至杆顶，然后降至旗顶与杆顶之间的距离为旗杆全长的三分之一处；降下时，应当先将国旗升至杆顶，然后再降下。
3. 不得升挂或者使用破损、污损、褪色或者不合规格的国旗，不得倒挂、倒插或者以其他有损国旗尊严的方式升挂、使用国旗。
4. 不得随意丢弃国旗。破损、污损、褪色或者不合规格的国旗应当按照国家有关规定收回、处置。大型群众性活动结束后，活动主办方应当收回或者妥善处置活动现场使用的国旗。

第三节 国徽法

一、一般考点

1. 国徽周围是谷穗和齿轮；

2. 国徽及其图案不得用于：

商标、授予专利权的外观设计、商业广告；
日常用品、日常生活的陈设布置；
私人庆吊活动；
国务院办公厅规定不得使用国徽及其图案的其他场合。

3. 不得悬挂破损、污损或者不合规格的国徽。

二、应当悬挂国徽的机构

各级人民代表大会常务委员会；
各级人民政府；
中央军事委员会；
各级监察委员会；
各级人民法院和专门人民法院；
各级人民检察院和专门人民检察院；
外交部；
国家驻外使馆、领馆和其他外交代表机构；
中央政府驻香港有关机构、驻澳门有关机构。

【注意】国徽应当悬挂在机关正门上方正中处。

三、应当悬挂国徽的场所

北京天安门城楼、人民大会堂；
县级以上各级人大及其常委会会议厅，乡镇人大会场；
各级法院和专门法院的审判庭；
宪法宣誓场所；
出境入境口岸的适当场所。

四、应当印有国徽图案的文书、出版物

全国人大常委会、国家主席和国务院颁发的荣誉证书、任命书、外交文书；
国家主席、副主席，委员长、副委员长，国务院总理、副总理、国务委员，中央军委主席、副主席，国家监察委员会主任，最高法院院长和最高检察院检察长以职务名义对外使用的信封、信笺、请柬等；
全国人大常委会公报、国务院公报、最高法公报和最高检公报的封面；
国家出版的法律、法规正式版本的封面。

第五编　司法制度和法律职业道德

第一章　概　述

一、一般知识点

1. 司法以解决社会冲突为己任，与社会冲突相伴相随；任何社会、任何时代都有解决纠纷的司法活动，可能是民间的调解、仲裁活动，也可能是以国家暴力强制为后盾的官方行为；直到近代，司法才从行政等制度中独立出来。	

2. 司法与行政都是执行法律的个别化或具体化的行为，属于法律实施的具体形式，均为广义的执法。行政是实现国家目的的直接活动，而**司法是实现国家目的的间接活动**。

3. 司法的功能	（1）应然功能：司法机关的法定职能；定分止争；惩恶扬善；矫正正义；等等；
	（2）实然功能：不同的国家千差万别。

4. 司法的功能中，**只有解决纠纷属于直接功能**，其他功能比如惩罚、保障人权、调整社会关系、解释和补充法律、形成公共政策、维持秩序、文化支持等均是间接功能；解决纠纷是司法的主要功能，它构成司法制度产生的基础、运作的主要内容和直接任务，也是其他功能发挥的先决条件。

5. 在法治社会里，公民的权利只要受到侵犯，就应允许其通过司法途径寻求救济，这是司法最终解决原则的基本要求。

6. 形成公共政策的功能：司法机关的裁判，一旦获得公认，会促进有关主体调整或形成公共政策。

二、司法区别于行政的特点

1. 独立性	（1）组织技术上，司法机关只服从法律，不受上级机关、行政机关的干涉；
	（2）司法机关独立于行政机关，其在司法活动中所发表的言论、所做的职务行为不被追究责任。
2. 法定性	（1）司法活动由宪法、法律专门授权，按照法定的手段，依照法定的程序进行；
	（2）法定性决定了司法权的有限性。
3. 交涉性	（1）整个过程离不开多方利益主体的诉讼参与；
	（2）在受判决直接影响的有关各方参与下，通过提出证据并进行理性说服和辩论；而不像行政那般通过单方面调查取证而形成决定。
4. 程序性	司法必须依照程序法进行；法定程序保证司法机关正确、合法、及时地适用法律。

续表

5. 普遍性	（1）案件的司法解决意味着个别性事件获得普遍性； （2）司法也可以解决其他机关所不能解决的一切纠纷；司法在现代社会成为各种纠纷解决体系中最普适性的方式。
6. 终极性	司法是解决纠纷、处理冲突的最后环节，司法结果是最终性的决定。

三、中国特色社会主义司法制度

1. 中国特色的社会主义司法制度是一个科学系统，不仅包括了一系列独具中国特色的司法规范、司法组织、司法机构、司法程序、司法机制、司法制度和司法人力资源体系，而且包括司法理论、司法理念、司法文化、司法政策、司法保障等丰富内容。
2. 中国特色社会主义司法制度已经建成，主要包括：（1）司法规范体系；（2）司法组织体系；（3）司法人员管理体系；（4）司法制度体系，主要包括六大制度：侦查制度、检察制度、审判制度、监狱制度、公证制度和律师制度；此外还包括人民调解制度、人民陪审员制度等。
3. 与其他国家司法制度比较，中国特色社会主义司法制度的根本特色是坚持党的领导、人民当家作主和依法治国有机统一。

四、司法公正

司法公正是法治的灵魂和核心，既包括实体公正，也包括程序公正。

（一）司法活动的合法性

1. 司法活动严格按照法律规定的权限和程序办事；
2. 不仅要按照实体法，而且要按照程序法。

（二）司法人员中立性

1. 司法人员要和平理性司法，以平和的心态和情绪，理性、客观、平等地对待和保护社会的每个组织和成员；
2. 司法人员同争议事项没有利益关联。

（三）司法活动的公开性

1. 以看得见的方式进行司法活动；
2. 扩大司法民主，深化司法公开，保障知情权、参与权、表达权、监督权。

（四）当事人地位的平等性

1. 当事人享有平等的诉讼权利；
2. 平等地保护当事人的司法权利的行使。

（五）司法程序的参与性

1. 司法程序应有争议主体充分参与机会；
2. 当事人有机会提出自己的主张、举证、辩论。

（六）司法结果的正确性

1. 事实要清楚，证据要可靠；
2. 对案件的定性要准确；
3. 处理要适当，合法合情合理。

（七）司法人员的廉洁性

1. 司法人员在案件办理过程中，应当在工作场所、工作时间接待当事人、律师、特殊关系人、中介组织。因办案需要，确实需要在非工作场所、非工作时间接触的，应当依照相关规定办理审批手续并获批准。
2. 如果在办案过程中因不明情况或其他原因在非工作时间或非工作场所接触的，应当在 3 日内向本单位纪检监察部门报告有关情况。

五、司法效率

1. 司法机关和司法人员应具备高度的责任感，不断改进工作，**迅速及时进行司法活动，在司法的各个环节都遵循法定的时限**；
2. 司法程序的设计应当使当事人以最少的耗费利用诉讼制度；
3. 司法效率大致包括**司法的时间效率、司法资源利用效率和司法活动的成本效率三个方面**；
4. 提高司法效率要求合理进行诉讼程序的制度设计，不断提高司法人员的职业素养和工作作风，不断改善外部的司法环境；
5. 司法的价值取向上，**"公正优先，兼顾效率"**。

六、审判独立和检察独立

1. 这种独立性不意味着法官、检察官可以根据个人主张做决定，而是表明，他们可以依法裁决。
2. 独立的意义：（1）维护国家法制统一；（2）保障主体合法权益；（3）正确发挥司法机关专门职能；（4）防止特权，抵制不正之风，防止权力滥用。
3. 我国的审判独立、检察独立主要包括三层含义： （1）审判权和检察权只能分别由法院和检察院依法统一行使，其他机关、团体或个人无权行使这项权力；不允许在司法机关之外另设特别法庭； （2）法院、检察院依照法律规定独立行使审判权、检察权，不受行政机关、社会团体和个人的干涉； （3）司法机关在司法活动中必须依照法律规定，正确地适用法律。
4. 法官在审判活动中**应当独立思考**；应当尊重其他法官对审判职权的独立行使，**一审法官不得向上级人民法院就二审案件提出个人的处理建议和意见**。

七、法律职业

1. 在我国，法律职业**主要是指**律师、法官、检察官、公证员、法律顾问、法律类仲裁员以及政府部门中从事行政处罚决定审核、行政复议、行政裁决的人员。此外，还包括立法工作者、其他行政执法人员、法学教育研究工作者等。
2. 法律职业具有政治性、法律性、行业性、专业性等特征。其中，专业性是法律职业高层次的重要因素；法律职业人员专业水平的高低与职业道德水平的高低密切联系。
3. 法律职业人员具有共同的政治素养、业务能力、职业伦理和从业资格要求。

八、法律职业道德

1. 法律职业道德的特征	（1）政治性（首要道德）：忠于党、忠于人民、忠于法律。
	（2）职业性：道德的内容与法律职业实践活动紧密相连，反映着法律职业活动对职业人员的道德要求。
	（3）实践性：职业道德调整职业关系、规范职业行为。
	（4）正式性：职业道德的表现形式较为正式，除了通过规章制度、工作守则、服务公约、劳动规程、行为须知等表现出来，还通过法律、法规、规范性文件等形式表现出来。
	（5）更高性：要求更高、更明确，约束力和强制力也更为明显。
2. 法律职业道德的基本原则：（1）忠于党、忠于国家、忠于人民、忠于法律；（2）以事实为依据、以法律为准绳；（3）严明纪律、保守秘密；（4）互相尊重、互相配合；（5）恪尽职守、勤勉尽责；（6）清正廉洁、遵纪守法。	

第二章　审判制度和法官职业道德

一、审判制度

1. 从主体角度认识，审判制度也可以称为"法院制度"。
2. 审判可以最直接鲜明地反映司法的本质特征。
3. **我国审判制度的特征**

（1）政治性、人民性	法院由人大产生，对人大负责，受人大监督。
（2）统一性、单一性	➢ 法院依法独立行使审判权，不受行政机关、社会团体和个人的干涉； ➢ 上级法院监督下级法院的审判工作； ➢ 人民法院统一设立并独立行使审判权。
（3）民族性、特殊性	一系列中国特色的审判原则和制度：以事实为依据、以法律为准绳的审判原则；专门机关和群众路线相结合的审判原则；人民陪审员制度、法院调解制度、死刑复核制度、审判监督制度等。

4. **我国审判制度的基本原则**

（1）司法公正原则	以事实为依据、以法律为准绳，遵守法定程序，依法保护个人和组织的诉讼权利和其他合法权益。
（2）审判独立原则	法院依法独立行使审判权，不受行政机关、社会团体和个人的干涉。
（3）不告不理原则	➢ 未经控诉一方提起控诉，法院不得自行主动对案件进行裁判； ➢ 法院审理案件的范围（诉讼内容和标的）由当事人确定，法院无权变更、撤销当事人的诉讼请求； ➢ 案件在审理中，法院只能按照当事人提出的诉讼事实和主张进行审理，对超过的部分不得主动审理。
（4）直接言词原则	◆ 直接原则（直接审理原则）：参加审判的法官必须亲自参加证据审查、亲自聆听法庭辩论，审理法官和判决法官的一体化； ◆ 言词原则（言词审理原则）：当事人在法庭上必须用言词形式开展质证辩论。它是公开原则、辩论原则和直接原则实施的必要条件； ◆ 直接言词原则反映了我国审判活动的亲历性。
（5）及时审判原则	法院应当及时审理案件，提高办案效率。

二、《人民法院组织法》

（一）设置和职权

1. 基层人民法院对人民调解委员会的调解工作进行业务指导。

2. 基层人民法院根据地区、人口和案件情况，可以设立若干人民法庭。人民法庭是基层人民法院的组成部分。人民法庭的判决和裁定即基层人民法院的判决和裁定。

3. 人民法院根据审判工作需要，可以设必要的专业审判庭。

【注意】法官员额较少的中级人民法院和基层人民法院，可以设综合审判庭或者不设审判庭。

4. 人民法院根据审判工作需要，可以设综合业务机构。法官员额较少的中级人民法院和基层人民法院，可以不设综合业务机构。

（二）赔偿委员会

1. 设立：中级以上人民法院设赔偿委员会，依法审理国家赔偿案件。

2. 组成：赔偿委员会由三名以上法官组成，成员应当为单数，按照多数人的意见作出决定。

（三）审判委员会

1. 各级人民法院设审判委员会。

2. 审判委员会履行下列职能：

（1）总结审判工作经验；
（2）讨论决定重大、疑难、复杂案件的法律适用；
（3）讨论决定本院已经发生法律效力的判决、裁定、调解书是否应当再审；
（4）讨论决定其他有关审判工作的重大问题。

【注意1】最高人民法院对属于审判工作中具体应用法律的问题进行解释，应当由审判委员会全体会议讨论通过；发布指导性案例，可以由审判委员会专业委员会会议讨论通过。

【注意2】合议庭认为案件需要提交审判委员会讨论决定的，由审判长提出申请，院长批准。

3. 审判委员会由院长、副院长和若干资深法官组成，成员应当为单数。

4. 审判委员会会议分为全体会议和专业委员会会议。中级以上人民法院根据审判工作需要，可以按照审判委员会委员专业和工作分工，召开刑事审判、民事行政审判等专业委员会会议。

5. 审判委员会的会议

（1）审判委员会召开全体会议和专业委员会会议，应当有其组成人员的过半数出席。

（2）审判委员会会议由院长或者院长委托的副院长主持。

（3）审判委员会实行民主集中制。

（4）审判委员会举行会议时，同级人民检察院检察长或者检察长委托的副检察长可以列席。

6. 责任分配

审判委员会讨论案件，合议庭对其汇报的事实负责，审判委员会委员对本人发表的意见和表决负责。

7. 审判委员会的决定

（1）审判委员会的决定，合议庭应当执行。

（2）审判委员会讨论案件的决定及其理由应当在裁判文书中公开，法律规定不公开的除外。

（四）院长的罢免与撤换

1. 各级人大有权罢免由其选出的法院院长。

2. 在地方人大闭会期间，本级人大常委会认为院长需要撤换的，应当报请上级人大常委会批准。

三、《法官法》

（一）法官的条件和遴选

1. **担任法官（检察官），要求从事法律工作满五年。** 其中获得法律硕士、法学硕士学位，或者获得法学博士学位的，从事法律工作的年限可以分别放宽至四年、三年。

2. 法院（检察官）可以根据审判工作需要，从律师或者法学教学、研究人员等从事法律职业的人员中公开选拔。其中，参加公开选拔的律师应当实际执业不少于五年，执业经验丰富，从业声誉良好；参加公开选拔的法学教学、研究人员应当具有中级以上职称，从事教学、研究工作五年以上，有突出研究能力和相应研究成果。

3. **不得担任法官（检察官）的人员**

（1）因犯罪受过刑事处罚的；
（2）被开除公职的；
（3）被吊销律师、公证员执业证书或者被仲裁委员会除名的。

4. **法官遴选委员会**

（1）省、自治区、直辖市设立法官遴选委员会，负责初任法官人选专业能力的审核。
（2）组成人员应当包括地方各级人民法院法官代表、其他从事法律职业的人员和有关方面代表，其中法官代表不少于三分之一。
（3）日常工作由高级法院的内设职能部门承担。

【注意】遴选最高法院法官应当设立最高人民法院法官遴选委员会，负责法官人选专业能力的审核。

5. **法官的遴选**

（1）初任法官一般到基层人民法院任职。
（2）上级法院法官一般逐级遴选。
（3）**最高法院和高级法院法官可以从下两级人民法院遴选。**
（4）参加上级法院遴选的法官应当在下级法院担任法官一定年限，并具有遴选职位相关工作经历。

（二）法官的任免

1. **一般：院长人大选举，其他人常委会任免。**

2. **特殊的中院：省级人大常委会任免。**

3. 撤销任命

（1）发现违反《法官法》规定的条件任命法官的，任命机关应当撤销该项任命；

（2）上级法院发现下级法院法官的任命违反规定的条件的，应当建议下级法院依法提请任命机关撤销该项任命。

4. 法官（检察官）的兼职禁止

（1）不得兼任人大常委会的组成人员；
（2）不得兼任行政机关、监察机关、检察机关（审判机关）的职务；
（3）不得兼任企业或者其他营利性组织、事业单位的职务；
（4）不得兼任律师、仲裁员和公证员。

【注意】法官因工作需要，经单位选派或者批准，可以在高等学校、科研院所协助开展实践性教学、研究工作，并遵守国家有关规定。

5. 法官（检察官）职务回避

法官	检察官
有夫妻关系、直系血亲关系、三代以内旁系血亲以及近姻亲关系的，不得同时担任的职务	
（1）同一法院的院长、副院长、审判委员会委员、庭长、副庭长；	（1）同一检察院的检察长、副检察长、检察委员会委员；
（2）同一法院的院长、副院长和审判员；	（2）同一检察院的检察长、副检察长和检察员；
（3）同一审判庭的庭长、副庭长、审判员；	（3）同一业务部门的检察员；
（4）上下相邻两级法院的院长、副院长。	（4）上下相邻两级检察院的检察长、副检察长。

6. 法官（检察官）其他回避的情形

（1）其配偶、父母、子女担任其所任职法院（检察院）辖区内律师事务所的合伙人或者设立人的。
（2）其配偶、父母、子女在其所任职法院（检察院）辖区内以律师身份担任诉讼代理人、辩护人，或者为诉讼案件当事人提供其他有偿法律服务的。
（3）法官（检察官）从法院（检察院）离任后两年内，不得以律师身份担任诉讼代理人或者辩护人。
（4）法官（检察官）从法院（检察院）离任后，不得担任原任职法院（检察院）办理案件的诉讼代理人或者辩护人，但是作为当事人的监护人或者近亲属代理诉讼或者进行辩护的除外。
（5）法官（检察官）被开除后，不得担任诉讼代理人或者辩护人，但是作为当事人的监护人或者近亲属代理诉讼或者进行辩护的除外。

7. 法官（检察官）的辞职和辞退

（1）法官（检察官）申请辞职，应当由本人书面提出，经批准后，依照法律规定的程序免除其职务。
（2）辞退法官（检察官）应当依照法律规定的程序免除其职务。辞退应当按照管理权限决定。辞退决定应当以书面形式通知被辞退者，并列明作出决定的理由和依据。

（三）法官的考核、奖励和惩戒

1. 法官（检察官）考评委员会

法官考评委员会	检察官考评委员会
（1）法院设立法官考评委员会，负责对本院法官的考核工作。	（1）检察院设立检察官考评委员会，负责对本院检察官的考核工作。
（2）组成人员为五至九人。	（2）组成人员为五至九人。
（3）主任由本院院长担任。	（3）主任由本院检察长担任。

2. 法官（检察官）的考核

（1）考核原则：全面、客观、公正；平时考核和年度考核相结合。
（2）考核内容：工作实绩（重点）、职业道德、专业水平、工作能力、工作作风。
（3）年度考核结果：优秀、称职、基本称职和不称职。
（4）考核结果作为调整等级、工资以及奖惩、免职、降职、辞退的依据。
（5）考核结果以书面形式通知本人。本人对考核结果如果有异议，可以申请复核。

3. 法官的奖励

（1）奖励的情形

➤ 公正司法，成绩显著的；
➤ 总结审判实践经验成果突出，对审判工作有指导作用的；
➤ 在办理重大案件、处理突发事件和承担专项重要工作中，做出显著成绩和贡献的；
➤ 对审判工作提出改革建议被采纳，效果显著的；
➤ 提出司法建议被采纳或者开展法治宣传、指导调解组织调解各类纠纷，效果显著的；
➤ 有其他功绩的。

（2）奖励的原则

人民法院实施奖励，坚持精神奖励与物质奖励相结合，以精神奖励为主；实事求是，好中选优；群众参与，公开透明的原则。

（3）奖励的种类

奖励分为集体奖励和个人奖励。

集体奖励包括嘉奖、三等功、二等功、一等功、授予荣誉称号。其中，嘉奖、三等功、二等功、一等功适用于中级人民法院、基层人民法院及各级人民法院内设机构；荣誉称号适用于高级人民法院内设机构、中级人民法院内设机构，基层人民法院及其内设机构。
个人奖励包括嘉奖、三等功、二等功、一等功、授予荣誉称号，适用于各级人民法院法官和其他工作人员。

4. 惩戒委员会

法官惩戒委员会	检察官惩戒委员会
（1）最高法院和省、自治区、直辖市设立法官惩戒委员会，其日常工作由相关人民法院的内设职能部门承担。	（1）最高检和省、自治区、直辖市设立检察官惩戒委员会，日常工作由相关人民检察院的内设职能部门承担。
（2）法官惩戒委员会由法官代表、其他从事法律职业的人员和有关方面代表组成，其中法官代表不少于半数。	（2）检察官惩戒委员会由检察官代表、其他从事法律职业的人员和有关方面代表组成，其中检察官代表不少于半数。
（3）法官惩戒委员会负责从专业角度审查认定法官是否存在违反审判职责的行为，提出构成故意违反职责、存在重大过失、存在一般过失或者没有违反职责等审查意见。	（3）负责从专业角度审查认定检察官是否存在违反检察职责的行为，提出构成故意违反职责、存在重大过失、存在一般过失或者没有违反职责等审查意见。
（4）法官惩戒委员会审议惩戒事项时，当事法官有权申请有关人员回避，有权进行陈述、举证、辩解。	（4）检察官惩戒委员会审议惩戒事项时，当事检察官有权申请有关人员回避，有权进行陈述、举证、辩解。
（5）法官惩戒委员会作出的审查意见应当送达当事法官。当事法官对审查意见有异议的，可以向惩戒委员会提出，惩戒委员会应当对异议及其理由进行审查，作出决定。	（5）检察官惩戒委员会作出的审查意见应当送达当事检察官。当事检察官对审查意见有异议的，可以向惩戒委员会提出，惩戒委员会应当对异议及其理由进行审查，作出决定。
（6）法官惩戒委员会提出审查意见后，人民法院依照有关规定作出是否予以惩戒的决定，并给予相应处理。	（6）检察官惩戒委员会提出审查意见后，人民检察院依照有关规定作出是否予以惩戒的决定，并给予相应处理。

（四）法官（检察官）职业保障

1. 人民法院设立法官权益保障委员会，维护法官合法权益，保障法官依法履行职责；检察院设立检察官权益保障委员会，维护检察官合法权益，保障检察官依法履行职责。

2. 可以将法官（检察官）调离审判岗位（检察业务岗位）的情形

（1）按规定需要任职回避的；
（2）按规定实行任职交流的；
（3）因机构调整、撤销、合并或者缩减编制员额需要调整工作的；
（4）因违纪违法不适合在原岗位工作的。

3. 法官（检察官）实行与其职责相适应的工资制度，按照其等级享有国家规定的工资待遇，并建立与公务员工资同步调整机制。

4. 法官（检察官）实行定期增资制度。

5. 经年度考核确定为优秀、称职的，可以按照规定晋升工资档次。

四、法官职业道德

1. 凡是出现"擅自"的，都是不允许的；凡是"不当影响"，都应避免。

2. 法官（检察官）一方面应独立思考、自主判断；另一方面也应尊重其他法官（检察官）独立行使审判职权，不过问、不干预、不评论。但法院、检察院内部的正常程序管理除外。

【注意】对于司法机关内部人员不依正当程序转递涉案材料的，应当告知其按照程序办理，而不应接收。

【注意】司法机关领导干部和上级司法机关工作人员因履行领导、监督职责，需要对正在办理的案件提出指导性意见的，应当依照程序以书面形式提出；但如果以口头形式提出的，由办案人员记录在案。

3. 参加学术研讨会，和大学教授交流纯学术问题，是法官提升自己专业能力的表现，值得肯定。

4. 禁止未审先判：法官应通过判决表达自己对案件实体问题的看法，在判决之前不应就证据等实体问题发表意见、做出评价；不得披露未公开的工作信息。但是，就纯粹形式问题进行交流，没有问题。

【注意】检察官不得探听案件审理情况。

5. 法官（检察官）不应与案件有实质性利益牵涉：

➤ 不为当事人介绍律师；

➤ 不得接受财物；

➤ 不得私下接触，不得接受请托办事；

➤ 不得向当事人、律师、特殊关系人、中介组织借款、租借房屋，借用交通工具、通讯工具或者其他物品；

➤ 不得在委托评估、拍卖等活动中徇私舞弊，与相关中介组织和人员恶意串通、弄虚作假、违规操作。

【特别注意】司法人员在案件办理过程中，应当在工作场所、工作时间接待当事人、律师、特殊关系人、中介组织。因办案需要，确需与当事人、律师、特殊关系人、中介组织在非工作场所、非工作时间接触的，应依照相关规定办理审批手续并获批准；因不明情况或者其他原因在非工作时间或非工作场所接触当事人、律师、特殊关系人、中介组织的，应当在三日内向本单位纪检监察部门报告有关情况。

6. 司法礼仪要牢记：只要开庭，就必须穿法袍等正装；业务外活动一般不着正装，但学雷锋、做好事可以。

7. 严格按照既定诉讼规则办事。

【注意】法官应当严格遵守保密纪律，不得泄露国家秘密或者审判工作秘密。严禁有下列行为：（1）泄露国家秘密；（2）向当事人及其关系人泄露案情、通风报信以及其他方式泄露案件具体内容；（3）泄露合议庭评议、审判委员会讨论案件的具体情况和记录或者其他审判、执行工作秘密。

8. 与媒体的关系：不受对于事实问题报导的影响；不参与媒体评论；可以研究媒体上发表的各种法律意见。

五、《最高人民法院、最高人民检察院、司法部关于建立健全禁止法官、检察官与律师不正当接触交往制度机制的意见》【新增法规】

（一）适用对象

1. 适用于各级法院、检察院依法履行审判、执行、检察职责的人员和司法行政人员。

2. 律师是指在律师事务所执业的专兼职律师（包括从事非诉讼法律事务的律师）和公职律师、公司律师。

3. 律师事务所"法律顾问"，是指不以律师名义执业，但就相关业务领域或者个案提供法律咨询、法律论证，或者代表律师事务所开展协调、业务拓展等活动的人员。

4. 律师事务所行政人员，是指律师事务所聘用的从事秘书、财务、行政、人力资源、信息技术、风险管控等工作的人员。

（二）严禁法官、检察官与律师接触交往行为的范围

1. 在案件办理过程中，非因办案需要且未经批准在非工作场所、非工作时间与辩护、代理律师接触。
2. 接受律师或者律师事务所请托，过问、干预或者插手其他法官、检察官正在办理的案件，为律师或者律师事务所请托说情、打探案情、通风报信；为案件承办法官、检察官私下会见案件辩护、代理律师牵线搭桥；非因工作需要，为律师或者律师事务所转递涉案材料；向律师泄露案情、办案工作秘密或者其他依法依规不得泄露的情况；违规为律师或律师事务所出具与案件有关的各类专家意见。
3. 为律师介绍案件；为当事人推荐、介绍律师作为诉讼代理人、辩护人；要求、建议或者暗示当事人更换符合代理条件的律师；索取或者收受案件代理费用或者其他利益。
4. 向律师或者其当事人索贿，接受律师或者其当事人行贿；索取或者收受律师借礼尚往来、婚丧嫁娶等赠送的礼金、礼品、消费卡和有价证券、股权、其他金融产品等财物；向律师借款、租借房屋、借用交通工具、通讯工具或者其他物品；接受律师吃请、娱乐等可能影响公正履行职务的安排。
5. 非因工作需要且未经批准，擅自参加律师事务所或者律师举办的讲座、座谈、研讨、培训、论坛、学术交流、开业庆典等活动；以提供法律咨询、法律服务等名义接受律师事务所或者律师输送的相关利益。
6. 与律师以合作、合资、代持等方式，经商办企业或者从事其他营利性活动；本人配偶、子女及其配偶在律师事务所担任"隐名合伙人"；本人配偶、子女及其配偶显名或者隐名与律师"合作"开办企业或者"合作"投资；默许、纵容、包庇配偶、子女及其配偶或者其他特定关系人在律师事务所违规取酬；向律师或律师事务所放贷收取高额利息。
7. 其他可能影响司法公正和司法权威的不正当接触交往行为。

【注意】严禁律师事务所及其律师从事上列不正当接触交往行为。

（三）动态检测机制与预警机制的启动

1. 各级法院、检察院和司法行政机关探索建立法官、检察官与律师办理案件动态监测机制，依托法院、检察院案件管理系统和律师管理系统，对法官、检察官承办的案件在一定期限内由同一律师事务所或者律师代理达到规定次数的，启动预警机制，要求法官、检察官及律师说明情况，除非有正当理由排除不正当交往可能的，依法启动调查程序。

2. 各省省级高院、检察院根据本地实际，就需要启动预警机制的次数予以明确。

（四）线索分别管理

1. 各级法院、检察院在办理案件过程中发现律师与法官、检察官不正当接触交往线索的，应当按照有关规定将相关律师的线索移送相关司法行政机关或者纪检监察机关处理。

2. 各级司法行政机关、律师协会收到投诉举报涉及律师与法官、检察官不正当接触交往线索的，应当按照有关规定将涉及法官、检察官的线索移送相关法院、检察院或者纪检监察机关。

（五）调查程序

1. 各级法院、检察院可以根据需要与司法行政机关组成联合调查组，对法官、检察官与律师不正当接触交往问题共同开展调查。

2. 对查实的不正当接触交往问题，要坚持从严的原则，综合考虑行为性质、情节、后果、社会影响以及是否存在主动交代等因素，依规依纪依法对法官、检察官作出处分，对律师作出行政处罚、行业处分和党纪处分。

3. 律师事务所默认、纵容或者放任本所律师及"法律顾问"、行政人员与法官、检察官不正当接触交往的，要同时对律师事务所作出处罚处分，并视情况对律师事务所党组织跟进作出处理。

4. 法官、检察官和律师涉嫌违法犯罪的，依法按照规定移送相关纪检监察机关或者司法机关等。

（六）警示教育、职业道德培训

1. 各级法院、检察院和司法行政机关、律师协会要常态化开展警示教育，在法院、检察院、司法行政系统定期通报不正当接触交往典型案件，印发不正当接触交往典型案例汇编，引导法官、检察官与律师深刻汲取教训，心存敬畏戒惧，不碰底线红线。

2. 各级法院、检察院和司法行政机关、律师协会要加强法官、检察官和律师职业道德培训，把法官、检察官与律师接触交往相关制度规范作为职前培训和继续教育的必修课和培训重点，引导法官、检察官和律师把握政策界限，澄清模糊认识，强化行动自觉。

（七）监督和监管

1. 各级法院、检察院要完善司法权力内部运行机制，充分发挥审判监督和检察监督职能，健全类案参考、裁判指引、指导性案例等机制，促进裁判尺度统一，防止法官、检察官滥用自由裁量权。

2. 强化内外部监督制约，将法官、检察官与律师接触交往，法官、检察官近亲属从事律师职业等问题，纳入司法巡查、巡视巡察和审务督察、检务督察范围。

3. 各级法院、检察院要加强对法官、检察官的日常监管，强化法官、检察官工作时间之外监督管理，对发现的苗头性倾向性问题，早发现早提醒早纠正。

4. 严格落实防止干预司法"三个规定"月报告制度，定期分析处理记录报告平台中的相关数据，及时发现违纪违法线索。

5. 各级司法行政机关要切实加强律师执业监管，通过加强律师和律师事务所年度考核、完善律师投诉查处机制等，强化日常监督管理。

6. 完善律师诚信信息公示制度，加快律师诚信信息公示平台建设，及时向社会公开律师与法官、检察官不正当接触交往受处罚处分信息，强化社会公众监督，引导督促律师依法依规诚信执业。

7. 完善律师收费管理制度，强化对统一收案、统一收费的日常监管，规范律师风险代理行为，限制风险代理适用范围，避免风险代理诱发司法腐败。

（八）司法公开和正常沟通交流

1. 各级法院、检察院要加强律师执业权利保障，持续推动审判流程公开和检务公开，落实听取律师辩护代理意见制度，完善便利律师参与诉讼机制，最大限度减少权力设租寻租和不正当接触交往空间。

2. 各级法院、检察院和司法行政机关要建立健全法官、检察官与律师正当沟通交流机制，通过同堂培训、联席会议、学术研讨、交流互访等方式，为法官、检察官和律师搭建公开透明的沟通交流平台。

3. 探索建立法官、检察官与律师互评监督机制。

4. 完善从律师中选拔法官、检察官制度，推荐优秀律师进入法官、检察官遴选和惩戒委员会，支持律师担任法院、检察院特邀监督员，共同维护司法廉洁和司法公正。

六、《最高人民法院、最高人民检察院、司法部关于进一步规范法院、检察院离任人员从事律师职业的意见》【新增法规】

（一）适用对象

本意见适用于从各级法院、检察院离任且在离任时具有公务员身份的工作人员。离任包括退休、辞去公职、开除、辞退、调离等。

（二）对离任人员的从业限制

1. 各级法院、检察院离任人员在离任后二年内，不得以律师身份担任诉讼代理人或者辩护人。

2. 各级法院、检察院离任人员终身不得担任原任职法院、检察院办理案件的诉讼代理人或者辩护人，但是作为当事人的监护人或者近亲属代理诉讼或者进行辩护的除外。

（三）对开除人员、辞职人员和退休人员的额外限制

1. 被开除人员不得在律师事务所从事任何工作。
2. 辞去公职或者退休的法院、检察院领导班子成员，四级高级及以上法官、检察官，四级高级法官助理、检察官助理以上及相当职级层次的审判、检察辅助人员在离职三年内，其他辞去公职或退休的法院、检察院工作人员在离职二年内，不得到原任职法院、检察院管辖地区内的律师事务所从事律师职业或者担任"法律顾问"、行政人员等，不得以律师身份从事与原任职法院、检察院相关的有偿法律服务活动。
3. 法院、检察院退休人员在不违反上述从业限制规定的情况下，确因工作需要从事律师职业或者担任律师事务所"法律顾问"、行政人员的，应当严格执行相关规定和审批程序，并及时将行政、工资等关系转出法院、检察院，不再保留机关的各种待遇。

（四）对离任人员的其他限制

1. 各级法院、检察院离任人员不得以任何形式，为法官、检察官与律师不正当接触交往牵线搭桥，充当司法掮客；不得采用隐名代理等方式，规避从业限制规定，违规提供法律服务。

2. 法院、检察院工作人员拟在离任后从事律师职业或者担任律师事务所"法律顾问"、行政人员的，应当在离任时向所在法院、检察院如实报告从业去向，签署承诺书，对遵守从业限制规定、在从业限制期内主动报告从业变动情况等作出承诺。

3. 各级法院、检察院应当在离任人员离任前与本人谈话，提醒其严格遵守从业限制规定，告知违规从业应承担的法律责任，对不符合从业限制规定的，劝其调整从业意向。

（五）申请实习登记与审查

1. 法院、检察院离任人员向律师协会申请律师实习登记时，应当主动报告曾在法院、检察院工作的情况，并作出遵守从业限制的承诺。

2. 律师协会应当对法院、检察院离任人员申请实习登记进行严格审核，就申请人是否存在不宜从事律师职业的情形征求原任职法院、检察院意见，对不符合相关条件的人员不予实习登记。

3. 司法行政机关在办理法院、检察院离任人员申请律师执业核准时，应当严格审核把关，对不符合相关条件的人员不予核准执业。

4. 司法行政机关在作出核准法院、检察院离任人员从事律师职业决定时，应当与本人谈话，提醒其严格遵守从业限制规定，告知违规从业应承担的法律责任。

（六）监督与处理

1. 各级法院、检察院在案件办理过程中，发现担任诉讼代理人、辩护人的律师违反法院、检察院离任人员从业限制规定情况的，应当通知当事人更换诉讼代理人、辩护人，并及时通报司法行政机关。

2. 司法行政机关应当加强从法院、检察院离任后在律师事务所从业人员的监督管理，通过投诉举报调查、"双随机一公开"抽查等方式，及时发现离任人员违法违规问题线索并依法作出处理。

3. 律师事务所应当切实履行对本所律师及工作人员的监督管理责任，不得接收不符合条件的法院、检察院离任人员到本所执业或者工作，不得指派本所律师违反从业限制规定担任诉讼代理人、辩护人。律师事务所违反上述规定的，由司法行政机关依法依规处理。

4. 各级法院、检察院应当建立离任人员信息库，并实现与律师管理系统的对接。司法行政机关应当依托离任人员信息库，加强对法院、检察院离任人员申请律师执业的审核把关。

5. 各级司法行政机关应当会同法院、检察院，建立法院、检察院离任人员在律师事务所从业信息库和法院、检察院工作人员近亲属从事律师职业信息库，并实现与法院、检察院立案、办案系统的对接。法院、检察院应当依托相关信息库，加强对离任人员违规担任案件诉讼代理人、辩护人的甄别、监管，做好法院、检察院工作人员回避工作。

6. 各级法院、检察院和司法行政机关应当定期对法院、检察院离任人员在律师事务所违规从业情况开展核查，并按照相关规定进行清理。

7. 对法院、检察院离任人员违规从事律师职业或者担任律师事务所"法律顾问"、行政人员的，司法行政机关应当要求其在规定时间内申请注销律师执业证书、与律所解除劳动劳务关系；对在规定时间内没有主动申请注销执业证书或者解除劳动劳务关系的，司法行政机关应当依法注销其执业证书或者责令律所与其解除劳动劳务关系。

第三章　检察制度和检察官职业道德

一、检察制度概述

1. 当今世界上有三种类型的检察制度：以英美为代表的英美法系检察制度，以德法为代表的大陆法系检察制度，以中国为代表的社会主义国家检察制度。
【注意】大陆法系国家通常将检察机关定位为公诉机关，而其法律监督的力度和效能并不明显。

2. 在我国，人民代表大会制度下的检察机关，是与行政机关、审判机关平行的国家机关，但其由人大产生，对人大负责，受人大监督。

3. 在我国，检察制度既包括刑事审判监督制度、刑罚执行监督与刑事执行监督制度，也包括民事行政检察制度。

二、检察一体原则，又称为检察权统一行使原则

1. 检察长领导检察院的工作，管理本院的行政事务。

2. 检察委员会制度。

3. 各级检察机关、检察官依法构成统一的整体，在行使职权、执行职务的过程中实行"上命下从"，即根据上级检察机关、检察长的批示和命令进行工作。比如上级检察院有权通过指示、批复、规范性文件指导工作，有权领导下级检察院办案，包括决定案件的管辖和指挥其办案，有权纠正或撤销下级检察院的决定；等等。

4. 检察官之间、检察院之间在职务上可以发生相互承继、移转和代理的关系。

【注意】检察官独立行使检察权，要受到检察一体原则的限制。

三、检察官的客观义务

1. 应当以事实为根据，以法律为准绳，秉持客观公正的立场，追求案件的事实真相，不偏不倚地全面收集证据，审查案件和进行诉讼的行为。

2. 客观义务具体包括诚信的义务、真实的义务、中立的义务和全面的义务；既要追诉犯罪，也要保障无罪的人不受刑事追究。

【检务公开】人民检察院应当通过互联网、电话、邮件、检察服务窗口等方式，向相关人员提供案件程序性信息的查询服务，向社会公开重要案件信息和法律文书，以及办理其他案件信息公开工作。

【注意】不是公开所有信息，只是提供案件程序性信息的查询服务。

四、《人民检察院组织法》

（一）一般职权

1. 检察权作为一种监督权，其性质是建议权而非决定权。

2. 上级检察院对下级检察院可以行使的职权：

（1）认为下级人民检察院的决定错误的，指令下级人民检察院纠正，或者依法撤销、变更；
（2）可以对下级人民检察院管辖的案件指定管辖；
（3）可以办理下级人民检察院管辖的案件；
（4）可以统一调用辖区的检察人员办理案件。

【注意1】上级人民检察院的决定，应当以书面形式作出。

【注意2】下级人民检察院应当执行上级人民检察院的决定；有不同意见的，可以在执行的同时向上级人民检察院报告。

（二）检察院的办案组织

1. 检察院办理案件，根据案件情况可以由一名检察官独任办理，也可以由两名以上检察官组成办案组办理。

（1）由检察官办案组办理的，检察长应当指定一名检察官担任主办检察官，组织、指挥办案组办理案件。
（2）检察官在检察长领导下开展工作，重大办案事项由检察长决定；检察长可以将部分职权委托检察官行使，可以授权检察官签发法律文书。

2. 检察委员会

（1）各级人民检察院设检察委员会。

（2）**组成**：检察委员会由检察长、副检察长和若干资深检察官组成，成员应当为单数。

（3）**职能**：

①总结检察工作经验；
②讨论决定重大、疑难、复杂案件；
③讨论决定其他有关检察工作的重大问题。

【注意1】最高检对属于检察工作中具体应用法律的问题进行解释、发布指导性案例，应当由检察委员会讨论通过。

【注意2】检察官可以就重大案件和其他重大问题，提请检察长决定。检察长可以根据案件情况，提交检察委员会讨论决定。

（4）检察委员会召开会议，应当有其组成人员的过半数出席。

（5）检察委员会会议由检察长或者检察长委托的副检察长主持。

（6）检察委员会实行民主集中制。

【注意】地方各级人民检察院的检察长不同意本院检察委员会多数人的意见，属于办理案件的，可以报请上一级人民检察院决定；属于重大事项的，可以报请上一级人民检察院或者本级人民代表大会常务委员会决定。

（7）责任分配

检察委员会讨论案件，检察官对其汇报的事实负责，检察委员会委员对本人发表的意见和表决负责。

（8）检察委员会的决定，检察官应当执行。

（三）人民检察院的人员任免

1. 一般：检察长人大选举和罢免，并报上一级人民检察院检察长提请本级人民代表大会常务委员会批准；其他人，常委会任免。

2. 特殊的检察分院：省级人大常委会任免。

3. 对于不具备法定条件或者违反法定程序被选举为检察长的，上一级检察院检察长有权提请本级人大常委会不批准。

4. 发现违反规定的条件任命检察官的，任命机关应当撤销该项任命；上级检察院发现下级检察院检察官的任命违反法定条件的，应当要求下级检察院依法提请任命机关撤销该项任命。

5. 全国人大常委会和省、自治区、直辖市人大常委会根据本级检察院检察长的建议，可以撤换下级检察院检察长、副检察长和检察委员会委员。

五、《检察官法》

（一）检察官遴选

1. 省级检察官遴选委员会

（1）省、自治区、直辖市设立检察官遴选委员会，负责初任检察官人选专业能力的审核。

（2）组成人员应当包括地方各级人民检察院检察官代表、其他从事法律职业的人员和有关方面代表，其中检察官代表不少于三分之一。

（3）日常工作由省级人民检察院的内设职能部门承担。

2. 最高检检察官遴选委员会

遴选最高人民检察院检察官应当设立最高人民检察院检察官遴选委员会，负责检察官人选专业能力的审核。

3. 具体遴选工作

（1）初任检察官一般到基层人民检察院任职。
（2）上级人民检察院检察官一般逐级遴选。
（3）最高检察院和省级检察院检察官可以从下两级人民检察院遴选。
（4）参加上级检察院遴选的检察官应当在下级检察院担任检察官一定年限，并具有遴选职位相关工作经历。

六、《人民监督员选任管理办法》

1. 立法目的	为了规范人民监督员选任和管理工作，完善人民监督员制度，健全检察权行使的**外部监督制约机制**。
2. 选任原则	坚持依法民主、公开公正、科学高效的原则，建设一支具备较高政治素质，具有广泛代表性和扎实群众基础的人民监督员队伍。

3. 工作机关	人民监督员的选任和培训、考核、奖惩等管理工作由司法行政机关负责，人民检察院予以配合协助。 （1）人民监督员由省级和设区的市级司法行政机关负责选任管理。 （2）县级司法行政机关按照上级司法行政机关的要求，协助做好本行政区域内人民监督员选任和管理具体工作。 （3）司法行政机关应当安排专门工作机构，选配专职工作人员，完善制度机制，保障人民监督员选任和管理工作顺利开展。
4. 类型与职责	人民监督员分为省级人民检察院人民监督员和设区的市级人民检察院人民监督员。 （1）省级人民检察院人民监督员监督同级人民检察院及其分院、派出院办案活动。其中，直辖市人民检察院人民监督员监督直辖市各级人民检察院办案活动。 （2）设区的市级人民检察院人民监督员监督同级和下级人民检察院办案活动。
5. 任期	人民监督员每届任期五年，连续担任人民监督员不超过两届。
6. 兼职禁止	人民监督员不得同时担任两个以上人民检察院人民监督员。
7. 任职条件	（1）拥护中华人民共和国宪法、品行良好、公道正派、身体健康的年满23周岁的中国公民，可以担任人民监督员。 （2）人民监督员应当具有高中以上文化学历。 （3）**不参加人民监督员选任**：人大常委会组成人员，监察机关、法院、检察院、公安机关、国家安全机关、司法行政机关的在职工作人员；人民陪审员；其他因工作原因不适宜参加人民监督员选任的人员。 （4）**不得担任人民监督员的情形**：因犯罪受过刑事处罚的；被开除公职的；被吊销律师、公证员执业证书，或被仲裁委员会除名的；被纳入失信被执行人名单的；因受惩戒被免除人民陪审员职务的；存在其他严重违法违纪行为，可能影响司法公正的。 （5）因在选任、履职过程中违法违规以及年度考核不合格等被免除人民监督员资格的，不得再次担任人民监督员。
8. 选任	（1）司法行政机关应当会同人民检察院，根据监督办案活动需要和本辖区人口、地域、民族等因素，合理确定人民监督员的名额及分布，**每个县（市、区）人民监督员名额不少于三名**。 （2）司法行政机关应当发布**人民监督员选任公告**，明确选任名额、条件、程序、申请和推荐期限及方式等事项，公告期不少于二十个工作日。 （3）人民监督员候选人通过下列方式产生：（一）个人申请；（二）单位和组织推荐。支持工会、共青团、妇联等人民团体及其他社会组织推荐符合条件的人员成为人民监督员候选人。 （4）司法行政机关应当采取到候选人所在单位、社区实地走访了解、听取群众代表和基层组织意见、组织面谈等多种形式，考察确定人民监督员拟任人选。 （5）人民监督员拟任人选中具有公务或者事业单位在编工作人员身份的人员，一般不超过选任名额的百分之五十。 （6）司法行政机关应当向社会公示拟任人民监督员名单，公示时间不少于五个工作日。 （7）人民监督员拟任人选经过公示无异议或者经审查异议不成立的，**由司法行政机关作出人民监督员选任决定，颁发证书**，通知人民监督员所在单位、推荐单位或组织，并向社会公布。

续表

9. 信息公开	(1) 司法行政机关应当建立人民监督员信息库,与人民检察院实现信息共享。 (2) 司法行政机关、人民检察院应当公开人民监督员的姓名和联系方式,畅通群众向人民监督员反映情况的渠道。
10. 监督案件	(1) 人民检察院办理的案件需要人民监督员进行监督评议的,人民检察院应当在开展监督评议五个工作日前将需要的人数、评议时间、地点以及其他有关事项通知司法行政机关。 **【注意】**案件情况特殊,经商司法行政机关同意的,人民检察院可以在开展监督活动三个工作日前将有关事项通知司法行政机关。 (2) 司法行政机关从人民监督员信息库中随机抽选,联络确定参加监督评议的人民监督员,并通报检察机关。**【注意】**根据办案活动需要,可以在具有特定专业背景的人民监督员中随机抽选。 ①省级人民检察院及其分院、派出院组织监督办案活动,由省级司法行政机关抽选人民监督员。 ②设区的市级人民检察院和基层人民检察院组织监督办案活动,由设区的市级司法行政机关抽选人民监督员。 ③直辖市各级人民检察院组织监督办案活动,由直辖市司法行政机关抽选人民监督员。其中,直辖市区级人民检察院组织监督办案活动,也可由直辖市区级司法行政机关抽选人民监督员。 ④最高人民检察院组织监督办案活动,商司法部在省级人民检察院人民监督员中抽选。
11. 回避	(1) 人民监督员是监督案件当事人近亲属、与监督案件有利害关系或者担任过监督案件诉讼参与人,以及有其他可能影响司法公正情形的,应当自行回避。 (2) 人民检察院发现人民监督员有需要回避情形的,或者案件当事人向人民检察院提出回避申请且满足回避条件的,应当及时通知司法行政机关决定人民监督员回避,或者要求人民监督员自行回避。
12. 履职情况反馈	(1) 司法行政机关应当建立人民监督员履职台账。 (2) 人民检察院应当在人民监督员参加监督办案活动结束后三个工作日内将履职情况通报司法行政机关。 (3) 人民检察院应当将人民监督员监督意见的采纳情况及时告知人民监督员。
13. 培训和考核	(1) 司法行政机关会同人民检察院组织开展人民监督员初任培训和任期培训。 (2) 司法行政机关应当对人民监督员进行年度考核和任期考核。考核结果作为对人民监督员表彰奖励、免除资格或者续任的重要依据。 (3) 对于在履职中有显著成绩的人民监督员,司法行政机关应当按照国家有关规定给予表彰奖励。

14. 免职	作出选任决定的司法行政机关应当免除其人民监督员资格的情况： （1）本人申请辞去担任的人民监督员的； （2）丧失中华人民共和国国籍的； （3）丧失行为能力的； （4）在选任中弄虚作假，提供不实材料的； （5）年度考核不合格的； （6）妨碍办案活动正常进行；泄露办案活动涉及的国家秘密、商业秘密、个人隐私和未成年人信息；披露其他依照法律法规和有关规定不应当公开的办案活动信息； （7）因犯罪受过刑事处罚的；被开除公职的；被吊销律师、公证员执业证书，或被仲裁委员会除名的；被纳入失信被执行人名单的；因受惩戒被免除人民陪审员职务的；存在其他严重违法违纪行为，可能影响司法公正的。

第四章　律师制度与律师职业道德

一、概述

1. 律师不属于国家法律工作人员，而是自由职业者。
2. 高等院校、科研机构中从事法学教育、研究工作的人员，必须经所在单位同意后，方可申请兼职律师执业。
3. 我国的律师制度要求律师应当把拥护中国共产党领导、拥护社会主义法治作为从业的基本要求。
4. 没有取得律师执业证书的人员，不得以律师名义从事法律服务业务。

二、律师执业的资格条件

我国实行法律职业资格证书与律师执业证书相分离的制度。

1. 正常条件	（1）拥护我国宪法；
	（2）通过统一法考；
	（3）在律师事务所实习满 1 年；
	（4）**品行良好**。
2. 特殊条件	具有高等院校本科以上学历，在法律服务人员紧缺领域从事专业工作满 15 年，具有高级职称或者同等专业水平并具有相应的专业法律知识的人员，申请专职律师执业的，经国务院司法行政部门考核合格，准予执业。
3. 禁止条件	申请人有下列情形之一的，不予颁发律师执业证书： （1）无民事行为能力或者限制民事行为能力的； （2）受过刑事处罚的，但过失犯罪的除外； （3）被开除公职或者被吊销律师执业证书的。 【注意】过失犯罪受刑罚，不影响当律师。
4. 限制条件	（1）公务员不能兼任执业律师； （2）律师可兼任人大常委会组成人员，但任职期间不得从事诉讼代理或辩护业务； （3）法官（检察官）离任后二年内，不得以律师身份担任诉讼代理人或者辩护人。离任后不得担任原任职单位办理案件的诉讼代理人或者辩护人； （4）律师只能在一个律师事务所执业。律师变更执业机构的，应当申请换发律师执业证书； （5）律师执业不受地域限制。

三、申请律师执业证书的程序

1. 申请	受理：向设区的**市级**或者直辖市的**区**政府司法行政部门书面申请；	
	由律师事务所统一报送住所地的司法行政机关。	
2. 审查	受理申请的部门应自受理之日起 20 日内审查；	
	将审查意见和全部申请材料报送省级政府司法行政部门。	
3. 批准发证	省级司法行政部门应自收到报送材料之日起 10 日内审核。	
	作出是否准予执业的决定	准予执业的，决定之日起 10 日内颁发律师执业证书。
		不准予执业的，向申请人书面说明理由。

【口诀】省级发证，下级受理。

四、律师宣誓制度

【注意】律师执业宣誓和入会宣誓一并举行。

对象	经司法行政机关许可，首次取得或者重新申请取得律师执业证书的人员
形式	在获得执业许可之日起 3 个月内，分批集中进行宣誓
组织者	设区的市级或直辖市司法行政机关会同律师协会组织进行
主持人	司法行政机关负责人
领誓人	律师协会会长或者副会长
监誓人	由司法行政机关和律师协会各派一名工作人员担任
宣誓仪式	（1）会场悬挂中华人民共和国国旗； （2）宣誓人宣誓时，应着律师职业装（或律师袍），免冠，佩戴中华全国律师协会会徽，成立正姿势，面向国旗，右手握拳上举过肩，随领誓人宣誓； （3）宣誓人在誓词上签署姓名、宣誓日期。

五、执业律师的义务

只能在一个律所执业；同时在一个律师事务所和一个法律服务所执业的视同在两个律师事务所执业。	◆ 律师变更执业机构的，应当向拟变更的执业机构所在地设区的市级或直辖市的区（县）司法行政机关申请换发律师执业证书。 【口诀】一人一所，换所换证。
	◆ **律师受到停止执业处罚期间或者受到投诉正在调查处理的，不得申请变更执业机构。**
	◆ 律所受到停业整顿处罚的期限未满的，其负责人、合伙人和对该处罚负有直接责任的律师不得申请变更执业机构。 【口诀】谁的所，谁不能跑；谁的责任，谁不能跑。
	◆ 律所应当终止的，在完成清算、办理注销前，该所负责人、合伙人和对律所被吊销执业许可证负有直接责任的律师不得申请变更执业机构。
	◆ 律师正在接受司法机关、司法行政机关、律师协会立案调查期间，不得申请注销执业证书。 【口诀】立案调查，禁止注销。

◆ 不得以诋毁其他律师或者支付介绍费等不正当手段争揽业务；不得为争揽业务哄骗、唆使当事人提起诉讼，制造、扩大矛盾，影响社会稳定。

◆ 律师不得向委托人宣传自己与有管辖权的执法人员及有关人员有亲朋关系，不能利用这种关系招揽业务。

◆ 律师不得在名片上印有各种学术、学历、非律师业职称、社会职务以及所获荣誉等。

◆ 必须加入所在地的地方律师协会，并履行律协章程规定的义务；加入地方律协的律师和律师事务所，同时是全国律协的会员。

◆ 必须按照国家规定承担法律援助义务。

◆ 律师不应接受自己不能办理的法律事务。

◆ **律师明知当事人已经委托两名诉讼代理人、辩护人的，不得再接受委托担任诉讼代理人、辩护人。**

◆ 律师应当遵循诚实守信的原则，客观地告知委托人所委托事项可能出现的法律风险，**不得故意对可能出现的风险做不恰当的表述或做虚假承诺。** 当然，为维护委托人的合法权益，律师有权根据法律的要求和道德的标准，选择完成或实现委托目的的方法。如果委托人拟委托的事项或者要求属于法律或律师执业规范所禁止的，律师应告知委托人，并提出修改建议或予以拒绝。
【注意】律师的辩护、代理意见未被法院采纳，不属于虚假承诺。

◆ **律师不得在同一案件中为双方当事人担任代理人，或者代理与本人及其近亲属有利益冲突的法律事务。律师接受犯罪嫌疑人、被告人委托后，不得接受同一案件或者未同案处理但实施的犯罪存在关联的其他犯罪嫌疑人、被告人的委托担任辩护人。**

◆ 同一律师事务所不得代理诉讼案件的双方当事人，偏远地区只有一律师事务所的除外。

◆ 在委托关系终止后，同一律师事务所或同一律师不得在同一案件后续审理或者处理中又接受对方当事人委托。

◆ **律师不得担任所在律师事务所其他律师担任仲裁员的案件的代理人。曾经或者仍在担任仲裁员的律师，不得承办与本人担任仲裁员办理过的案件有利益冲突的法律事务。**

续表

◆ 律师或律师事务所相互之间不得采用下列手段排挤竞争对手的公平竞争：（1）串通抬高或者压低收费；（2）**为争揽业务，不正当获取其他律师和律师事务所收费报价或者其他提供法律服务的条件**；（3）泄露收费报价或者其他提供法律服务的条件等暂未公开的信息，损害相关律师事务所的合法权益。	
◆ 不得利用提供法律服务的便利牟取当事人争议的权益，或者接受对方当事人的财物或其他利益，与对方当事人或第三人恶意串通，侵害委托人的权益。	

★不得以不正当方式影响依法办案	➤ 不得向法官、检察官、仲裁员以及其他有关工作人员**行贿，介绍贿赂或者指使、诱导当事人行贿**，或者以其他不正当方式影响有关工作人员依法办案。
	➤ 未经当事人委托或者法律援助机构指派，不得以律师名义为当事人提供法律服务、介入案件，干扰依法办理案件。
	➤ 不得对本人或者其他律师正在办理的案件**进行歪曲、有误导性的宣传和评论，恶意炒作案件。**
	➤ 不得以**串联组团、联署签名、发表公开信、组织网上聚集、声援等方式**或者借个案研讨之名，**制造舆论压力，攻击、诋毁司法机关和司法制度。**
	➤ 不得违反规定**披露、散布不公开审理案件的信息、材料**，或者本人、其他律师**在办案过程中获悉的有关案件重要信息、证据材料。**
★应当遵守法庭、仲裁庭纪律和监管场所规定、行政处理规则	◇ 会见在押犯罪嫌疑人、被告人时，不得违反有关规定，**携带犯罪嫌疑人、被告人的近亲属或者其他利害关系人会见，不得将通讯工具提供给在押犯罪嫌疑人、被告人使用，或者传递物品、文件。**
	◇ 不得在无正当理由的情况下，**拒不按照人民法院通知出庭参与诉讼，或者违反法庭规则，擅自退庭。**
	◇ 不得**聚众哄闹、冲击法庭，侮辱、诽谤、威胁、殴打司法工作人员或者诉讼参与人，否定国家认定的邪教组织的性质**，或者有其他严重扰乱法庭秩序的行为。
	◇ 不得故意向司法机关、仲裁机构或者行政机关**提供虚假证据**或者威胁、利诱他人提供虚假证据，**妨碍对方当事人合法取得证据。**

★不得采取煽动、教唆和组织当事人或者其他人员到司法机关或者其他国家机关**静坐、举牌、打横幅、喊口号、声援、围观**等扰乱公共秩序、危害公共安全的非法手段，聚众滋事，制造影响，向有关部门施加压力。	

六、律师职业道德

1. 在正式接受委托之前，是否接受委托都是自由的。但接受委托后，无正当理由的，不得拒绝辩护或代理。**但是，委托事项违法、委托人利用律师提供的服务从事违法活动或者委托人故意隐瞒与案件有关的重要事实的，律师有权拒绝辩护或者代理。**

【口诀】故意瞒大事儿，可拒绝。

2. 没有取得律师执业证书的人员，不得以律师名义从事法律服务业务；除法律另有规定外，不得从事诉讼代理或者辩护业务。

3. 律师不得私下接受委托：律师承办业务，必须由律师事务所统一接受委托，与委托人签订书面委托合同。委托人所支付的费用应当直接交付律所，律所开具正式的律师收费凭证。

4. 应当积极维护当事人的合法权益；及时通报信息、进展；遵守法庭秩序，不得随意退庭。

5. 禁止不正当竞争：

（1）推广广告：不得以贬低其他律师、律所的方式宣传自己；不得进行歪曲法律和事实，或可能使公众对律师产生不合理期望的宣传；

【注意】参加学术会议、发表演讲、散发名片均属于正常的活动。

（2）不得以诋毁其他律师、律所或者支付介绍费、承诺给予回扣等不正当手段承揽业务；

（3）无正当理由，不得以低于同地区同行业收费标准为条件争揽业务；不得与同行串通抬高或者压低收费；

（4）不得故意在委托人与其代理律师之间制造纠纷；

（5）不得利用律师的兼职身份影响所承办业务的正常处理；

（6）不得通过与某机关、某部门、某行业对某一类法律服务事务进行垄断的方式争揽业务；

（7）不得为了争揽业务，不正当地获取其他律师和律师事务所收费报价或其他提供法律服务的条件；

（8）不得泄露收费报价等暂未公开的信息，损害相关律所的合法权益；

6. 律师对在执业活动中知悉的委托人和其他人不愿泄露的情况和信息，应当予以保密。但是，委托人或者其他人准备或者正在实施的危害国家安全、公共安全以及其他严重危害他人人身的犯罪事实和信息除外。

【口诀】害国安、害公安、人身严重不安。

7. 委托合同对于委托权限约定不明确的，律师应主动提示。

8. 在从事代书服务时，律师除了按当事人需求书写文书之外，并不进行任何法律行为，对其书写的法律文书引起的后果不负责任。代写的法律文书应当反映当事人的意志和要求，不能超越、缩小和曲解当事人的要求。但对当事人提出的一些无理、非法的要求，律师应予以说服、规劝，甚至拒绝代书。

七、律师事务所概述

1. 律师事务所的性质：市场中介组织；律师的执业机构。
2. 律师事务所**不得从事法律服务以外的经营活动**。严禁律师事务所投资入股兴办企业，不得以独资、与他人合资或者委托持股方式兴办企业，不得委派律师担任企业法定代表人、总经理职务。
3. 律师事务所只能选择、使用一个名称。
4. 律师事务所名称应当使用符合国家规范的汉字。民族自治地方律师事务所的名称，可以同时使用本民族自治地方通用的民族语言文字。 【注意】不能单用民族语言。
5. 律师事务所名称应当由"省（自治区、直辖市）行政区划地名、字号、律师事务所"三部分内容依次组成。**合伙律师事务所的名称，可以使用设立人的姓名连缀或者姓氏连缀作字号。**
6. 律师事务所对违法违规执业、违反本所章程及管理制度或者年度考核不称职的律师可以将其辞退或者经合伙人会议通过将其除名，有关处理结果报所在地县级司法行政机关和律协备案。
7. 律师事务所受委托保管委托人财产时，应当将委托人财产与律师事务所的财产、律师个人财产**严格分离**。

八、律师事务所的设立

<table>
<tr><td rowspan="9">1. 合伙律所（负责人应当从本所合伙人中经全体合伙人选举产生）</td><td colspan="3">合伙人依照合伙协议约定，共同出资、共同管理、共同收益、共担风险。</td></tr>
<tr><td rowspan="4">普通合伙</td><td>有书面合伙协议</td><td rowspan="4">合伙人对律所的债务承担无限连带责任。
【口诀】3 个人 3 年 30 万。
【口诀】设立人必须专职。</td></tr>
<tr><td>有 3 名以上合伙人作为设立人</td></tr>
<tr><td>设立人应当是具有 3 年以上执业经历并能够专职执业的律师</td></tr>
<tr><td>有人民币 30 万元以上的资产</td></tr>
<tr><td rowspan="4">特殊的普通合伙</td><td>有书面合伙协议</td><td rowspan="4">（1）若干合伙人因故意或重大过失造成律所债务的，应承担无限责任或无限连带责任；其他合伙人以其在律所的财产份额为限承担责任。
（2）合伙人在执业活动中非因故意或者重大过失造成的律师事务所债务，由全体合伙人承担无限连带责任。</td></tr>
<tr><td>有 20 名以上合伙人作为设立人</td></tr>
<tr><td>设立人应当是具有 3 年以上执业经历并能够专职执业的律师</td></tr>
<tr><td>有人民币 1000 万元以上的资产
【口诀】20 个人 3 年 1000 万。</td></tr>
<tr><td rowspan="2">2. 个人律所（设立人是该所的负责人）</td><td colspan="2">设立人应当是具有 5 年以上执业经历并能够专职执业的律师</td><td rowspan="2">设立人对律所的债务承担无限责任
【口诀】1 个人 5 年 10 万。</td></tr>
<tr><td colspan="2">有 10 万元以上资产</td></tr>
<tr><td rowspan="3">3. 国资律所（负责人经本所律师推选，经所在地县级司法行政机关同意）</td><td colspan="2">县级司法行政机关根据国家需要筹建，申请设立许可前须经县级政府有关部门核拨经费、提供经费保障</td><td rowspan="3">律所以其全部资产对其债务承担责任</td></tr>
<tr><td colspan="2">应当至少有 2 名符合《律师法》规定并能专职执业的律师</td></tr>
<tr><td colspan="2">律所以其全部资产对其债务承担责任，司法行政机关承担有限责任</td></tr>
<tr><td colspan="4">4. 设立律所应向设区的市级或直辖市的区的政府司法行政部门提出申请，由省级司法行政机关审核决定。
【口诀】省级发证、下级受理。</td></tr>
<tr><td colspan="4">5. 律师事务所信息的变更
（1）变更名称、负责人、章程、合伙协议的，经受理申请机关审查后报原审核机关批准；
（2）变更住所、合伙人的，自变更之日起 15 日内经受理申请机关审查后报原审核机关备案；
【规律】核心元素变，原机关批准；一般元素变，原机关备案。
（3）跨省变更住所的，应当按照注销原律所、设立新律所的程序办理。</td></tr>
<tr><td colspan="4">6. 成立三年以上并具有二十名以上执业律师的合伙律师事务所，可以设立分所，由拟设立分所所在地的设区的市级或直辖市区县司法行政机关受理并初审，经所在地的省级司法行政部门审核。
【规律】20 个律师搞了 3 年就可以设立分所。
【口诀】省级发证、下级受理。</td></tr>
</table>

续表

7. 受到六个月以上停止执业处罚的律师，处罚期满未逾三年的，不得担任合伙人。已经担任合伙人的律师受到六个月以上停止执业处罚的，自处罚决定生效之日起至处罚期满后三年内，不得担任合伙人。 【规律】失败的合伙人，三年内不能再当合伙人。
8. 律师违法执业或因过错给当事人造成损失的，由其所在的律所承担赔偿责任。律所赔偿后，可以向有故意或重大过失的律师追偿。
9. 律师事务所应当建立律师执业年度考核制度，按照规定对本所律师的执业表现和遵守职业道德、执业纪律的情况进行考核，评定等次，实施奖惩，建立律师执业档案和诚信档案。 【注意】进行考核、实施奖惩是律所的自治事务，不需要报司法行政机关或律协批准。

九、法律援助法

（一）概论

1. 法律援助，是国家建立的为经济困难公民和符合法定条件的其他当事人无偿提供法律咨询、代理、刑事辩护等法律服务的制度，是公共法律服务体系的组成部分，是一项社会保障制度。
2. 法律援助工作遵循公开、公平、公正的原则，实行国家保障与社会参与相结合。
3. 司法行政部门指导、监督法律援助工作；律师协会应当指导和支持律师事务所、律师参与法律援助工作。
4. 法律援助的**责任主体很明确，就是国家与政府**；提供援助是政府的职责。
5. 我国的法律援助不是"缓交费"，也不是"减费"，而是"免费"。法律援助人员应当恪守职业道德和执业纪律，不得向受援人收取任何财物。 【注意】法院诉讼费用的缓减免，属于司法救助，不纳入法律援助制度体系。
6. 法律援助人员可以在法律咨询、代理等方面提供法律援助，而对于刑事案件，法律援助机构应当指派律师为其提供辩护。 【注意1】刑事法律援助案件只能指派律师担任辩护人。 【注意2】法律咨询不需要审查经济条件。
7. 法律援助机构、法律援助人员对提供法律援助过程中知悉的国家秘密、商业秘密和个人隐私应当予以保密。
8. 国家建立健全法律服务资源依法跨区域流动机制，鼓励和支持律师事务所、律师、法律援助志愿者等在法律服务资源相对短缺地区提供法律援助。
9. 法律援助机构为老年人、残疾人提供法律援助服务的，应当根据实际情况提供无障碍设施设备和服务。
10. 法律援助机构应当依照有关规定及时向法律援助人员支付法律援助补贴。法律援助补贴免征增值税和个人所得税。
11. 人民法院应当根据情况对受援人缓收、减收或者免收诉讼费用；对法律援助人员复制相关材料等费用予以免收或者减收。公证机构、司法鉴定机构应当对受援人减收或者免收公证费、鉴定费。

（二）机构和人员

1. 法律援助机构

（1）县级以上政府司法行政部门应当设立法律援助机构。

（2）法律援助机构负责组织实施法律援助工作，受理、审查法律援助申请，指派律师、基层法律服务工作者、法律援助志愿者等法律援助人员提供法律援助，支付法律援助补贴。

【注意】"四统一"：法律援助案件由法律援助机构统一受理（接受）、统一审查、统一指派、统一监督。

（3）法律援助机构根据工作需要，可以安排本机构具有律师资格或者法律职业资格的工作人员提供法律援助；可以设置法律援助工作站或者联络点，就近受理法律援助申请。

（4）法律援助机构可以在人民法院、人民检察院和看守所等场所派驻值班律师，依法为没有辩护人的犯罪嫌疑人、被告人提供法律援助。

【注意1】值班律师应当依法为没有辩护人的犯罪嫌疑人、被告人提供法律咨询、程序选择建议、申请变更强制措施、对案件处理提出意见等法律帮助。

【注意2】人民法院、人民检察院、公安机关应当保障值班律师依法提供法律帮助，告知没有辩护人的犯罪嫌疑人、被告人有权约见值班律师，并依法为值班律师了解案件有关情况、阅卷、会见等提供便利。

【新增考点】《法律援助值班律师工作办法》	
1. 本办法所称值班律师，是指法律援助机构在看守所、人民检察院、人民法院等场所设立法律援助工作站，通过派驻或安排的方式，为没有辩护人的犯罪嫌疑人、被告人提供法律帮助的律师。	
2. 公安机关（看守所）、人民检察院、人民法院、司法行政机关应当保障没有辩护人的犯罪嫌疑人、被告人获得值班律师法律帮助的权利。	
3. 值班律师工作职责	（1）值班律师依法提供的法律帮助包括：提供法律咨询；提供程序选择建议；帮助犯罪嫌疑人、被告人申请变更强制措施；对案件处理提出意见；帮助犯罪嫌疑人、被告人及其近亲属申请法律援助；法律法规规定的其他事项。 （2）值班律师在认罪认罚案件中，还应当提供以下法律帮助：向犯罪嫌疑人、被告人释明认罪认罚的性质和法律规定；对人民检察院指控罪名、量刑建议、诉讼程序适用等事项提出意见；犯罪嫌疑人签署认罪认罚具结书时在场。 （3）值班律师办理案件时，可以应犯罪嫌疑人、被告人的约见进行会见，也可以经办案机关允许主动会见；自人民检察院对案件审查起诉之日起可以查阅案卷材料、了解案情。 （4）值班律师提供法律咨询时，应当告知犯罪嫌疑人、被告人有关法律帮助的相关规定，结合案件所在的诉讼阶段解释相关诉讼权利和程序规定，解答犯罪嫌疑人、被告人咨询的法律问题。 （5）犯罪嫌疑人、被告人认罪认罚的，值班律师应当了解犯罪嫌疑人、被告人对被指控的犯罪事实和罪名是否有异议，告知被指控罪名的法定量刑幅度，释明从宽从重处罚的情节以及认罪认罚的从宽幅度，并结合案件情况提供程序选择建议。 （6）值班律师提供法律咨询的，应当记录犯罪嫌疑人、被告人涉嫌的罪名、咨询的法律问题、提供的法律解答。 （7）在审查起诉阶段，犯罪嫌疑人认罪认罚的，值班律师可以就以下事项向人民检察院提出意见：涉嫌的犯罪事实、指控罪名及适用的法律规定；从轻、减轻或者免除处罚等从宽处罚的建议；认罪认罚后案件审理适用的程序；其他需要提出意见的事项。 【注意】值班律师对上述事项提出意见的，人民检察院应当记录在案并附卷，未采纳值班律师意见的，应当说明理由。

	（8）犯罪嫌疑人、被告人提出申请羁押必要性审查的，值班律师应当告知其取保候审、监视居住、逮捕等强制措施的适用条件和相关法律规定、人民检察院进行羁押必要性审查的程序；犯罪嫌疑人、被告人已经被逮捕的，值班律师可以帮助其向人民检察院提出羁押必要性审查申请，并协助提供相关材料。 （9）犯罪嫌疑人签署认罪认罚具结书时，值班律师对犯罪嫌疑人认罪认罚自愿性、人民检察院量刑建议、程序适用等均无异议的，应当在具结书上签名，同时留存一份复印件归档。 值班律师对人民检察院量刑建议、程序适用有异议的，在确认犯罪嫌疑人系自愿认罪认罚后，应当在具结书上签字，同时可以向人民检察院提出法律意见。 **【注意】犯罪嫌疑人拒绝值班律师帮助的，值班律师无需在具结书上签字，应当将犯罪嫌疑人签字拒绝法律帮助的书面材料留存一份归档。** （10）对于被羁押的犯罪嫌疑人、被告人，在不同诉讼阶段，可以由派驻看守所的同一值班律师提供法律帮助。对于未被羁押的犯罪嫌疑人、被告人，前一诉讼阶段的值班律师可以在后续诉讼阶段继续为犯罪嫌疑人、被告人提供法律帮助。
4. 法律帮助工作程序	（1）公安机关、人民检察院、人民法院应当在侦查、审查起诉和审判各阶段分别告知没有辩护人的犯罪嫌疑人、被告人有权约见值班律师获得法律帮助，并为其约见值班律师提供便利。 （2）看守所应当告知犯罪嫌疑人、被告人有权约见值班律师，并为其约见值班律师提供便利。看守所应当将值班律师制度相关内容纳入在押人员权利义务告知书，在犯罪嫌疑人、被告人入所时告知其有权获得值班律师的法律帮助。犯罪嫌疑人、被告人要求约见值班律师的，可以书面或者口头申请。书面申请的，看守所应当将其填写的法律帮助申请表及时转交值班律师。口头申请的，看守所应当安排代为填写法律帮助申请表。 （3）犯罪嫌疑人、被告人没有委托辩护人并且不符合法律援助机构指派律师为其提供辩护的条件，要求约见值班律师的，公安机关、人民检察院、人民法院应当及时通知法律援助机构安排。 （4）依法应当通知值班律师提供法律帮助而犯罪嫌疑人、被告人明确拒绝的，公安机关、人民检察院、人民法院应当记录在案。前一诉讼程序犯罪嫌疑人、被告人明确拒绝值班律师法律帮助的，后一诉讼程序的办案机关仍需告知其有权获得值班律师法律帮助的权利，有关情况应当记录在案。 （5）公安机关、人民检察院、人民法院需要法律援助机构通知值班律师为犯罪嫌疑人、被告人提供法律帮助的，应当向法律援助机构出具法律帮助通知书，并附相关法律文书。单次批量通知的，可以在一份法律帮助通知书后附多名犯罪嫌疑人、被告人相关信息的材料。除通知值班律师到羁押场所提供法律帮助的情形外，人民检察院、人民法院可以商法律援助机构简化通知方式和通知手续。 （6）司法行政机关和法律援助机构应当根据当地律师资源状况、法律帮助需求，会同看守所、人民检察院、人民法院合理安排值班律师的值班方式、值班频次。值班方式可以采用现场值班、电话值班、网络值班相结合的方式。现场值班的，可以采取固定专人或轮流值班，也可以采取预约值班。 （7）法律援助机构应当综合律师政治素质、业务能力、执业年限等确定值班律师人选，建立值班律师名册或值班律师库。并将值班律师库或名册信息、值班律师工作安排，提前告知公安机关（看守所）、人民检察院、人民法院。

	（8）公安机关、人民检察院、人民法院应当在确定的法律帮助日期前三个工作日，将法律帮助通知书送达法律援助机构，或者直接送达现场值班律师。该期间没有安排现场值班律师的，法律援助机构应当自收到法律帮助通知书之日起两个工作日内确定值班律师，并通知公安机关、人民检察院、人民法院。公安机关、人民检察院、人民法院和法律援助机构之间的送达及通知方式，可以协商简化。 【注意】适用速裁程序的案件、法律援助机构需要跨地区调配律师等特殊情形的通知和指派时限，不受上述限制。 （9）值班律师在人民检察院、人民法院现场值班的，应当按照法律援助机构的安排，或者人民检察院、人民法院送达的通知，及时为犯罪嫌疑人、被告人提供法律帮助。犯罪嫌疑人、被告人提出法律帮助申请，看守所转交给现场值班律师的，值班律师应当根据看守所的安排及时提供法律帮助。值班律师通过电话、网络值班的，应当及时提供法律帮助，疑难案件可以另行预约咨询时间。 （10）侦查阶段，值班律师可以向侦查机关了解犯罪嫌疑人涉嫌的罪名及案件有关情况；案件进入审查起诉阶段后，值班律师可以查阅案卷材料，了解案情，人民检察院、人民法院应当及时安排，并提供便利。已经实现卷宗电子化的地方，人民检察院、人民法院可以安排在线阅卷。 （11）值班律师持律师执业证或者律师工作证、法律帮助申请表或者法律帮助通知书到看守所办理法律帮助会见手续，看守所应当及时安排会见。危害国家安全犯罪、恐怖活动犯罪案件，侦查期间值班律师会见在押犯罪嫌疑人的，应当经侦查机关许可。 （12）值班律师提供法律帮助时，应当出示律师执业证或者律师工作证或者相关法律文书，表明值班律师身份。 （13）值班律师会见犯罪嫌疑人、被告人时不被监听。 （14）值班律师在提供法律帮助过程中，犯罪嫌疑人、被告人向值班律师表示愿意认罪认罚的，值班律师应当及时告知相关的公安机关、人民检察院、人民法院。
5. 值班律师工作保障	（1）在看守所、人民检察院、人民法院设立的法律援助工作站，由同级司法行政机关所属的法律援助机构负责派驻并管理。看守所、人民检察院、人民法院等机关办公地点临近的，法律援助机构可以设立联合法律援助工作站派驻值班律师。看守所、人民检察院、人民法院应当为法律援助工作站提供必要办公场所和设施。有条件的人民检察院、人民法院，可以设置认罪认罚等案件专门办公区域，为值班律师设立专门会见室。 （2）法律援助工作站应当公示法律援助条件及申请程序、值班律师工作职责、当日值班律师基本信息等，放置法律援助格式文书及宣传资料。 （3）值班律师提供法律咨询、查阅案卷材料、会见犯罪嫌疑人或者被告人、提出书面意见等法律帮助活动的相关情况应当记录在案，并随案移送。值班律师应当将提供法律帮助的情况记入工作台账或者形成工作卷宗，按照规定时限移交法律援助机构。公安机关（看守所）、人民检察院、人民法院应当与法律援助机构确定工作台账格式，将值班律师履行职责情况记录在案，并定期移送法律援助机构。 （4）值班律师提供法律帮助时，应当遵守相关法律法规、执业纪律和职业道德，依法保守国家秘密、商业秘密和个人隐私，不得向他人泄露工作中掌握的案件情况，不得向受援人收取财物或者谋取不正当利益。 （5）司法行政机关应当会同财政部门，根据直接费用、基本劳务费等因素合理制定值班律师法律帮助补贴标准，并纳入预算予以保障。值班律师提供法律咨询、转交法律援助申请等法律帮助的补贴标准按工作日计算；为认罪认罚案件的犯罪嫌疑人、被告人提供

法律帮助的补贴标准，由各地结合本地实际情况按件或按工作日计算。法律援助机构应当根据值班律师履行工作职责情况，按照规定支付值班律师法律帮助补贴。

（6）法律援助机构应当建立值班律师准入和退出机制，建立值班律师服务质量考核评估制度，保障值班律师服务质量。法律援助机构应当建立值班律师培训制度，值班律师首次上岗前应当参加培训，公安机关、人民检察院、人民法院应当提供协助。

（7）司法行政机关和法律援助机构应当加强本行政区域值班律师工作的监督和指导。对律师资源短缺的地区，可采取在省、市范围内统筹调配律师资源，建立政府购买值班律师服务机制等方式，保障值班律师工作有序开展。

（8）司法行政机关会同公安机关、人民检察院、人民法院建立值班律师工作会商机制，明确专门联系人，及时沟通情况，协调解决相关问题。

（9）司法行政机关应当加强对值班律师的监督管理，对表现突出的值班律师给予表彰；对违法违纪的值班律师，依职权或移送有权处理机关依法依规处理。法律援助机构应当向律师协会通报值班律师履行职责情况。律师协会应当将值班律师履行职责、获得表彰情况纳入律师年度考核及律师诚信服务记录，对违反职业道德和执业纪律的值班律师依法依规处理。

2. 法律服务机构和人员

（1）司法行政部门可以通过政府采购等方式，择优选择律师事务所等法律服务机构为受援人提供法律援助。

（2）律师事务所、基层法律服务所、律师、基层法律服务工作者负有依法提供法律援助的义务。律师事务所、基层法律服务所应当支持和保障本所律师、基层法律服务工作者履行法律援助义务。

3. 法律援助志愿者

（1）国家鼓励和规范法律援助志愿服务；支持符合条件的个人作为法律援助志愿者，依法提供法律援助。

（2）高等院校、科研机构可以组织从事法学教育、研究工作的人员和法学专业学生作为法律援助志愿者，在司法行政部门指导下，为当事人提供法律咨询、代拟法律文书等法律援助。

（三）形式和范围

1. 法律援助机构可以组织法律援助人员依法提供下列形式的法律援助服务：

（1）法律咨询；
（2）代拟法律文书；
（3）刑事辩护与代理；
（4）民事案件、行政案件、国家赔偿案件的诉讼代理及非诉讼代理；
（5）值班律师法律帮助；
（6）劳动争议调解与仲裁代理；
（7）法律、法规、规章规定的其他形式。

2. 法律咨询服务和提示告知

法律援助机构应当通过服务窗口、电话、网络等多种方式提供法律咨询服务；提示当事人享有依法申请法律援助的权利，并告知申请法律援助的条件和程序。

3. 援助范围的广泛性

刑事案件	**申请援助** （办案机关应当及时告知有权申请）	1. 刑事案件的犯罪嫌疑人、被告人因经济困难或者其他原因没有委托辩护人的，本人及其近亲属可以向法律援助机构申请法律援助。	
		2. 刑事公诉案件的被害人及其法定代理人或者近亲属，刑事自诉案件的自诉人及其法定代理人，刑事附带民事诉讼案件的原告人及其法定代理人，因经济困难没有委托诉讼代理人的，可以向法律援助机构申请法律援助。	
	指定援助	应当通知（办案机关发现右列情形的，应当在三日内通知法律援助机构指派律师；法律援助机构收到通知后，应当在三日内指派律师并通知办案机关）	（1）刑事案件的犯罪嫌疑人、被告人属于下列人员之一，没有委托辩护人的，人民法院、人民检察院、公安机关应当通知法律援助机构指派律师担任辩护人：①未成年人；②视力、听力、言语残疾人；③不能完全辨认自己行为的成年人；④可能被判处无期徒刑、死刑的人；⑤申请法律援助的死刑复核案件被告人；⑥缺席审判案件的被告人；⑦法律法规规定的其他人员。★★★★★ **【注意1】** 对可能被判处无期徒刑、死刑的人，以及死刑复核案件的被告人，法律援助机构收到人民法院、人民检察院、公安机关通知后，应当指派具有三年以上相关执业经历的律师担任辩护人。 **【注意2】** 人民法院、人民检察院、公安机关通知法律援助机构指派律师担任辩护人时，不得限制或者损害犯罪嫌疑人、被告人委托辩护人的权利。
			（2）强制医疗案件的被申请人或者被告人没有委托诉讼代理人的，人民法院应当通知法律援助机构指派律师为其提供法律援助。
		可以通知	其他适用普通程序审理的刑事案件，被告人没有委托辩护人的，人民法院可以通知法律援助机构指派律师担任辩护人。
民事、行政案件（因经济困难没有委托代理人的，可以申请）	（1）依法请求国家赔偿的；		
	（2）请求给予社会保险待遇或者社会救助的；		
	（3）请求发给抚恤金的；		
	（4）请求给付赡养费、抚养费、扶养费的；		
	（5）请求确认劳动关系或者支付劳动报酬的；		
	（6）请求认定公民无民事行为能力或者限制民事行为能力的；		
	（7）请求工伤事故、交通事故、食品药品安全事故、医疗事故人身损害赔偿的；		
	（8）请求环境污染、生态破坏损害赔偿的；		
	（9）法律、法规、规章规定的其他情形。		
不受经济困难条件限制的申请援助	（1）英雄烈士近亲属为维护英雄烈士的人格权益的；		
	（2）因见义勇为行为主张相关民事权益的；		
	（3）再审改判无罪请求国家赔偿的；		
	（4）遭受虐待、遗弃或者家庭暴力的受害人主张相关权益的；		
	（5）法律、法规、规章规定的其他情形。		

续表

再审或抗诉的申请援助	当事人不服司法机关生效裁判或者决定提出申诉或者申请再审，人民法院决定、裁定再审或者人民检察院提出抗诉，因经济困难没有委托辩护人或者诉讼代理人的，本人及其近亲属可以向法律援助机构申请法律援助。

【规律】环境损害，人身事故，弱者求助，认定能力，国家赔偿，都可以申请援助。

（四）申请程序

1. 对诉讼事项的法律援助，由申请人向办案机关所在地的法律援助机构提出申请。

2. 对非诉讼事项的法律援助，由申请人向争议处理机关所在地或者事由发生地的法律援助机构提出申请。

3. **转交申请**

（1）被羁押的犯罪嫌疑人、被告人、服刑人员，以及强制隔离戒毒人员等提出法律援助申请的，办案机关、监管场所应当在二十四小时内将申请转交法律援助机构。

（2）犯罪嫌疑人、被告人通过值班律师提出代理、刑事辩护等法律援助申请的，值班律师应当在二十四小时内将申请转交法律援助机构。

4. **代为申请**

（1）无民事行为能力人或者限制民事行为能力人需要法律援助的，可以由其法定代理人代为提出申请。法定代理人侵犯无民事行为能力人、限制民事行为能力人合法权益的，其他法定代理人或者近亲属可以代为提出法律援助申请。

（2）被羁押的犯罪嫌疑人、被告人、服刑人员，以及强制隔离戒毒人员，可以由其法定代理人或者近亲属代为提出法律援助申请。

5. **经济困难状况的说明及其核查**

（1）因经济困难申请法律援助的，申请人应当如实说明经济困难状况。

（2）法律援助机构核查申请人的经济困难状况，可以通过信息共享查询，或者由申请人进行个人诚信承诺。

（3）法律援助机构开展核查工作，有关部门、单位、村民委员会、居民委员会和个人应当予以配合。

（4）免予核查经济困难状况的人员（需要提供材料证明）：

①无固定生活来源的未成年人、老年人、残疾人等特定群体；

②社会救助、司法救助或者优抚对象；

③申请支付劳动报酬或者请求工伤事故人身损害赔偿的进城务工人员；

④法律、法规、规章规定的其他人员。

（五）审查和决定

1. 法律援助机构应当自收到法律援助申请之日起七日内进行审查，作出是否给予法律援助的决定。

2. 决定给予法律援助的，应当自作出决定之日起三日内指派法律援助人员为受援人提供法律援助；决定不给予法律援助的，应当书面告知申请人，并说明理由。

3. 申请人提交的申请材料不齐全的，法律援助机构应当**一次性告知**申请人需要补充的材料或者要求申请人作出说明。申请人未按要求补充材料或者作出说明的，视为撤回申请。

4. **先行援助的情形**

法律援助机构收到法律援助申请后，发现有下列情形之一的，可以决定先行提供法律援助：

（1）距法定时效或者期限届满不足七日，需要及时提起诉讼或者申请仲裁、行政复议；

（2）需要立即申请财产保全、证据保全或者先予执行；

（3）法律、法规、规章规定的其他情形。

【注意】法律援助机构先行提供法律援助的，受援人应当及时补办有关手续，补充有关材料。

（六）实施援助

1. 法律援助人员接受指派后，无正当理由不得拒绝、拖延或者终止提供法律援助服务。

2. 法律援助人员应当按照规定向受援人通报法律援助事项办理情况，不得损害受援人合法权益。

3. 受援人应当向法律援助人员如实陈述与法律援助事项有关的情况，及时提供证据材料，协助、配合办理法律援助事项。

4. 法律援助事项办理结束后，法律援助人员应当及时向法律援助机构报告，提交有关法律文书的副本或者复印件、办理情况报告等材料。

（七）援助的终止

法律援助机构应当作出终止法律援助决定的情形：

1. 受援人以欺骗或者其他不正当手段获得法律援助；

2. 受援人故意隐瞒与案件有关的重要事实或者提供虚假证据；

3. 受援人利用法律援助从事违法活动；

4. 受援人的经济状况发生变化，不再符合法律援助条件；

5. 案件终止审理或者已经被撤销；

6. 受援人自行委托律师或者其他代理人；

7. 受援人有正当理由要求终止法律援助；

8. 法律法规规定的其他情形。

【注意】法律援助人员发现有上述情形的，应当及时向法律援助机构报告，而不是自行终止援助。

（八）救济

1. 申请人、受援人对法律援助机构不予法律援助、终止法律援助的决定有异议的，可以向设立该法律援助机构的司法行政部门提出。

2. 司法行政部门应当自收到异议之日起五日内进行审查，作出维持法律援助机构决定或者责令法律援助机构改正的决定。

3. 申请人、受援人对司法行政部门维持法律援助机构决定不服的，可以依法申请行政复议或者提起行政诉讼。

4. 法律援助机构、法律援助人员未依法履行职责的，受援人可以向司法行政部门投诉，并可以请求法律援助机构更换法律援助人员。司法行政部门应当建立法律援助工作投诉查处制度；接到投诉后，应当依照有关规定受理和调查处理，并及时向投诉人告知处理结果。

5. 律师协会应当将律师事务所、律师履行法律援助义务的情况纳入年度考核内容，对拒不履行或者怠于履行法律援助义务的律师事务所、律师，依照有关规定进行惩戒。

第五章　公证制度和公证员职业道德

一、公证制度

1. 公证制度是一种预防性的司法证明制度，是国家司法制度的重要组成部分，属于民事程序法的范畴；一种非诉讼司法活动。
2. 公证处以国家名义进行公证证明活动；仅对无争议的事项提供证明。 【注意】如果不能判断真实性，就不宜办理公证。
3. 英美法系国家的公证制度侧重于形式证明，只证明真实性，即证明当事人在公证人面前签署文件的行为属实；大陆法系国家则侧重于证明真实性与合法性。我国属于后一公证体系，既做形式审查，也做实质审查。
4. 专业技术鉴定评估类事项不属于公证范围；没有法律意义的事项也不属于公证范围。
5. 对经公证的以给付为内容并载明债务人愿意接受强制执行承诺的债权文书，债务人不履行或履行不适当的，债权人可依法向有管辖权的法院申请执行。
6. 公证机构不以营利为目的，并不表明公证机构提供服务不收取任何费用。 【注意】公证费的收费标准由省、自治区、直辖市人民政府价格主管部门会同同级司法行政部门制定。

【注意】公证职能只能由公证机构统一行使。我国国家机构发出的证件、证明，如护照、房屋产权证等，不是公证，只有公证机构依法出具的证明才称为"公证"。

二、公证机构的设立

1. 设立的原则：统筹规划、合理布局的原则，实行总量控制。

2. 设立的审批机关：由所在地司法行政机关组建，逐级报省、自治区、直辖市司法行政机关审批后，颁发公证机构执业证书。

3. 设立的地点：公证机构可以在县、不设区的市、设区的市、直辖市或者市辖区设立。

【注意1】在设区的市、直辖市可以设立一个或者若干个公证机构。

【注意2】公证机构不按行政区划层层设立。

4. 设立条件

(1) 有自己的名称；
(2) 有固定的场所；
(3) 有二名以上公证员；（负责人应当在有三年以上执业经历的公证员中推选产生）
(4) 有开展公证业务所必需的资金。

5. 审批：省、自治区、直辖市司法行政机关应当自收到申请材料之日起三十日内，完成审核，作出批准设立或者不予批准设立的决定。对准予设立的，颁发公证机构执业证书；对不准予设立的，应当在决定中告知不予批准的理由。批准设立公证机构的决定，应当报司法部

备案。

【口诀】省批部备公证处。

6. 冠名

(1) 公证机构统称公证处。
(2) 县、不设区的市公证机构的冠名方式：省（自治区、直辖市）名称＋本县、市名称＋公证处。 【注意】县级公证处没有字号。
(3) 设区的市或其市辖区公证机构的冠名方式：省（自治区）名称＋本市名称＋字号＋公证处。
(4) 在直辖市或其市辖区设立公证机构的冠名方式：直辖市名称＋字号＋公证处。
(5) 公证机构的名称，应当使用全国通用的文字。民族自治地方的公证机构的名称，可以同时使用当地通用的民族文字。
(6) 公证机构名称中的字号，应当由两个以上文字组成，并**不得与所在省、自治区、直辖市内设立的其他公证机构的名称中的字号相同或者近似**。 【注意】本省不重复。

7. 公证机构的负责人应当在有三年以上执业经历的公证员中推选产生，由所在地的司法行政部门核准，报省、自治区、直辖市人民政府司法行政部门备案。

【口诀】本地核准负责人。

8. 公证机构应当在省、自治区、直辖市司法行政机关核定的执业区域内受理公证业务。

三、公证员的条件

一般条件	(1) 公民：**外国人、无国籍人均不得担任我国公证员**；
	(2) **须在 25 周岁以上 65 周岁以下**；
	(3) 公道正派、遵纪守法、品行良好；
	(4) 通过国家法考；
	(5) 在公证机构实习 2 年以上或者具有 3 年以上其他法律职业经历并在公证机构实习 1 年以上，经考核合格。
特殊规定	从事法学教学研究工作，具有高级职称的人员，或者具有本科以上学历，从事审判、检察、法制工作、法律服务满 10 年的公务员、律师，已经离开原工作岗位，经考核合格的，也可以担任公证员。
消极条件	无民事行为能力或者限制民事行为能力的；
	因**故意犯罪或者职务过失犯罪受过刑事处罚**的；
	被开除公职的；
	被吊销执业证书的。

四、公证员的任免

（一）公证员的任命

1. 担任公证员，应当由符合公证员条件的人员提出申请，经公证机构推荐，由所在地的司法行政部门报省、自治区、直辖市人民政府司法行政部门审核同意后，报请国务院司法行政部门任命，并由省、自治区、直辖市人民政府司法行政部门颁发公证员执业证书。
【口诀】本人申请，机构推荐，本级上报，省级审核，部级任命，省级发证。

2. 公证员变更执业机构，应当经所在公证机构同意和拟任用该公证员的公证机构推荐，报所在地司法行政机关同意后，报省、自治区、直辖市司法行政机关办理变更核准手续。
【口诀】原机构同意，新机构推荐。

3. 公证员跨省、自治区、直辖市变更执业机构的，经所在的省、自治区、直辖市司法行政机关核准后，由拟任用该公证员的公证机构所在的省、自治区、直辖市司法行政机关办理变更核准手续。
【口诀】原省核准，新省变更。

（二）公证员的免职

存在免职情形			
丧失中华人民共和国国籍的；	年满 65 周岁或者因健康原因不能继续履行职务的；	自愿辞去公证员职务的；	被吊销公证员执业证书的。
由所在地的司法行政部门报省级政府司法行政部门提请司法部予以免职。			由省级司法行政机关直接提请司法部予以免职。
司法部应当自收到提请免职材料之日起 20 日内，制作并下达公证员免职决定。			

【注意】吊销执业证书，与本级无关，省级直接报部级免职。

五、公证的申请

（一）申请的提出

1. 公证事项由当事人住所地、经常居住地、行为地或者事实发生地的公证机构受理。涉及不动产的公证事项，由不动产所在地的公证机构受理，但涉及不动产的委托、声明、赠与、遗嘱的公证事项，可以向住所地、经常居住地、行为地或事实发生地的公证机构提出。

2. 二个以上当事人共同申办同一公证事项的，可以共同到行为地、事实发生地或者其中一名当事人住所地、经常居住地的公证机构申办。

3. 当事人向二个以上可以受理该公证事项的公证机构提出申请的，由最先受理申请的公证机构办理。

（二）公证代理

1. ★当事人申请办理公证，可以委托他人代理，但申办遗嘱、遗赠扶养协议、赠与、认领亲子、收养关系、解除收养关系、生存状况、委托、声明、保证及其他与自然人人身有密切关系的公证事项，应当由其本人亲自申办。

2. 无民事行为能力人或者限制民事行为能力人申办公证，应当由其监护人代理。法人申办公证，应当由其法定代表人代表。其他组织申办公证，应当由其负责人代表。

3. ★公证员、公证机构的其他工作人员不得代理当事人在本公证机构申办公证。

　　4. 居住在香港、澳门、台湾地区的当事人，委托他人代理申办涉及继承、财产权益处分、人身关系变更等重要公证事项的，其授权委托书应当经其居住地的公证人（机构）公证，或者经司法部指定的机构、人员证明。居住在国外的当事人，委托他人代理申办前款规定的重要公证事项的，其授权委托书应当经其居住地的公证人（机构）、我驻外使（领）馆公证。

（三）填表和提交材料

　　1. 自然人、法人或者其他组织向公证机构申请办理公证，**应当填写公证申请表。**

　　2. 申请人应当在申请表上签名或者盖章，不能签名、盖章的由本人捺指印。

　　3. 申请人提供的证明材料不完备的，公证机构可以要求补充；申请人应当按照要求补充；**申请人提供的材料不充分，不能补足或者拒绝补充的，公证机构有权不予办理公证。**

六、不予办理公证和终止公证

　　1. **公证机构不予办理公证的情形：**

（1）无民事行为能力人或者限制民事行为能力人没有监护人代理申请办理公证的；
（2）当事人与申请公证的事项没有利害关系的；
（3）申请公证的事项属专业技术鉴定、评估事项的；
（4）当事人之间对申请公证的事项有争议的；
（5）当事人虚构、隐瞒事实，或者提供虚假证明材料的；
（6）当事人提供的证明材料不充分或者拒绝补充证明材料的；
（7）申请公证的事项不真实、不合法的；
（8）申请公证的事项违背社会公德的；
（9）当事人拒绝按照规定支付公证费的。

　　【注意】不予办理公证的，由承办公证员写出书面报告，报公证机构负责人审批。不予办理公证的决定应当书面通知当事人或其代理人。不予办理公证的，公证机构应当根据不予办理的原因及责任，酌情退还部分或者全部收取的公证费。

　　2. **公证机构应当终止公证的情形：**

（1）因当事人的原因致使该公证事项在六个月内不能办结的；
（2）公证书出具前当事人撤回公证申请的；
（3）因申请公证的自然人死亡、法人或者其他组织终止，不能继续办理公证或者继续办理公证已无意义的；
（4）当事人阻挠、妨碍公证机构及承办公证员按规定的程序、期限办理公证的；
（5）其他应当终止的情形。

　　【注意】终止公证的，由承办公证员写出书面报告，报公证机构负责人审批。终止公证的决定应当书面通知当事人或其代理人。终止公证的，公证机构应当根据终止的原因及责任，酌情退还部分收取的公证费。

七、公证程序的特别规定

1. 招标投标、拍卖、开奖等现场监督类公证	（1）**应当由二人共同办理。** （2）承办公证员应当依照有关规定，通过事前审查、现场监督，对其真实性、合法性予以证明，**现场宣读公证证词。** （3）在宣读后七日内将公证书发送当事人。**该公证书自宣读公证证词之日起生效。** （4）承办公证员发现当事人有弄虚作假、徇私舞弊、违反活动规则、违反国家法律和有关规定行为的，应当即时要求当事人改正；当事人拒不改正的，应当不予办理公证。
2. 遗嘱公证	（1）应当**由二人共同办理。承办公证员应当全程亲自办理。** （2）特殊情况下只能由一名公证员办理时，应当请一名见证人在场，见证人应当在询问笔录上签名或者盖章。
3. 公证机构派员外出办理保全证据公证	由二人共同办理，承办公证员应当亲自外出办理。 承办公证员发现当事人是采用法律、法规禁止的方式取得证据的，应当不予办理公证。
4. 债权文书执行证书	债务人不履行或者不适当履行经公证的具有强制执行效力的债权文书的，公证机构可以根据债权人的申请，依照有关规定出具执行证书。执行证书应当在法律规定的执行期限内出具。 执行证书应当载明申请人、被申请执行人、申请执行标的和申请执行的期限。债务人已经履行的部分，应当在申请执行标的中予以扣除。因债务人不履行或者不适当履行而发生的违约金、滞纳金、利息等，可以应债权人的要求列入申请执行标的。
5. 公证调解	经公证的事项在履行过程中发生争议的，出具公证书的公证机构可以应当事人的请求进行调解。经调解后当事人达成新的协议并申请公证的，公证机构可以办理公证；调解不成的，公证机构应当告知当事人就该争议依法向人民法院提起民事诉讼或者向仲裁机构申请仲裁。

八、公证效力

★证据效力	1. 经过法定程序公证证明的法律行为、法律事实和文书，人民法院应当作为认定事实的根据。**但有相反证据足以推翻公证证明的除外。** 2. 公证书的效力明显优于私证书，其具有比其他单位和个人提供的证明文书更高的证据效力。 3. 在民事诉讼中，物证、档案、鉴定结论、勘验笔录或者经过公证、登记的书证，其证明力一般大于其他书证、视听资料和证人证言。

续表

强制执行效力 （最特殊）	1. 对经公证的以给付为内容并载明债务人愿意接受强制执行承诺的债权文书，债务人不履行或履行不适当的，债权人可依法向有管辖权的法院申请执行。人民法院应当执行。 2. 具有强制执行效力的债权文书的公证，应当符合下列条件：（1）债权文书以给付货币、物品或者有价证券为内容；（2）债权债务关系明确，债权人和债务人对债权文书有关给付内容无疑义；（3）债权文书中载明当债务人不履行或者不适当履行义务时，债务人愿意接受强制执行的承诺；（4）《公证法》规定的其他条件。 3. 《公证法》第 37 条第 2 款规定，债权文书确有错误的，人民法院裁定不予执行，并将裁定书送达双方当事人和公证机构。
法律行为成立形式要件效力	1. 法律、行政法规规定必须办理公证的事项未经公证的，该事项不具有法律效力。 2. 双方当事人约定必须公证的事项，未经公证的，其法律关系不能形成、变更和消灭。 3. 根据国际惯例，我国当事人发往境外使用的某些文书，必须经过公证机构的公证证明，才能在境外发生法律效力。

九、公证的救济

（一）公证书的复查

当事人、公证事项的利害关系人认为公证书有错误的，可以向出具该公证书的公证机构提出复查。公证书的内容违法或者与事实不符的，公证机构应当撤销该公证书并予以公告，该公证书自始无效；公证书有其他错误的，公证机构应当予以更正。

1. 当事人认为公证书有错误的，可以在收到公证书之日起一年内，向出具该公证书的公证机构提出复查。公证事项的利害关系人认为公证书有错误的，可以自知道或者应当知道该项公证之日起一年内向出具该公证书的公证机构提出复查，但能证明自己不知道的除外。提出复查的期限自公证书出具之日起最长不得超过二十年。

【注意】 所谓"公证书有错误"包含两方面的内容：其一是公证书证明的内容与实际情况不符或违反法律法规的强制性规定（如申请公证的法律行为是在当事人受胁迫或受欺诈的情况下作出的；赋予强制执行效力的债权文书不以给付为内容等）；其二是公证书的制作不规范，表述不恰当。

2. 公证机构收到复查申请后，应当指派**原承办公证员之外的公证员**进行复查。复查结论及处理意见，应当报公证机构的负责人审批。

3. 公证机构进行复查，应当对申请人提出的公证书的错误及其理由进行审查、核实，区别不同情况，按照以下规定予以处理：

（1）公证书的内容合法、正确、办理程序无误的，作出维持公证书的处理决定；
（2）公证书的内容合法、正确，仅证词表述或者格式不当的，应当收回公证书，更正后重新发给当事人；不能收回的，另行出具补正公证书；
（3）公证书的基本内容违法或者与事实不符的，应当作出撤销公证书的处理决定；

210 2022年 国家统一法律职业资格考试 理论法冲刺背诵版

续表

（4）公证书的部分内容违法或者与事实不符的，可以出具补正公证书，撤销对违法或者与事实不符部分的证明内容；也可以收回公证书，对违法或者与事实不符的部分进行删除、更正后，重新发给当事人；

（5）公证书的内容合法、正确，但在办理过程中有违反程序规定、缺乏必要手续的情形，应当补办缺漏的程序和手续；无法补办或者严重违反公证程序的，应当撤销公证书。

【注意】被撤销的公证书应当收回，并予以公告，该公证书自始无效。公证机构撤销公证书的，应当报地方公证协会备案。

4. 公证机构应当自收到复查申请之日起三十日内完成复查，作出复查处理决定，发给申请人。需要对公证书作撤销或者更正、补正处理的，应当在作出复查处理决定后十日内完成。复查处理决定及处理后的公证书，应当存入原公证案卷。

【注意】公证机构办理复查，因不可抗力、补充证明材料或者需要核实有关情况的，所需时间不计算在前款规定的期限内，但补充证明材料或者需要核实有关情况的，最长不得超过六个月。

5. 公证书被撤销的，所收的公证费按以下规定处理：

（1）因公证机构的过错撤销公证书的，收取的公证费应当全部退还当事人；

（2）因当事人的过错撤销公证书的，收取的公证费不予退还；

（3）因公证机构和当事人双方的过错撤销公证书的，收取的公证费酌情退还。

6. 当事人、公证事项的利害关系人对公证机构作出的撤销或者不予撤销公证书的决定有异议的，可以向地方公证协会投诉。

（二）公证书内容争议的诉讼

当事人、公证事项的利害关系人对公证书涉及当事人之间或者当事人与公证事项的利害关系人之间实体权利义务的内容有争议的，公证机构应当告知其可以就该争议向人民法院提起民事诉讼。

【注意】经公证的债权文书确有错误的，人民法院裁定不予执行，并将裁定书送达双方当事人和公证机构。**人民法院不能直接撤销公证书。公证书只能由公证机构复查、更正、撤销。**

客观题 主观题

内部嘟学班

▶ 录播课 + 📺 直播课

全年保姆式课程安排

| 01 针对在职在校学生设置 | 02 拒绝懒惰没计划效率低 |
| 03 全程规划督学答疑指导 | 04 学习任务按周精确到天 |

你仅需好好学习其他的都交给我们

- ✓ 每日督学管理
- ✓ 个人学习计划
- ✓ 阶段测评模拟
- ✓ 专辅1V1答题
- ✓ 个人学习档案
- ✓ 考点背诵任务
- ✓ 主观题1V1批改

扫码立即
咨询客服

扫码下载
小嘟AI课APP

客观题　**主观题**

面授密训班

- 内部密训课程 ✓
- 内部核心资料 ✓
- 揭示命题套路 ✓
- 直击采分陷阱 ✓
- 传授答题思路 ✓
- 强化得分能力 ✓

全封闭管理

专题式密训

专辅跟班指导

阶段模拟测评

点对点背诵检查

手把手案例批改

1V1督学提醒

扫码立即咨询客服

扫码下载小嘟AI课APP